Werner Thiede (Hg.)

Glauben aus eigener Vernunft?

Kants Religionsphilosophie
und die Theologie

Vandenhoeck & Ruprecht

Bibliografische Information Der Deutschen Bibliothek

Die Deutsche Bibliothek verzeichnet diese Publikation in der Deutschen Nationalbibliografie; detaillierte bibliografische Daten sind im Internet über <http://dnb.ddb.de> abrufbar.

ISBN 3-525-56703-0

Umschlagabbildung:
Immanuel Kant. Ausschnitt eines Kupferstichs von S.F. Bause nach einer Zeichnung von V.H. Schnorr von Carolsfeld, 1791.

Umschlagkonzeption: Markus Eidt, Göttingen
Satz: Satzspiegel, Nörten-Hardenberg
Druck und Bindung: Hubert & Co., Göttingen

Gedruckt auf alterungsbeständigem Papier.

Inhalt

Vorwort des Herausgebers

Bereits anlässlich des 100. Todestages Kants hatte Adolf von Harnack die Wirkungen des berühmten Philosophen als „unermesslich" bezeichnet. Wenn nun Volker Gerhardt zu Beginn seines Buches „Immanuel Kant" (2002) unterstreicht, die Philosophie der letzten beiden Jahrhunderte habe im Zeichen Kants gestanden, dann ist das ohne Übertreibung gesagt. Und mit Einschränkungen lässt sich dieser Satz auch auf die Theologie, insbesondere die protestantische, übertragen. Dabei erstreckt sich die Wirkung der kantischen Philosophie nicht nur auf die Geisteswissenschaft, sondern ebenso auf etliche weitere Wissenschaftszweige sowie überhaupt auf das Denken und praktische Leben ungezählter Menschen, die sich zum Teil dieser Wirkung nicht einmal bewusst sind.

Zweifelsohne ist hierbei aber das Gebiet religiöser Theorie und Praxis von besonderer Relevanz. Dass nämlich „das Gesamtwerk Kants religionsphilosophisch orientiert ist", haben nach Georg Picht (1985) auch Elisabeth Cameron Galbraith (1996), Aloysius Winter (2000) und andere herausgearbeitet. Mit der expliziten Religionsphilosophie kommt also nicht nur ein gewichtiger Teil von Kants Spätwerks in den Blick. Vielmehr ist, wie Kazuya Yamashita (2000) unterstreicht, „die Religionsphilosophie Kants kein Anhang zu den drei ‚Kritiken', sondern liegt diesen zugrunde. Genauer gesagt, macht sie immer ein Hauptziel in der kritischen Philosophie aus . . ." Dieses Urteil bestätigt sich, wenn Kurt Hübner in seinem Werk „Glaube und Denken" (2001) die Religionsschrift als „die eigentliche Krönung von Kants Philosophie" bezeichnet.

All dies ist Grund genug, Kant anlässlich seines 200. Todestages insbesondere mit Blick auf seine Religionsphilosophie aus systematisch-theologischer Sicht kritisch zu würdigen. Wenn er in der Vorrede zur 1. Auflage seiner Religionsschrift von 1793 ausdrücklich eine „philosophische Theologie" zu betreiben be-

ansprucht, und zwar in Abgrenzung zu biblisch-kirchlicher
Theologie, so bedeutet das jedenfalls eine – von ihm auch so
gemeinte – Einladung gerade für kirchliche Theolog(inn)en, seinen Gedankengängen mit Interesse zu folgen. Diese Aufgabe
stellt sich zwei Jahrhunderte nach seinem Tod in unverminder-
ter Dringlichkeit – zumal angesichts der immensen Wirkungsgeschichte! Ein unkritisches Nachvollziehen aber kann nicht
einmal Kant selbst gewollt haben. Die Differenzen, die sich bei
einer theologischen Rekonstruktion seiner Darlegungen ergeben können und müssen, stellen sich freilich ihrerseits je nach
eingenommener Position unterschiedlich dar.

So kann es nicht anders sein, als dass die sieben in diesem
Band versammelten Aufsätze sich der Herausforderung durch
die Kantsche Religionsphilosophie auf verschiedene Weise stellen: Sie äußern sich als Stimmen protestantischer Theologie in
ihrer heutigen Vielfalt. Das zeigt sich nicht zuletzt in der unterschiedlichen Haltung zu der Frage, ob und inwiefern es angemessen sei, Kant als (den) „Philosophen des Protestantismus"
zu bezeichnen, wie das um die Zeit seines 100. Todestages weit-
hin üblich geworden war. Sind die Subjektbedingtheit aller
Wahrheitserkenntnis und die kantisch begründete Ablehnung
einer Vermischung von Philosophie und „biblischer Theologie"
hinreichende Argumente für die Legitimität einer solchen Einschätzung? Oder verbietet sie sich infolge des Umstands, dass
Kant „den Ansatz der lutherischen Reformation zu Gunsten einer aufklärerischen Moral verlassen hat" (Ulrich Asendorf), ja
dass seine Gnadenlehre „die katholische, die dezidiert nicht-re-
formatorische" ist (Karl Barth)?

Ähnlich steht es um die Frage, ob dem Menschen so etwas
wie ein „autonomer" Vernunftglaube möglich, ja moralisch
nahe gelegt sei. Karl Vorländer unterstreicht: „In geradem Gegensatz zu Luthers bekanntem Katechismussatz lehrt unser
Denker, daß der Mensch aus eigener Vernunft und Kraft dem
Schlechten entgegenwirken und zum Guten gelangen kann,
daß die ,völlige Revolution der Denkungsart' durch ihn selbst
erfolgen muß . . ." Luthers Insistieren darauf, dass ein Glauben
aus eigener Vernunft und Kraft nicht möglich sei, bezieht sich
freilich definitiv auf den Christusglauben. Kant seinerseits hat
sich mehrfach gegen das Missverständnis verwahrt, er wolle
sich anmaßen, eine Religion *aus* reiner Vernunft zu konstruie-
ren; vielmehr komme es ihm auf die Rekonstruktion von Reli-

gion *innerhalb* der Grenzen der bloßen Vernunft, mithin auf deren Kontrollfunktion an. Ob das so nur für die damalige Zensur gesagt war, hat Ernst Troeltsch schon zum 100. Todestag des Königsberger Philosophen gefragt. Das Ringen um ein angemessenes Verständnis seines Bestrebens, aber auch um eine angemessene theologische Reaktion darauf wird in diesem Buch fortgesetzt – und bedarf weiterer Fortführung.

Gunther Wenz (München) führt zunächst „unparteiisch" in die Philosophie und Religionsphilosophie Kants ein. Den Problemen, die sich aus Kants Religionsphilosophie für Soteriologie und Christologie ergeben, widmet sich der Herausgeber (Erlangen). Volker Stümke (Hamburg) behandelt den pneumatologischen Aspekt. Martin Leiner (Jena) geht auf Kants Verständnis von Kirche ein. Teleologie und Eschatologie bei Kant nimmt Hans Schwarz (Regensburg) in den Blick. Die wirkungsgeschichtlichen Beiträge von Matthias Heesch (Passau) zu F.D.E. Schleiermacher und von Christine Axt-Piscalar (Göttingen) zu A. Ritschl analysieren die wichtigsten Linien im 19. Jahrhundert, die sich in zunehmender Verästelung weiterverfolgen lassen bis in unsere Zeit hinein.

Dem Landeskirchenrat der Evangelisch-Lutherischen Kirche in Bayern, der die meisten Autoren dieses Bandes angehören, danke ich für einen trotz aller aktuellen Sparzwänge gewährten Druckkostenzuschuss, dem Verlag für die erneut gute Zusammenarbeit.

Neuhausen/Enzkreis, 1. Advent 2003 *Werner Thiede*

Gunther Wenz

Theoretische Vernunftkritik in praktischer Absicht

Eine unparteiische Erinnerung
an Immanuel Kants Philosophie

1. Selbstkritische Aufklärung

Kant hat sein Zeitalter dasjenige der Kritik genannt. Nach seinem Urteil ist das kritische Zeitalter durch konsequente Selbstaufklärung der Vernunft und durch eine ihrer Rationalität entsprechende Selbstlimitation gekennzeichnet. Vernünftig ist die Vernunft nur, wenn sie sich ihren eigenen Regeln unterstellt, um nicht durch externe Grenzen, sondern durch Selbstbezüglichkeit definiert zu sein. Es ist Aufgabe der Vernunftkritik, solch rationale Selbstdefinition zu vollbringen. Indem sie die Bedingungen der Möglichkeit rationaler Vernünftigkeit aufklärt, verhindert sie skeptischen Indifferentismus ebenso wie einen Dogmatismus der Vernunft, in welchem diese von sich unmittelbar Gebrauch macht, ohne sich vorher selbstkritisch ihres Vermögens versichert zu haben. Es ist unnötig zu betonen, dass Kant nicht nur einen dogmatisch-unkritischen Vernunftgebrauch aus seinem System ausscheidet, sondern auch und mehr noch jede Art eines doktrinalen Dogmatismus, der sich durch vernunftexterne Autorität zu legitimieren sucht: In der Kritik der Vernunft fungiert niemand anders als diese selbst als urteilender Richter. Vernunftkritik ist vernünftige Kritik, Vernunft Objekt und Subjekt derselben. Philosoph im strengen Sinne kann entsprechend nur der Selbstdenker werden; das philosophische System erschließt sich niemals bloß historischer Erkenntnis, sondern immer nur rationaler Einsicht, welche das Vorhergedachte selbsttätig rekonstruiert, um sich das Überlieferte auf vernünftige Weise anzueignen. Demgemäß will kritische Philosophie nicht lediglich rezipiert, sondern nachgedacht werden.[1]

Kants Hauptschriften sind seit dem 1781 (= A; [2]1787 = B) er-
folgten Erscheinen der „Kritik der reinen Vernunft" (= KrV), die
in den „Prolegomena zu einer jeden künftigen Metaphysik, die
als Wissenschaft wird auftreten können" (= Prol.) von 1783 po-
pulär nachbereitet wurde, in rascher Abfolge veröffentlicht
worden: Die Grundlegung einer rein rationalen, auf synthetischen Urteilen a priori basierenden Naturwissenschaft erfolgte
1786 in den „Metaphysische(n) Anfangsgründe(n) der Naturwissenschaft". Das Programm der praktischen Philosophie, die
es im Unterschied zur theoretischen nicht mit den Gesetzen der
Natur, sondern denen der Freiheit zu tun hat, ist in der „Grundlegung zur Metaphysik der Sitten" von 1785, in der „Kritik der
praktischen Vernunft" (= KpV) von 1788 und in der „Metaphysik der Sitten" von 1797 realisiert. Die Schrift über „Die Religion
innerhalb der Grenzen der bloßen Vernunft" von 1793 (= Rel.)
gehört in diesen Zusammenhang. Religionstheoretisch höchst
relevant sind ferner die Schrift „Der Streit der Fakultäten" sowie die von K. H. Pölitz herausgegebenen Vorlesungen über die
philosophische Religionslehre ([2]1830). Wie das Gefühl der Lust
und Unlust nach Kant unter den Gemütsvermögen die Mitte
bildet zwischen Erkenntnis- und Begehrungsvermögen, so vermittelt die Urteilskraft zwischen dem auf Naturgesetzmäßig-
keit gerichteten Verstand und der die Verbindlichkeit der Sitte
bestimmenden Vernunft, indem sie ästhetische Schönheit und
Erhabenheit und teleologische Zweckmäßigkeit intendiert. Ästhetik und Teleologie sind demgemäß Thema der „Kritik der
Urteilskraft" (= KU) von 1790 als dem Zwischenstück theoretischer und praktischer Philosophie. Das unvollendet gebliebene
opus postumum (ab 1796) setzt das Werk der Begründung und
Entfaltung kritischer Philosophie fort, deren Anfang die Forschung in der Regel durch die Schrift „De mundi sensibilis at-

---

1 „*Selbstdenken* heißt den obersten Probirstein der Wahrheit in sich selbst
(d. i. in seiner eigenen Vernunft) suchen; und die Maxime, jederzeit selbst
zu denken, ist die *Aufklärung*." (Was heißt: Sich im Denken orientieren? von
1786, in: Kant's gesammelte Schriften, hg. von der Königl. Preußischen Akademie der Wissenschaften [= Akad. Ausg., Berlin 1910 ff.], Bd. VIII, 131–147,
hier: 146 Anm.) Wo es möglich ist, wird die Akad. Ausg., auf die von wenigen Ausnahmen abgesehen zurückgegriffen wird, nach der Originalpaginierung der Werke Kants zitiert. Deren jeweilige Abkürzungen werden im
Anschluss an *Rudolf Eislers* Kantlexikon (Berlin 1930, VII f) verwendet.

que intelligibilis forma et principiis" (= Mund. sens.) von 1770 markiert sieht, die bereits Kants revolutionäre Lehre von Raum und Zeit als apriorischen Anschauungsformen und damit die wichtigsten Systemprämissen enthält.[2] Genaue Beachtung verdienen ferner die Vorlesungen, die Kant von 1772/73 bis 1795/96 in jedem Winter vierstündig vorgetragen hat und die 1798 unter dem Titel „Anthropologie in pragmatischer Hinsicht" in Buchform veröffentlicht wurden sind.

Drei Fragen sind es, welche die um Selbstaufklärung bemühte Vernunft wesentlich bewegen:[3] 1. Was kann ich wissen? 2. Was soll ich tun? 3. Was darf ich hoffen? Die erste Frage hat die theoretische, die zweite die praktische, die dritte die Philosophie der Religion zu beantworten. Die Kritik der reinen Vernunft als der Basistext des Systems hat es mit der Beantwortung namentlich der ersten Frage insofern zu tun, als dem Werk die Funktion einer theoretischen Propädeutik metaphysischen Vernunftgebrauchs zugewiesen ist, „welche das Vermögen der Vernunft in Ansehen aller reinen Erkenntniß a priori untersucht" (KrV B 869). Sind synthetische Urteile a priori möglich?, lautet die Leitfrage kritischer Philosophie. Synthetische sind im Unterschied zu analytischen solche Urteile, deren Prädikat nicht schon im Subjektbegriff impliziert ist, die vielmehr einen inhaltlichen Erkenntniszuwachs formulieren (Erweiterungsurteil statt Erläuterungsurteil). Apriorisch hinwiederum ist ein synthetisches Urteil dann, wenn

2 Die Entwicklungsphase bis 1769/70 wird üblicherweise die vorkritische genannt. In sie gehören u. a. folgende Schriften: „Gedanken von der wahren Schätzung der lebendigen Kräfte" von 1746; „Allgemeine Naturgeschichte und Theorie des Himmels" von 1755, in der eine rein mechanische Entstehung des Planetensystems gelehrt wird; „Principiorum primorum cognitionis metaphysicae nova dilucidatio" ebenfalls von 1755. Theologisch zentral und von dem Bemühen um apodiktisch gewisse Fundierung der Philosophie bestimmt ist die Schrift „Der einzig mögliche Beweisgrund zu einer Demonstration des Daseins Gottes" von 1763, wohingegen die „Träume eines Geistersehers, erläutert durch Träume der Metaphysik" von 1766 die im Laufe des nächsten Jahrzehnts erfolgende „Revolution der Denkungsart" skeptizistisch vorbereiten sollte. Der aufgeklärte Wahlspruch der Kantschen Gedankenrevolution lautet: „Habe Muth, dich deines *eigenen* Verstandes zu bedienen!" Damit war zugleich die Frage beantwortet, was Aufklärung sei: *„der Ausgang des Menschen aus seiner selbst verschuldeten Unmündigkeit."* (Beantwortung der Frage: „Was ist Aufklärung?" von 1784, Akad. Ausg. VIII, 33–42, hier: 35).

3 Vgl. etwa KrV B 833.

es eine Erkenntniserweiterung vor aller Erfahrung, also nicht auf aposteriorische Weise bewirkt. Die entscheidende Frage ist demnach, ob und inwiefern sich Erkenntnisse in Form synthetischer Urteile gewinnen lassen, die ohne empirische Anteile in der Vernunft selbst begründet liegen. Kant, soviel sei vorweggenommen, bejaht diese Frage, aber mit einer signifikanten Einschränkung: Synthetische Urteile vor aller Erfahrung sind möglich, aber sie sind möglich nur in Bezug auf mögliche Erfahrung. Der Grundsatz seiner nichtempirischen Theorie der Empirie, welche die Bedingungen der Erfahrbarkeit von Gegenständen erkundet, ist damit umschrieben.

2. Apriorische Formen sinnlicher Anschauung

Nach Kant hebt alle menschliche Erkenntnis mit sinnlichen Anschauungen an. Das Material der Anschauungen ist durch Sinnesdaten gegeben und in der Weise der Sinnlichkeit vorhanden. Insoweit ist Kant dem sensualistischen Empirismus verpflichtet. Ohne erfahrene Sinneseindrücke kommt Erkenntnis nicht zustande. Gleichwohl werden die Erfahrungsgegenstände nicht durch Sinnlichkeit allein erkannt, weil Gegenstandserfahrung stets raumzeitlich bestimmt ist. Sinnlich gegebene Gegenstände werden, wenn immer sie wahrgenommen werden, in Form von Raum und Zeit wahrgenommen; diese Anschauungsformen sind, wie Kants transzendentale Ästhetik (von griech. *aisthesis* = Wahrnehmung) zu zeigen versucht, nicht durch Sinnlichkeit, also aposteriorisch gegeben, sondern liegen aller sinnlichen Anschauung als Bedingung ihrer Möglichkeit apriorisch zugrunde.

Raum und Zeit sind nach Kant nicht aposteriorisch gegebene Daten, sondern apriorische Formen aller sinnlichen Anschauung und in diesem Sinne Bedingung der Existenz der Dinge als Erscheinung. Als reine Erscheinungsform der äußeren Sinne ist der Raum die Form aller Erscheinungen äußerer Sinne, als reine Anschauungsform des inneren Sinnes ist die Zeit die Form aller inneren (Selbst-)Anschauung. Zeit ist, wenn man so will, die innegewordene Form reiner Anschauung, deren äußere Aprioritätsform der Raum ist. Beiden Anschauungsformen ist gemeinsam, dass sie als reine Form sinnlicher Anschauung die Möglichkeit empirischer Erkenntnis bedingen, ohne selbst empirischer Natur zu sein. Bleibt sonach nichts übrig, als Raum und Zeit zu subjektiven Formen unserer äußeren und inneren Anschauungsart zu erklären, so ist diese apriorische Anschauungsart des Subjekts doch dezidiert sinnlich zu nennen, „weil sie *nicht ursprünglich*, d. i. eine solche, ist, durch die selbst das Dasein des Objects der Anschauung gegeben wird [...], sondern von dem Dasein des Objects abhängig, mithin nur dadurch, daß die Vorstellungsfähigkeit des Subjects durch dasselbe afficirt wird, möglich ist" (KrV B 72). Die Anschauung, wie sie in den apriorischen Formen von Raum und Zeit statthat, ist also erklärtermaßen nicht intellektuelle rsp. intellektuale Anschauung, nicht intuitus originarius, sondern intuitus derivativus. Anderes zu behaupten, hieße jenen vornehmen Ton anzuschlagen, dessen Aufkommen in der Philosophie seiner Zeit Kant sarkastisch beklagt (Von einem neuerdings erhobenen vornehmen Ton in der Philosophie, 1796, in: Akad. Ausg. VIII, 387–406), und jene überlegene Haltung einzunehmen, welche meint, sich diskursives Denken und die herkuleische Arbeit des Begriffs ersparen und in unmittelbarer Intuition und gefühlsmäßiger Ahnung das ungeteilte Ganze und alles auf einmal erfassen zu können.

Kants kritische Theorie der Erkenntnis zeigt bereits in ihrem transzendentalästhetischen Ansatz deutlich an, dass sie die beiden Hauptrichtungen aufgeklärten Denkens in sich zu vereinen sucht: den am Leitbild der Mathematik orientierten Rationalismus cartesianischer Prägung einerseits, der vernünftiges Erkennen apriorisch auf sich selbst zu gründen sucht, und den Empirismus eines Bacon, Locke oder Hume andererseits, welcher – den Realwissenschaften verpflichtet – die Erkenntnis an Sinnlichkeit und aposteriorische Verfahrensweisen bindet. Die skizzierte Raum-Zeit-Lehre erweist ihre Tendenz zur Vereinigung von Empirismus und Rationalismus in dem Bestreben, Sinnlichkeit als den zwar differenzierten, aber gleichwohl einigen Zusammenhang ihrer Materie und ihrer Form zu erfassen, wobei der Begriff der Sinnlichkeit sowohl die äußeren Sinne bezeichnet als auch den inneren Sinn, vermöge dessen das durch die äußeren Sinne äußerlich und differenziert Gefühlte identisch empfunden und innig vereint wird.

Was die äußeren Sinne anbelangt, als deren apriorische Form der Raum erwiesen werden soll, so sind es namentlich diejenigen der Organempfindung, durch welche jene Eindrücke empfangen werden, welche die Materie der Erfahrung ausmachen:

Tast-, Gesichts-, Gehörs-, Geschmacks- und Geruchssinn. Das durch die fünf äußeren Sinne Wahrgenommene wird nach Kant zwar einerseits unzweifelhaft als materialiter vorgegeben wahrgenommen, doch andererseits nicht im Sinne einer amorphen Masse, sondern nach Maßgabe einer gleichbleibenden Form: Die durch äußeren Sinne gegebenen Sinnesdaten sind räumlich geformt, der Raum mithin die apriorische Form der Anschauung äußerer Sinnlichkeit. Alles durch äußere Sinne Gegebene bietet sich als räumlich verfasstes Nebeneinander dar; den äußeren Sinnen ist das eine im örtlichen Unterschied zum anderen da. Erweist sich bereits der Logik reinen Denkens Differenz als der Bestimmungsgrund alles Seienden, so wird in der äußeren Sinnlichkeit das, was ist, in seiner Differenziertheit als räumlich unterschieden erfasst. Es erhellt, dass der räumlichen Anschauung jeder Ort im Raum als von allen anderen Örtern verschieden erscheint, wohingegen der Raum selbst nicht zu lokalisieren ist.

Daran bestätigt sich für Kant, dass der Raum als solcher kein Angeschautes, sondern die Bedingung der Möglichkeit aller Anschauung und deren apriorische Form ist. Alles der Sinnlichkeit äußerlich Gegebene ist räumlich in eine Mannigfaltigkeit von Örtern als gegeneinander abgegrenzte Teilräume differenziert. Alle sinnlich wahrnehmbaren Örter sind relative, niemals absolute Raumgrößen. Die Vorstellung eines absoluten Raumes ist damit abgewiesen. Zwar ist es nach Kant nicht nur naheliegend, sondern in gewisser Weise unvermeidlich, die Idee eines Inbegriffs aller Ortsrelationen im Sinne eines absoluten Weltraumes und zuletzt die Idee einer allen Teilräumen unteilbar vorgegebenen göttlichen Immensität auszubilden, welche die Einheit des Raumes begründet. Noch in der Schrift „De mundi sensibilis atque intelligibilis forma et principiis" wird deshalb ausdrücklich die Möglichkeit zugestanden, das spatium (Raum), „quod est condicio universalis et necessaria compresentiae omnium sensitive cognita", die Allgegenwart als Phänomen, „OMNIPRAESENTIA PHAENOMENON" (Mund. sens., Sectio IV, § 22. Scholion; Akad. Ausg. II, 385–419, hier: 410), also eine Gotteserscheinung zu nennen. Doch als eine metaphysische Realitätsaussage wollte Kant die Rede vom unendlichen Weltraum als Inbegriff aller Teilräume sowie von dem die Einheit des Weltraums begründeten absoluten Raum als einem Attribut der ungeteilten Immensität Gottes schon damals nicht verstanden wissen. Die Entwicklung geht eindeutig dahin, die allumfassende Einheit des Raumes mit seiner Funktion als apriorischer Erkenntnisform äußerer Sinnlichkeit koinzidieren zu lassen. Eine „unendliche *gegebene* Größe" (KrV B39) ist der Raum, dessen Teile unendlich simultan sind, nicht in der Weise eines realitätsbezeichnenden Begriffs, sondern als apriorische Form aller Anschauung, die stets räumlich verfasst und durch Ortsrelationen bestimmt ist.

Vergleichbares gilt für die Zeit als die apriorische Form aller Selbstanschauung des inneren Sinnes. Auch der innere Sinn ist der Sinnlichkeit zuzurechnen. Er unterscheidet sich aber von den äußeren Sinnen dadurch, dass er für die interne Einheit ihrer externen Differenziertheit steht. Der innere Sinn ist, wenn man so will, die sensitive Seele des Leibes und seiner Körperglieder, deren äußeren Sinnen die Sinnesdaten räumlich präsent sind.[4] Indem der sensus internus die äußeren Sinne und deren externe Daten innerlich vereint, verzeitlicht er deren Räumlichkeit. Dabei ist der innere Sinn an sich nichts weiter als instantanes Fühlen, in welchem das durch die äußeren Sinne im räumlichen Nebeneinander Gefühlte simultan wahrgenommen wird, wodurch eine Sukzession der äußeren Anschauung nach Weise eines zeitlichen Nacheinanders eintritt. In der Selbstaffektion des Gemüts, wie sie sich im inneren Sinn kraft originärer Imagination vollzieht, ist die Zeit als kontinuierliche Einheitsgröße manifest. Das Nebeneinander der Erscheinungen im Raum, wie die äußeren Sinne sie vorstellig machen, wird demgemäß vom inneren Sinn als zeitidentisch wahrgenommen, womit die Einheit der räumlichen Erscheinungen überhaupt erst hergestellt wird.

Wie dem inneren Sinn für die äußeren Sinne kommt sonach der Zeit für den Raum eine Begründungsfunktion zu. Doch kann von einer absoluten Gleichzeitigkeit ebenso wenig die Rede sein wie von einer Absolutheit der Zeit überhaupt, sofern die Zeit nur ist, was sie ist, in Relation zu den Raumerscheinungen, die sie kontinuierlich vereint. Wie der innere Sinn Seele der äu-

---

4 Der Seele eignet wesentlich die Funktion der Vereinigung aller Sinnesvorstellungen. Einen Sitz derselben in der Weise lokaler Gegenwart vorstellig zu machen, ist ein Widerspruch in sich. Denn die Seele kann sich nur durch den inneren Sinn erfassen, wohingegen örtlich zu lozierende Körper Gegenstände äußerer Sinne sind. Wollte sich die Seele selbst einen Ort zuweisen, müsste sie sich äußerlich und Gegenstand äußerer Anschauung werden, was offenkundig widersprüchlich ist.

ßeren Sinne nur sein kann in Beziehung auf sie, so kommt Zeit
nicht in Ablösung von den Dimensionen des Raumes, sondern
nur als Raumzeit, will heißen: raumrelativ in Betracht. Gleichwohl ist die Annahme absoluter Zeit im Sinne eines Inbegriffs
und Einheitsgrundes aller Zeit nicht einfachhin vermeidbar, da
sich nichts Zeitliches benennen lässt, das nicht selbst die unver-
änderliche Einheit unendlicher Zeit zur Voraussetzung hätte.
Kein fühlendes Wesen einschließlich des menschlichen Subjekts, welches real und damit unter den Bedingungen der Zeit
existiert, kommt, weil in seiner Fortdauer auf externe Erhaltung
angewiesen, als Grund und Ursprung des unendlichen Ganzen
der Zeit und als Garant ihrer Einheit in Frage. Zeit, so will es
scheinen, lässt sich nicht anders fassen denn als Ewigkeitsphä-
nomen. In dem erwähnten Scholion der Schrift von der Form
der Sinnes- und Verstandeswelt und ihren Gründen erwägt
Kant selbst diese Gedanken, um dann allerdings zu einem entsprechenden Ergebnis zu gelangen wie in seiner Raumlehre: So
alternativlos sich die Idee der absoluten Zeit als beständiger
Inbegriff und ewiger Einheitsgrund alles Zeitlichen aufdrängt,
sowenig lassen sich mit der Annahme einer alle Zeiten in sich
begreifenden Weltseele und mit der die Einheit der Zeit begrün-
denden Ewigkeit Gottes konkrete Begriffe und Realitätsaussa-
gen verbinden. Absolut ist die Zeit nur als Erkenntnisform, näherhin als apriorische Form der Anschauung des inneren
Sinnes, welche in Geltung steht nur in Beziehungen jener Rela-
tivität, die alle konkreten Zeitverhältnisse bestimmt.

3. Verständiges Begreifen und Urteilen

Klärt die transzendentale Ästhetik die Möglichkeitsbedingungen sinnlicher Anschauung auf, mit der alle menschliche Erkenntnis beginnt, so ist es Aufgabe der transzendentalen Analytik deren Fortschritt zu Verstandesbegriffen zu bedenken,
ohne welche Gegenstandserkenntnis nicht ist, was sie ist. Sinnlichkeit und Verstand[5] lassen sich im Erkenntnisbeginnen allen-

---

5 Während das Erkenntnisvermögen der Sinnlichkeit auf das Einzelne
in den Gegenständen der Erfahrung gerichtet ist, vermag der Verstand als
das Vermögen, zu denken und durch Begriffe sich etwas vorzustellen, die
Eigentümlichkeit sinnlicher Anschauungen in allgemeine Regeln zu fassen,

falls im Stadium abstrakter Anfänglichkeit, konkret hingegen nicht trennen, da Erkenntnis nur in ihrem Zusammenwirken wirklich ist. Es gilt der Grundsatz, wonach Gedanken ohne Inhalt leer, Anschauung ohne Begriffe hingegen blind sind.[6] Einerseits ist der Verstand als das aktiv spontane Vermögen, Gegenstände gedanklich zu identifizieren und urteilend zu erkennen, auf Sinnlichkeit angewiesen, will heißen: auf rezeptiven Empfang der Gegebenheit des Gegenstandes in Gestalt einer

um so Einheit der Objekterkenntnis zu ermöglichen. Als das Vermögen begrifflicher Erkenntnis allgemeiner Regeln ist der Verstand in seinem richtigen Gebrauch die Voraussetzung dafür, die Urteilskraft als das Vermögen, das Besondere, sofern es ein Fall der Regel ist, aufzufinden, angemessen einzusetzen und zu üben, um schließlich zu jener differenzierten Einheit von verständiger Allgemeinheit und besonderem Urteil zu gelangen, welche vernünftig zu nennen ist. Die Logik als formaler Bestandteil des philosophischen Systems hat die bloße Form des Denkens und dessen wesentliche Regeln in Begriff, Urteil und Schluss zum Thema. Die logische Elementarlehre von den Begriffen als den von den Einzelvorstellungen der Anschauung unterschiedenen reflektierten oder allgemeinen Vorstellungen, durch welche zu erkennen im ursprünglichen Sinne denken heißt, unterscheidet Materie und Form, Empirizität und Reinheit, Aposteriorität und Apriorität der Begriffe, um des Weiteren nach ihrem logischen Ursprung etc. zu fragen. Die Logik des Urteils als der Vorstellung der Einheit des Bewusstseins verschiedener Vorstellungen differenziert die logischen Formen der Urteile nach Quantität, Qualität, Relation und Modalität, wobei die Urteile der Quantität nach entweder allgemeine, besondere oder einzelne, der Qualität nach bejahende, verneinende oder unendliche, der Relation nach kategorische, hypothetische oder disjunktive, der Modalität nach problematische, assertorische oder apodiktische sind. Die Logik des Schließens endlich als derjenigen Funktion des Denkens, kraft derer ein Urteil aus einem anderen hergeleitet wird, differenziert Verstandesschlüsse, Vernunftschlüsse und Schlüsse der Urteilskraft. „Die Verstandesschlüsse gehen durch alle Klassen der logischen Functionen des Urtheilens und sind folglich in ihren Hauptarten bestimmt durch die Momente der Quantität, der Qualität, der Relation und der Modalität." (*Immanuel Kant*: Logik. Ein Handbuch zu Vorlesungen, in: Akad. Ausg. IX, 1–150, hier: 115 [§ 45]) Die Vernunftschlüsse als Erkenntnisse der Notwendigkeit eines Satzes durch die Subsumtion seiner Bedingungen unter eine gegebene Regel sind in kategorische, hypothetische und disjunktive unterschieden. Die Schlüsse der (reflektierenden) Urteilskraft, die vom Besonderen zum Allgemeinen fortschreitet, sind durch Induktion oder Analogie bestimmt und nützlich für die Erweiterung der Erfahrungserkenntnis, ohne mehr als empirische Gewissheit vermitteln zu können.

6 Vgl. KrV B 75.

raumzeitlich geformten Anschauung. Andererseits bedarf die sinnliche Anschauung der gedanklichen Erfassung durch verständiges Begreifen, um nicht augenblicklich in nebulöser Konfusion zu vergehen. Aufgabe der transzendentalen Analytik ist es, die apriorischen Formen des Verstandes zu erheben, welche die Möglichkeit der Erkenntnis bedingen, indem sie durch urteilende Anwendung von Begriffen auf raumzeitliche Anschauungen Einheit in deren Mannigfaltigkeit stiften.

Da der Verstand, wie angedeutet, seine Funktion, die Verschiedenheit der Vorstellungen einheitlich zu ordnen und in einem Bewusstsein überhaupt zu verbinden, in der Weise des Urteils vollzieht und sonach insgesamt ein spontanes Vermögen zu urteilen genannt werden kann, lassen sich nach Kant die möglichen Weisen der einheitsstiftenden Verstandestätigkeit in Form der logischen Momente aller Urteile identifizieren. Abstrahiert man von allen Inhalten eines Urteils überhaupt und achtet bloß auf dessen Form, so lässt sich die Verstandesfunktion im Urteil unter vier logischen Aspekten benennen, die jeweils drei bestimmende Momente in sich enthalten: in quantitativer, qualitativer, relationaler und modaler Hinsicht. Die logischen Formen der Urteile sind demnach: Quantität, Qualität, Relation und Modalität. Der Quantität nach sind Urteile entweder allgemeine, besondere oder einzelne, der Qualität nach bejahende, verneinende oder unendliche, der Relation nach kategorische, hypothetische oder disjunktive, der Modalität nach schließlich problematische, assertorische oder apodiktische. Aus der logischen Tafel der Urteile ergeben sich nach Kant unschwer die traditionell Kategorien genannten reinen Verstandesbegriffe und mit ihnen die apriorischen Grundsätze der Möglichkeit aller Erfahrung als einer objektiv gültigen empirischen Erkenntnis, sofern diese nichts anderes sind als Sätze, „welche alle Wahrnehmung (gemäß gewissen allgemeinen Bedingungen der Anschauung) unter jene reine Verstandesbegriffe subsumiren" (Prol. § 21; es folgen die logische Tafel der Urteile, die transzendentale Tafel der Verstandesbegriffe und die, wie es heißt, reine physiologische Tafel allgemeiner Grundsätze der Naturwissenschaft.). Vorausgesetzt ist dabei, dass die wesentliche Funktion des Verstandes in der Synthesis genannten Handlung besteht, die Mannigfaltigkeit der Vorstellungen in einer Erkenntnis zu begreifen. Ist die Synthesis an sich selbst eine bloße Wirkung des Einbildungskraft genannten Seelenvermögens,[7] so ist es das Kennzeichen verständiger Synthesis, Synthesis nach Begriffen zu sein. Die Begriffe hinwiederum, welche reiner Synthesis Einheit geben und an sich selbst nichts weiter sind als die Vorstellung dieser notwendigen synthetischen Einheit, sind die Kategorien. Da die Funktion, welche die bloße Synthesis verschiedener Vorstellungen zur Einheit des Verstandesbegriffes bringt, nach Kant identisch ist mit jener, welche die Mannigfaltigkeit der Vorstellungen in einem Urteil vereint, entsprechen Zahl und Bestimmtheitsweise der Kategorien durchweg denen der Urteile reiner Logik.

Die Kategorien als die ursprünglich reinen, dem Verstand a priori impliziten Begriffe der Synthesis sind demzufolge der Quantität nach Einheit, Vielheit, Allheit, der Qualität nach Rea-

7 Zu der in äußere Sinne und inneren Sinn differenzierten Sinnlichkeit, welche Kant als das Vermögen der Anschauung in der Gegenwart des Gegenstandes bestimmt, gehört als weiteres Moment die Einbildungskraft, die gelegentlich Imagination und im Falle unwillkürlich hervorgebrachter Einbildungen auch Fantasie genannt werden kann. Sie ist Anschauungsvermögen ohne Gegenstandspräsenz. Die reproduktive Einbildungskraft vergegenwärtigt eine vorangegangene empirische Anschauung, die produktive ist das Vermögen der ursprünglichen Gegenstandsdarstellung (*exhibitio originaria*). Drei verschiedene Arten originären Gegenstandsdarstellungsvermögens sieht Kant nach Maßgabe seiner Anthropologie vor: die *imaginatio plastica*, welche die sinnliche Anschauung, ohne sie schöpferisch hervorgerufen zu haben, räumlich ausbildet und daher recht eigentlich erst wahrnehmbar macht; die *imaginatio associans*, welche den zeitlichen Assoziationszusammenhang empirischer Vorstellungen erschließt, sowie die *imaginatio affinitatis*, welche das Mannigfaltige der Vorstellung durch Imagination ihrer Affinität in einem Grunde zu vereinigen vermag. Hinzuzufügen ist, dass ohne Einbildungskraft weder das Vermögen der Vergegenwärtigung des Vergangenen (Erinnerungsvermögen/Gedächtnis) und des Künftigen (Vorsehungsvermögen) noch das Bezeichnungsvermögen als das Vermögen der Erkenntnis des Gegenwärtigen als Mittel der Verknüpfung der Vorstellung des Vorhergesehenen mit der des Vergangenen erklärbar ist. Über die genaue systematische Funktion der Einbildungskraft lässt sich nur schwer präzise befinden, weil es diesbezüglich nicht nur zwischen 1. und 2. Auflage der KrV wesentliche Unterschiede gibt, sondern weil die Stellung der *facultas imaginandi* im Kantschen System der disparaten Seelenvermögen insgesamt unsicher ist. Eindeutig lässt sich sagen, dass Kant mit ihr die Fähigkeit, zwischen Verstand und Sinnlichkeit zu vermitteln, und das sowohl rezeptive als auch spontane Selbstaffektationsvermögen assoziiert, die reine Einheitsform des Ich denke mit dem inneren Sinn in der Weise originären Inneseins ursprünglicher Raumzeitlichkeit zu verbinden.

lität, Negation, Limitation, der Relation nach Substanz, Kausalität und Gemeinschaft als Wechselwirkung zwischen dem Handelnden und Leidenden, der Modalität nach Möglichkeit, Dasein und Notwendigkeit. Vom Kategoriensystem des Aristoteles, der zehn Elementarbegriffe zählte (substantia, qualitas, quantitas, relatio, actio, passio, quando, ubi, situs, habitus), um sie im Nachhinein noch durch fünf Postprädikamente zu ergänzen (oppositum, prius, simul, motus, habere), unterscheidet sich dasjenige Kants u. a. dadurch, dass dieser Raum und Zeit als reine Elementarbegriffe der Sinnlichkeit von den reinen Verstandesbegriffen absonderte und daher die siebente, achte und neunte aristotelische Kategorie aus der Tafel der reinen Verstandesbegriffe entfernte. Im Übrigen vermisste Kant bei Aristoteles jenes Prinzip, welches nach seiner Auffassung allein zu einer präzisen und vollzähligen Bestimmung der Kategorien zu führen vermag: das Prinzip jener Verstandeshandlung, die das Mannigfaltige der Vorstellungen unter die Einheit des Denkens überhaupt bringt und die, wie gezeigt, nachgerade im Urteilen besteht.

4. Transzendentale Apperzeption

Die Rechtfertigung der Anwendung der Kategorien auf sinnliche Angeschautes ergibt sich für die in Anlehnung an das juristische Deduktionsverständnis so genannte transzendentale Deduktion aus der Einsicht, dass ohne den urteilenden Bezug apriorischer Verstandesbegriffe auf das anschauliche Mannigfaltige keine Erfahrungserkenntnis möglich ist. Möglich ist diese nur im Vollzug verständiger Synthesis. Deren Möglichkeit hinwiederum ist denkbar nur unter Voraussetzung eines synthetisierenden Prinzips, das selbst nicht Produkt der Synthesis sein kann, wenn es denn die Funktion der Synthetisierung des Mannigfaltigen der Anschauung in der Weise verständigen Urteilens erbringen soll. Kant umschreibt dieses Prinzip gemäß einer viel zitierten Wendung als das *Ich denke, das all meine Vorstellungen muss begleiten können*.[8] Jede Erkenntnis, so ist damit gesagt, steht unter der Bedingung, gewusst werden zu können. Um aber nicht für jeden Erkenntnisgegenstand ein je eigenes

8 Vgl. KrV B 132.

Bewusstsein annehmen zu müssen, was ersichtlich absurd wäre, weil es Synthesis des Mannigfaltigen nicht möglich, sondern unmöglich machen würde, muss das Bewusstsein im Wissen des Gewussten auf sich bezogen und seiner selbst bewusst sein. In diesem Sinne werden alle Bewusstseinsgegenstände vom Ich- oder Selbstbewusstsein begleitet, ohne welches verständige Synthesis der Anschauungen in ihrer Mannigfaltigkeit nicht denkbar wäre. Das Bewusstsein überhaupt ist als selbstreferenzielle Größe die Bedingung der Möglichkeit verständiger Gegenstandserfahrung und Erkenntnis.

Als transzendentale Apperzeption, wie Kant in Anlehnung an einen Leibnizschen Begriff sagen kann, fungiert es als Synthesis sinnlicher Anschauungen, deren Einheit sie durch verständiges Urteil stiftet, ohne aus ihnen ableitbar zu sein.[9]

9 Apperzeption nennt Kant das Bewusstsein seiner selbst als einfache Ichvorstellung. Sie wird in die empirische und die reine oder transzendentale Apperzeption unterschieden. Das Bewusstsein seiner selbst muss entweder dasjenige der Apprehension oder der Reflexion sein. Die transzendentale Apperzeption reiner Ichreflexivität ist bloßer Ichgedanke und nichts als das alles Vorstellen und Begreifen begleitende Bewusstsein des Ich denke, welches das Mannigfaltige synthetisch zu formaler Einheit vereint. Die Synthesis der Apprehension hingegen, wie sie im Zusammenhang der empirischen Apperzeption des inneren Sinnes statthat, ist Zusammenhang des Mannigfaltigen in einer empirischen Anschauung. Sie muss den apriorischen Formen der Anschauung und namentlich der Zeit als der Apprioritätsform des inneren Sinnes gemäß sein, weil sie nur nach Maßgabe dieser Formen geschehen kann, deren Verbindung mit dem Verstand durch die Einbildungskraft als einem zugleich rezeptiven und spontanen Vermögen geleistet wird. Diese Zusammenhänge sind vergleichsweise eingängig expliziert in *Immanuel Kant: Anthropologie in pragmatischer Absicht*, Akad. Ausg. VII, 117–333. Das vom Erkenntnisvermögen handelnde erste Buch der anthropologischen Didaktik, welches sowohl das Innere als das Äußere des Menschen zu erkennen trachtet, thematisiert zuerst das Selbstbewusstsein als das Sich-wissen des Menschen, welches ihn ein Ich sein lässt, das als transzendentale Apperzeption alle Vorstellungen begleiten muss, um ihnen Einheit zu geben. Ohne das Ich denke könnte von einer gegebenen Vorstellungswelt nicht die Rede sein, und das Vermögen, von Sinnlichkeit abstrahieren zu können, bildet sich im untrennbaren Zusammenhang damit aus, dass der Mensch zu sich und zum Bewusstsein seiner selbst kommt. Um es präziser zu bestimmen, unterteilt Kant das Selbstbewusstsein in dasjenige der Reflexion und dasjenige der Apprehension: „Das erstere ist ein Bewußtsein des Verstandes, das zweite der innere Sinn; jenes die *reine*, dieses die empirische Apperception." (Anthropologie, § 4 Anm; Akad. Ausg.

Damit ist bereits angedeutet, dass das „Ich denke" mit Individualsubjekten und deren kognitiven, voluntativen und emo-

VII, 134) Am Ich macht sich sonach eine Doppelheit geltend, die nach Kant dessen Einheit gleichwohl nicht zertrennt, weil dieses zwar der Form, nämlich der Vorstellungsart, nicht aber der Materie und dem Inhalt nach zweifach ist: „1) das Ich als *Subject* des Denkens (in der Logik), welches die reine Apperception bedeutet (das blos reflectirende Ich), und von welchem gar nichts weiter zu sagen, sondern das eine ganz einfache Vorstellung ist; 2) das Ich als das *Object* der Wahrnehmung, mithin des inneren Sinnes, was eine Mannigfaltigkeit von Bestimmungen enthält, die eine innere *Erfahrung* möglich machen." (Ebd.) Formaliter in die reine und die empirische Apperzeption unterschieden ist das Ich materialiter gleichwohl in sich eins, weil das in Objekt- bzw. Selbsterfahrung begriffene Subjekt sich zwar stets unter der Bedingung des reinen Ich-denke, nie aber als solches wahrnimmt, sofern alle seine Verstandes- und Vernunfttätigkeit beständig bezogen ist auf Sinnlichkeit, wie sie der innere Sinn in den Formen von Raum und Zeit (zugleich oder nacheinander zu sein) anschaulich macht und zur Vorstellung bringt. „Ich, als denkendes Wesen, bin zwar mit Mir, als Sinnenwesen, ein und dasselbe Subject; aber als Object der inneren empirischen Anschauung, d. i. so fern ich innerlich von Empfindungen in der Zeit, so wie sie zugleich oder nach einander sind, afficiert werde, erkenne ich mich doch nur, wie ich mir selbst erscheine, nicht als Ding an sich selbst. Denn es hängt doch von der Zeitbedingung, welche kein Verstandesbegriff (mithin nicht bloße Spontaneität) ist, folglich von einer Bedingung ab, in Ansehung deren mein Vorstellungsvermögen leidend ist (und gehört zur Receptivität). – Daher erkenne ich mich durch innere Erfahrung immer nur, wie ich mir *erscheine*; welcher Satz dann oft böslicherweise so verdreht wird, daß er so viel sagen wolle: es *scheine* mir nur (mihi videri), daß ich gewisse Vorstellungen und Empfindungen habe, ja überhaupt daß ich existire. – Der Schein ist der Grund zu einem irrigen Urtheil aus subjectiven Ursachen, die fälschlich für objectiv gehalten werden; Erscheinung ist aber gar kein Urtheil, sondern blos empirische Anschauung, die durch Reflexion und den daraus entspringenden Verstandesbegriff zur inneren Erfahrung und hiemit Wahrheit wird. Daß die Wörter *innerer Sinn* und *Apperception* von den Seelenforschern gemeinhin für gleichbedeutend genommen werden, unerachtet der erstere allein ein psychologisches (angewandtes), die zweite aber blos ein logisches (reines) Bewusstsein anzeigen soll, ist die Ursache dieser Irrungen. Daß wir aber durch den ersteren uns nur erkennen können, *wie wir uns erscheinen*, erhellt daraus, weil Auffassung (*apprehensio*) der Eindrücke des ersteren eine formale Bedingung der inneren Anschauung des Subjects, nämlich die Zeit, voraussetzt, welche kein Verstandesbegriff ist und also blos als subjective Bedingung gilt, wie nach der Beschaffenheit der menschlichen Seele uns innere Empfindungen gegeben werden, also diese uns nicht, wie das Object an sich ist, zu erkennen giebt." (Anthropologie, § 7; Akad. Ausg. VII, 142).

tiven Selbstvollzügen nicht gleichgesetzt werden darf, weil Individuen, die sich empirisch identifizieren lassen und sich selbst in ihrer Individualität auf empirisch vermittelte Weise identifizieren, in ihrer Selbstwahrnehmung die einheitsstiftende Synthesisfunktion transzendentaler Apperzeption zur Bedingung ihrer Möglichkeit haben. Soll empirische Apperzeption nicht in unzusammenhängender Vielfalt vergehen, ist ihr in allen Fällen eine transzendentale vorauszusetzen, die nicht als bestimmtes Subjekt, sondern als bloße Einheit zu denken ist, die jedem bestimmten Bezug vorhergeht. Kants Transzendentalsubjekt ist reine Synthesisfunktion. Als die Bedingung der Möglichkeit jeder Gegenstandserkenntnis ist es in keiner Weise gegenständlich zu fassen. Man lese dazu, um dem geforderten Selbstdenken beispielhaft Rechnung zu tragen, den 16. Paragraphen der Zweitauflage der Kritik der reinen Vernunft, dessen äußerste Dichte weitere Komprimierung kaum zulässt.

Bevor auf das Verhältnis transzendentaler Subjektivität und empirischer Selbstwahrnehmung individueller Subjekte unter dem Gesichtspunkt der Kritik rationaler Seelenmetaphysik zurückzukommen ist, soll zunächst in gebotener Kürze das Problem angesprochen werden, wie die ihrem Wesen nach apriorischen Kategorien auf Gegenstände der Sinne überhaupt anwendbar sein sollen, wenn sie an sich selbst nichts weiter sind als bloße Gedankenformen, durch welche kein bestimmter Gegenstand erkannt werden kann. Der Schlüssel zur Lösung dieses Problems liegt im Verhältnis von transzendentaler Apperzeption und innerem Sinn, wie er mit der Anschauungsform der Zeit gegeben ist. Ohne die schwierige Lehre vom Schematismus der reinen Verstandesbegriffe, wie produktive Einbildungskraft ihn ausformt, auch nur ansatzweise entwickeln zu können, sei mit Kant hierzu lediglich folgendes bemerkt: „Der Verstandesbegriff enthält reine synthetische Einheit des Mannigfaltigen überhaupt. Die Zeit, als die formale Bedingung des Mannigfaltigen des inneren Sinnes, mithin der Verknüpfung aller Vorstellungen, enthält ein Mannigfaltiges a priori in der reinen Anschauung. Nun ist eine transcendentale Zeitbestimmung mit der *Kategorie* (die die Einheit derselben ausmacht) so fern gleichartig, als sie *allgemein* ist und auf einer Regel a priori beruht. Sie ist aber andererseits mit der *Erscheinung* so fern gleichartig, als die *Zeit* in jeder empirischen Vorstellung des Mannigfaltigen enthalten ist. Daher wird eine Anwendung der

Kategorie auf Erscheinungen möglich sein vermittelst der transcendentalen Zeitbestimmung, welche als das Schema der Verstandesbegriffe die Subsumtion der letzteren unter die ersteren vermittelt." (KrV B 177 f./A 138 f.) Damit ist gesagt, dass die Verstandesbegriffe in ihrem realen Gebrauch auf formale Bedingungen der Sinnlichkeit, wie der innere Sinn sie erschließt, restringiert sind, welche als Schema der Kategorien fungieren. Um ein Beispiel zu geben: Das Schema, welches die produktive Einbildungskraft mit der Kategorie der Substanz verbindet, ist „die Beharrlichkeit des Realen in der Zeit, d. i. die Vorstellung desselben als eines Substratum der empirischen Zeitbestimmung überhaupt, welches also bleibt, indem alles andre wechselt." (KrV B 183/A 144) Die anschließende Lehre von den sog. Grundsätzen des reinen Verstandes bestätigt, dass sinnvolle Verstandestätigkeit nach Kant ausschließlich auf Gegenstände bezogen ist, welche in den Anschauungsformen von Raum und Zeit erscheinen.

Es bleibt also dabei: Erkenntnis ist Erfahrungserkenntnis. Sie ergibt sich durch Vermittlung von Anschauung und Verstand, wie die Einbildungskraft sie bewirkt. Sowenig die sinnliche Anschauung ohne Verstand zur Erkenntnis ihrer Gegenstände gelangt, sowenig kann der Verstand der sinnlichen Anschauung entbehren, da er synthetische Urteile a priori nur in Bezug auf Erfahrung sinnvoll zur Geltung zu bringen vermag, wohingegen sich Erkenntnisse erfahrungstranszendenter Sachverhalte durch theoretischen Verstandesgebrauch nicht erschließen. Gleichwohl sagt Kant, dass die mit sinnlichen Anschauungen anhebende und zu Verstandesbegriffen fortschreitende Erkenntnis bei Vernunftbegriffen endet, die auszubilden sie nicht umhin kann, will sie den Stoff der Anschauung unter die Einheit des Denkens bringen. Die transzendentale Apperzeption des Ich denke ist ein solcher Vernunftbegriff, der nicht nicht gedacht werden kann, soll der Verstand verständig gebraucht werden. Denn die Verstandeshandlung, welche die Synthesis des Mannigfaltigen leistet (die kein sinnliches Datum und ebenso wenig in den reinen Formen sinnlicher Anschauung enthalten ist), muss, um diese Leistung erbringen und als der Akt, als der sie fungiert, fungieren zu können, ursprünglich und in sich eins sein, wobei sogleich hinzuzufügen ist, dass besagte Einheit nicht mit der Kategorie der Einheit zu verwechseln ist, weil sie dieser ebenso wie allen anderen Kategorien als die – einheitsstiftende – Bedingung der Möglichkeit logischer Urteile und damit zugleich als die Bedingung der Möglichkeit reiner Verstandesbegriffe immer schon vorhergeht. Die Einheit des die Synthesis des Mannigfaltigen vollziehenden spontanen Verstandesaktes kann nur in jenem inbegriffen sein, „was selbst den Grund der Einheit verschiedener Begriffe in Urtheilen, mithin der Möglichkeit des Verstandes sogar in seinem logischen Gebrauche enthält" (KrV B 131). Dies ist gemeint, wenn gesagt wird, dass das „Ich denke" alle meine Vorstellung begleiten können muss. Der Grundsatz der synthetischen Einheit der Apperzeption ist das oberste Prinzip allen Verstandesgebrauchs.

5. Kritik rationaler Seelenmetaphysik

Nachdem die transzendentale Ästhetik Raum und Zeit als apriorische Anschauungsformen und die transzendentale Analytik Begriffe und Grundsätze reiner Verstandeserkenntnis erwiesen haben, stellt sich Kant in der transzendentalen Dialektik als dem letzten Teil seiner Kritik der reinen Vernunft dem Vernunftproblem der transzendentalen Ideen, um den schließlichen Erweis der Unmöglichkeit synthetischer Erkenntnis spekulativer Metaphysik zu erbringen. Das Land des Verstandes, heißt es gegen Ende der transzendentalen Analytik, ist eine Insel der Wahrheit, „umgeben von einem weiten und stürmischen Ocean, dem eigentlichen Sitze des Scheins, wo manche Nebelbank und manches bald wegschmelzende Eis neue Länder lügt, und, indem es den auf Entdeckungen herumschwärmenden Seefahrer unaufhörlich mit leeren Hoffnungen täuscht, ihn in Abenteuer verflechtet, von denen er niemals ablassen und sie doch auch niemals zu Ende bringen kann" (KrV B 295).[10] Die

10 In dem 1804 von *Fr. Th. Rink* publizierten Text „Über die von der Königl. Akademie der Wissenschaften zu Berlin für das Jahr 1791 ausgesetzten Preisfrage: Welches sind die wirklichen Fortschritte, die die Metaphysik seit Leibnitzens und Wolff's Zeiten in Deutschland gemacht hat?" vergleicht Kant die Metaphysik eingangs mit einem „uferlose(n) Meer, in welchem der Fortschritt keine Spur hinterläßt, und dessen Horizont kein sichtbares Ziel enthält, an dem, um wie viel man sich ihm genähert habe, wahrgenommen werden könnte" (*Immanuel Kant:* Werke in sechs Bänden, hg. von W. Weischedel, Bd. III: Schriften zur Metaphysik und Logik, Darmstadt 1983, 585–652,

Rede ist von metaphysischen Exkursionen. Bevor sich Kant an ihnen beteiligt, scheint es ihm nützlich, „zuvor noch einen Blick auf die Karte des Landes zu werfen, das wir eben verlassen wollen" (ebd.). Deren Bemessungsprinzip liegt in der Einsicht begründet, dass der Verstand von allen seinen Grundsätzen a priori, ja von allen seinen Begriffen überhaupt sinnvollerweise stets nur empirischen Gebrauch machen kann. Der Verstand kann sonach niemals die Zusammenhänge der Erfahrungswelt verlassen, um über erfahrungstranszendente Dinge an sich ontologisch-noumenale Aussagen zu machen. Gleichwohl wäre es nach Kant verfehlt, den Begriff des Noumenalen als in sich un-

hier: 589 = 8 der ersten und einzigen Originalauflage). Um Land in Sicht zu bekommen, sei Vernunftkritik und die Erkundung der Bedingungen möglicher Erkenntnis grundlegend. Das metaphysikkritische Resultat seiner Transzendentalphilosophie, deren Grundzüge in dem erwähnten Beitrag eingängig dargestellt sind, hat Kant bündig wie folgt zusammengefasst: „Durch die Kritik der reinen Vernunft ist hinreichend bewiesen, daß über die Gegenstände der Sinne hinaus es schlechterdings kein theoretisches Erkenntnis, und, weil, in diesem Falle, alles a priori durch Begriffe erkannt werden müßte, kein theoretisch-dogmatisches Erkenntnis geben könne, und zwar aus dem einfachen Grunde, weil allen Begriffen irgendeine Anschauung, dadurch ihnen objektive Realität verschafft wird, muß unterlegt werden können, alle unsre Anschauung aber sinnlich ist. Das heißt mit andern Worten, wir können von der Natur übersinnlicher Gegenstände, Gottes, unsers eigenen Freiheitsvermögens, und die unsrer Seele (abgesondert vom Körper) gar nichts erkennen, was dieses innere Prinzip alles dessen, was zum Dasein dieser Dinge gehört, die Folgen und Wirkungen derselben betrifft, durch welche die Erscheinungen derselben uns auch nur im mindesten Grade erklärlich, und ihr Prinzip, das Objekt selbst, für uns erkennbar sein könnte. Nun kommt es also nur noch darauf an, ob es nicht demohngeachtet von diesen übersinnlichen Gegenständen ein praktisch-dogmatisches Erkenntnis geben könne, welches dann das [...] den ganzen Zweck der Metaphysik erfüllende Stadium derselben sein würde." (Preisfrage, 633 f./109 f.) Den Fortschritt gegenüber der Leibniz-Wolffschen Schulmetaphysik beanspruchte Kant damit in Kritik und Konstruktion eindeutig benannt zu haben. „Über eine Entdeckung, nach der alle neue Kritik der reinen Vernunft durch eine ältere entbehrlich gemacht werden soll" (Akad. Ausg. VIII, 185–251), hatte sich Kant in einer gleichnamigen Schrift bereits 1790 erbost und abfällig geäußert. Adressat des Angriffs war J.A. Eberhard, der Hallenser Lehrer Schleiermachers, der die Leibniz-Wolffsche Ontologie mit dem Hinweis verteidigte, ihr Vernunftdogmatismus enthalte eine distinkte Erkenntniskritik, die mit der Kantschen durchaus konkurrieren könne, und darüber hinaus die vernunftbegründete Kraft, das Gebiet des Verstandes metaphysisch zu erweitern.

sinnig und widersprüchlich abzutun. Es handelt sich bei ihm freilich um einen bloßen Grenzbegriff des Phänomenalen; gleichwohl ist dieser, wie Kant hinzufügt, „nicht willkürlich erdichtet, sondern hängt mit der Einschränkung der Sinnlichkeit zusammen, ohne doch etwas Positives außer dem Umfange derselben setzen zu können" (KrV B 311). Kann sonach zwar von einem bloß intelligiblen Gegenstand nicht die Rede sein, so bleibt der Begriff des Noumenalen, problematisch genommen, dennoch nicht nur ein zulässiger, sondern ein unvermeidlicher Begriff.

In dreifacher Hinsicht macht die Vernunft, die Kant als „das Vermögen der Einheit der Verstandesregeln unter Principien" (KrV B 359) umschreibt, vom Begriff des Noumenalen ideellen Gebrauch: in psychologischer, in kosmologischer und in theologischer Hinsicht. Menschenseele, Weltganzes und Gott – das sind jene Grenzbegriffe, welche die rein mit sich selbst beschäftigte theoretische Vernunft nach Maßgabe kategorischer, hypothetischer und disjunktiver Schlussverfahren ausbildet. Mit transzendenten Wesenheiten indes haben die transzendentalen Vernunftideen Kants zufolge schlechterdings nichts zu tun; was sie markieren, ist die Totalität der Bedingungen zu einem gegebenen Bedingten. Hingegen gleicht der Ontologe, der Seinsaussagen über Transzendent-Noumenales zu treffen beansprucht, nach Kants spöttischem Hinweis einer Taube, die meint, im luftleeren Raum höher fliegen zu können als im Bereich irdischer Atmosphäre.

Dass der Schluss der Vernunft, um bei der Idee der Menschenseele zu beginnen, vom transzendentalen Begriff des Subjekts als des reinen „Ich denke", das alle meine Vorstellungen muss begleiten könne, ohne Mannigfaltiges in sich zu enthalten, auf die absolute Einheit dieses denkenden Subjekts bzw. auf ein Unbedingtes der kategorischen Synthesis in ihm auf einen Paralogismus, also auf einen Trugschluss hinausläuft, durch welchen die Vernunft sich selbst hintergeht, gilt Kant als ausgemacht. Die traditionelle Seelenmetaphysik als die Lehre von einer immateriellen, in ihrer Einfachheit inkorruptiven Substanz von selbstidentisch-personaler Spiritualität, welche nicht nur als Lebensprinzip alles Materiellen fungieren, sondern in ihrer Immortalität das unbedingte Prinzip zeitlos-überzeitlicher Ewigkeit in sich tragen soll, gilt ihm daher als obsolet. Lässt sich doch nach seinem Urteil in allen seelenmetaphysischen Theorien ein- und derselbe Grundfehler nachweisen, nämlich die Einheit des Bewusstseins im Sinne einer Objektanschauung vorstellig zu machen und mit der Kategorie der Substanz bzw. analogen Verstandesbestimmungen in Verbindung zu bringen, obwohl das die Einheit des Bewusstseins identifizierende „Ich denke" nichts weiter bezeichnet als bloße Einheit im Denken, ohne jede gegebene Anschauung, auf welche Verstandesbegriffe Anwendung finden können.

Die transzendentaldialektische Auflösung des seelenmetaphysischen Paralogismus ergibt, dass es sich beim Begriff transzendentaler Apperzeption um einen theoretischen Grenzbegriff handelt, von dem lediglich regulativer, aber nicht objektiver Gebrauch zu machen ist. Zwar gilt apodiktisch, dass in allen Verstandesurteilen das Ich denke bestimmendes Subjekt und nie lediglich Prädikat desjenigen Verhältnisses ist, welches das Urteil ausmacht; doch lässt sich dieser Gewissheit kein objektives Wissen vom Subjekt als einer für sich bestehenden Substanz entnehmen. Zwar ist das Ich transzendentaler Apperzeption zweifelsfrei singulär im Sinne eines logisch einfachen Subjekts, das nicht in eine Pluralität von Subjekten aufgelöst werden kann; gleichwohl wäre es verfehlt, hieraus auf ein individuelles Wesen zu schließen, das als einfache Substanz aller Verstandestätigkeit zugrunde liegt. Zwar ist das Bewusstsein alles Mannigfaltigen mit einem identischen Wissen um sich selbst notwendig verbunden zu denken; die Identität sich wissender Subjektivität kann indes nicht als selbstbewusstes Personsein eines in allem Wechsel der Zustände substanziell mit sich einigen Denkwesen nach Weise einer Objektanschauung vorstellig gemacht werden. Zwar geht die Differenz des Ich denke von allem Nichtich aus dessen identischem Wissen um sich notwendig hervor, da alle Erfahrungsgegenstände vom Ich als solche erkannt werden, die von ihm verschieden sind; die Möglichkeit eines dinglosen Ichbewusstseins oder gar die Tatsächlichkeit der Existenz bloß denkender Wesen ohne Erfahrungsweltbezug kann dadurch dennoch nicht zur Gewissheit gebracht werden. Kurzum: Die Analyse des Ichbewusstseins im Denken erbringt für die objektive Selbsterkenntnis nichts. Die Einheit des dem theoretischen Vernunftgebrauch zugrunde liegenden Bewusstseins für eine objektive Subjektanschauung zu nehmen und mit einem vorhandenen Bewusstsein des Ich von sich selbst zu identifizieren, ist ein Trugschluss. In Wahrheit ist das die Einheit

des Bewusstseins identifizierende „Ich denke" nur Einheit im
Denken ohne gegebene Anschauung.

Ist nach Maßgabe kritischer Erkenntnistheorie eine über die
Grenzen der Erfahrung hinausführende rationale Seelenmetaphysik nicht möglich, so soll dadurch für die eigentlichen Interessen der Vernunft gleichwohl „nicht das mindeste verloren"
(KrV B 424) sein. Denn auch wenn ein spekulativer Erweis der
Unsterblichkeit der Menschenseele unmöglich sei, so schließe
das doch nicht aus, dass die Vernunft bezüglich der Ordnung der
Zwecke als ihrem eigentümlichen Gebiet sich selbst und mit sich
die vernünftige Menschenseele „über die Grenzen der Erfahrung
und des Lebens hinaus zu erweitern berechtigt ist" (KrV B 425).
Indes falle solche Erweiterung nicht in die Kompetenz der theoretischen, sondern allein der praktischen Philosophie. Mit Kant
zu reden: „Gesetzt aber, es fände sich in der Folge nicht in der
Erfahrung, sondern in gewissen (nicht bloß logischen Regeln,
sondern) a priori feststehenden, unsere Existenz betreffenden
Gesetzen des reinen Vernunftgebrauchs Veranlassung, uns völlig
a priori in Ansehung unseres eigenen *Daseins* als *gesetzgebend*
und diese Existenz auch selbst bestimmend vorauszusetzen: So
würde sich dadurch eine Spontaneität entdecken, wodurch unsere Wirklichkeit bestimmbar wäre, ohne dazu der Bedingungen
der empirischen Anschauung zu bedürfen; und hier würden wir
inne werden, daß im Bewußtsein unseres Daseins a priori etwas
enthalten sei, was unsere nur sinnlich durchgängig bestimmbare
Existenz, doch in Ansehung eines gewissen inneren Vermögens
in Beziehung auf eine intelligibele (freilich nur gedachte) Welt zu
bestimmen dienen kann." (KrV B 430 f.)

6. Rationale Naturwissenschaft versus
supranaturale Kosmologie

Wie die Paralogismen der reinen Vernunft bezüglich ihrer psy-
chologischen Ideen, so verweisen nach Kant auch die Antinomien der reinen Vernunft bezüglich ihrer kosmologischen Ideen
auf den gebotenen Übergang von der theoretischen zur praktischen Philosophie. Inhalt der kosmologischen Ideen der reinen
Vernunft ist die unbedingte Einheit der objektiven Bedingungen in der Erscheinung und damit der Begriff der Welt insofern,

als er die absolute Totalität in der Synthesis der Bedingungen aller möglichen Dinge bezeichnet. Bei der Ausbildung der Weltidee gerät die Vernunft in eine vierfache Antithetik: Der erste Widerstreit der den Kosmos betreffenden transzendentalen Ideen besteht zwischen der Behauptung eines zeitlichen Anfangs und einer räumlichen Begrenzung der Welt und ihrer behaupteten Anfangslosigkeit und räumlichen Unendlichkeit. Die zweite Antinomie ergibt sich bezüglich der These, alle zusammengesetzten Dinge in der Welt bestünden aus Teilen und überall bestehe nichts als das Einfache oder das aus Einfachem Zusammengesetzte, sowie der antithetischen Verneinung dessen. Die dritte Antinomie als die in bestimmter Hinsicht bedenklichste bzw. bedenkenswerteste besteht in dem Widerstreit zwischen der kosmologischen Annahme einer den Kausalitätsgesetzen der Natur entnommenen Kausalität durch Freiheit im Sinne einer *„absolute(n) Spontaneität* der Ursachen, eine Reihe von Erscheinungen, die nach Naturgesetzen läuft, *von selbst* anzufangen" (KrV B 474), und der gegenteiligen These eines naturkausalen Determinismus. Die vierte kosmologische Vernunftantinomie schließlich leitet bereits zur transzendentalen Theologie über, sofern in der Thesis behauptet wird, zur Welt gehöre etwas, das – entweder als ihr Teil oder als ihre Ursache – ein schlechthin notwendiges Wesen ist, wohingegen die Antithesis die Existenz eines schlechterdings notwendigen Wesens generell bestreitet.

Da die Vernunft sich mit dem Widerstreit ihrer selbst vernünftigerweise nicht abfinden kann, drängt sie notwendig auf eine Auflösung der besagten kosmologischen Antinomien, welche freilich nach Kant nur eine kritische sein kann, da sie in der Erfahrung niemals vorkommen kann. Als Schlüssel kritischer Lösung dient dabei insonderheit die Verabschiedung der Annahme, „daß die Welt (der Inbegriff aller Erscheinungen) ein an sich existirendes Ganzes sei" (KrV B 535). Ohne die auf bloßem Schein beruhende, durch theoretischen Vernunftgebrauch nicht gedeckte Annahme einer als an sich seiendes Ganzes existierenden Welt lösen sich die kosmologischen Antinomien gleichsam von selbst auf, um der Einsicht zu weichen, dass die Welt nur die regressive Synthesis in der Reihe der Erscheinungen bezeichnet und nicht ein Ding an sich selbst, welches in der Erscheinung anzutreffen ist. Kann sonach die Vernunftidee der Welt vernünftigerweise nur im Sinne eines regulativen Prinzips

Verwendung finden, so hat eine wissenschaftlich verfahrende Kosmologie von einem metaphysischen Weltbegriff und seinen supranatural-transmundanen Implikationen theoretischen Abschied zu nehmen und sich auf die natürliche Welt als den Inbegriff aller Dinge zu beschränken, sofern sie Gegenstände sinnlicher Erfahrung sein können.

Die Wissenschaft der natürlichen Welt ist in dem nach Prinzipien geordneten Ganzen der Erkenntnis, das Kant System nennt, wesentlich Körperlehre, also Lehre von den räumlichen Gegenständen der äußeren Sinne, wohingegen der Seelenlehre als der Lehre von der Zeitanschauung des inneren Sinns der Status einer strengen Naturwissenschaft bestritten wird. Eine stricte dictu rationale Wissenschaft ist die Körperlehre ihrerseits nur dann zu nennen, wenn sie die Gegenstände der äußeren Sinne nicht lediglich empirisch umschreibt und nach Erfahrungsgesetzen ordnet, sondern die Gesetze aller möglichen Gegenstandserfahrung durch äußere Sinne apriorisch erkennt. In seiner Schrift „Metaphysische Anfangsgründe der Naturwissenschaft" von 1786 hat Kant Grundzüge rationaler Naturwissenschaft als reiner Vernunfterkenntnis entwickelt. Thema der Metaphysik der Natur sind, wie gesagt, die formalen Grundsätze der Notwendigkeit dessen, was zum Dasein eines Dinges vor aller realen Gegenstandserfahrung gehört. Dabei sind vom Dingbegriff zunächst alle Assoziationen spezifischer Körperlichkeit fernzuhalten. Der Dingbegriff soll anfänglich nichts als reines Sein im Sinne unbestimmter Materie bezeichnen, ein bloßes Etwas, das im Begriffe steht, Gegenstand äußerer Sinne zu werden oder doch werden zu können. Damit dieses sich ermögliche, ist nach Kant Bewegung in Anschlag zu bringen. Bewegung muss die formale Grundbestimmung eines materialen Etwas sein, das Gegenstand sinnlicher Sinnerfahrung sein soll, weil allein durch Bewegung die äußeren Sinne affiziert werden können.

Metaphysik der Natur ist reine Bewegungslehre. Von der angewandten Bewegungslehre unterscheidet sie sich dadurch, dass sie Bewegung als Grundbestimmung der Materie nach Maßgabe reiner Verstandesbegriffe, also in kategorialer Apriorität denkt. Entsprechend bilden die Kategorien in ihren vier Klassen der Quantität, der Qualität, der Relation und der Modalität die elementaren Bestimmtheitsweisen apriorischer – in ihrer reinen Rationalität nicht nur von der Physik, sondern auch

noch von der Mathematik abgehobenen – Naturwissenschaft.
„Die *metaphysischen* Anfangsgründe der Naturwissenschaft
sind also unter *vier* Hauptstücke zu bringen, deren *erstes* die
Bewegung als ein reines *Quantum* nach seiner Zusammenset-
zung ohne alle Qualität des Beweglichen betrachtet und *Phoronomie* genannt werden kann, das *zweite* sie als zur *Qualität* der
Materie gehörig unter dem Namen einer ursprünglich bewegenden Kraft in Erwägung zieht und daher *Dynamik* heißt, das
dritte die Materie mit dieser Qualität durch ihre eigene Bewegung gegen einander in *Relation* betrachtet und unter dem Namen *Mechanik* vorkommt, das *vierte* aber ihre Bewegung oder
Ruhe blos in Beziehung auf die Vorstellungsart oder *Modalität*,
mithin als Erscheinung äußerer Sinne bestimmt und *Phänomenologie* genannt wird."[11]
     Die Phoronomie oder Kinematik als erster Teil metaphysi-
scher Naturwissenschaft legt der Materie keine andere Eigenschaft bei als Beweglichkeit, ohne verursachende Kräfte zu berücksichtigen. Wenn in ihrem Zusammenhang gleichwohl
gelegentlich von Körpern die Rede ist, so geschieht das nach
Kant nur, „um die Anwendung der Principien der Phoronomie
auf die noch folgende bestimmtere Begriffe der Materie gewissermaßen zu anticipiren, damit der Vortrag weniger abstract
und faßlicher sei" (Anfangsgründe, 480). In Bezug auf den ki-
nematischen Grundsatz Kants, wonach Materie das Bewegliche
im Raume sei, ist daher von allen Qualitätsbestimmungen des
Beweglichen zu abstrahieren und Bewegung als reines Quantum aufzufassen. Im Unterschied zur rein quantitativ operie-
renden Kinematik bedenkt die Dynamik Materie qualitativ als
das Bewegliche, sofern es einen Raum erfüllt. „Einen Raum *erfüllen*, heißt allem Beweglichen widerstehen, das durch seine
Bewegung in einen gewissen Raum einzudringen bestrebt ist."
(496) Dynamisch ist die Raumerfüllung der Materie deshalb,
weil sie nicht durch deren bloße Existenz, wie Kant sagt, sondern durch eine besondere bewegende Kraft geschieht. Auf diesen ersten Lehrsatz seiner Dynamik ist alles bezogen, was Kant
über die Bestimmtheit materieller Bewegungszustände durch
Abstoßung- und Anziehungskräfte nach Maßgabe der Quali-
tätskategorie entwickelt. Die vermöge eigentümlicher Bewe-

---

11 *Immanuel Kant:* Metaphysische Anfangsgründe der Naturwissenschaft,
in: Akad. Ausg. IV, 465–565, hier: 477.

gungskräfte raumerfüllende Materie relational, also beziehungsweise zu thematisieren, ist Aufgabe der Mechanik, in deren Durchführung der Körperbegriff erst das ihm eigentümliche Format annimmt, insofern dem Begriff der bewegenden Kraft derjenige der trägen Masse zugeordnet wird, um Wirkung und Gegenwirkung ins entsprechende Verhältnis zu setzen. Ist die apriorische Mechanik die Elementarwissenschaft rationaler Körperlehre, so bedarf sie gleichwohl der Ergänzung durch die sog. Phänomenologie als dem vierten und letzten Hauptstück der Metaphysik körperlicher Natur, sofern Körper in Bewegung und Ruhe als Erscheinungsgegenstände äußerer Sinne in Betracht zu ziehen sind, sollen sie überhaupt erkannt werden. Von Materiebewegung ist daher zuletzt nach Maßgabe der Modalitätskategorie in Beziehung auf die Vorstellungsart zu handeln entsprechend der Devise: „Materie ist das Bewegliche, so fern es als ein solches ein Gegenstand der Erfahrung sein kann." (554)

Aus der Bestimmung der Modalität der Bewegung der Materie, wie Kant sie unter Rückbezug auf Phoronomie, Dynamik und Mechanik gemäß ihrer Möglichkeit, Wirklichkeit und Notwendigkeit vornimmt, ergibt sich, dass Bewegung stets nur als relative Größe Gegenstand der Erfahrung sein kann. Absolute Bewegung hingegen kommt als ein mögliches Objekt der Erfahrung ebenso wenig in Frage wie absoluter Raum, der als Grenzgedanke einer Metaphysik der Natur zwar vernunftnotwendig und unvermeidlich ist, aber nichts weiter markiert als eine bloße Idee, der kein Erfahrungsgegenstand berechtigterweise assoziiert werden kann, da Raum ohne Materie nicht erfahrbar ist. „Der absolute Raum ist also *an sich* nichts und gar kein Object, sondern bedeutet nur einen jeden andern relativen Raum, den ich mir außer dem gegebenen jederzeit denken kann, und den ich nur über jeden gegebenen ins Unendliche hinausrücke, also einen solchen, der diesen einschließt und in welchem ich den ersteren als bewegt annehmen kann." (481)

7. Das Problem der Physikoteleologie und die theoretische Unmöglichkeit aller Gottesbeweise

Alle Vermögen des menschlichen Gemüts lassen sich nach Kant ohne Ausnahme auf drei zurückführen: auf das Erkenntnisvermögen, auf das Gefühl der Lust und Unlust und auf das Begehrungsvermögen.[12] Dem Erkenntnisvermögen kommt dabei in-

---

12 Erneut ist es nützlich, Kants „Anthropologie in pragmatischer Absicht" als Verständnishilfe heranzuziehen. Um das Augenmerk, nachdem vom Erkenntnisvermögen bereits ausführlich gehandelt wurde, vor allem auf das Gefühl der Lust und Unlust sowie auf das Begehrungsvermögen zu richten: Lust (und in negativer Analogie Unlust) ist zu unterscheiden in sinnliche einerseits und intellektuelle andererseits, wobei die sinnliche Lust entweder durch inneren Sinn und äußere Sinne als Vergnügen oder durch die Einbildungskraft als Geschmack, die intellektuelle entweder durch darstellbare Begriffe oder durch Ideen sich manifestiert. Ist Vergnügen das unmittelbare Gefühl des Angenehmen in der Empfindung eines sinnlichen Gegenstandes, so nimmt die Lust im Gefühl für das Schöne, welches sich dem guten Geschmack vermittelt, reflektierte Gestalt an, um vom sinnlichen Modus ihrer selbst zum intellektuellen und damit zu jener Lust überzuleiten, die im verständigen Denken und Urteilen begründet liegt, um im theoriegeleiteter Vernunftpraxis sich zu erfüllen. Die höchste Menschenlust ist es nach Kant, den Mut zu haben, sich seines eigenen Verstandes zu bedienen und nach freien Vernunftgrundsätzen zu handeln. Damit solches geschehen könne, bedarf es eines rechten Gebrauchs des Begehrungsvermögens. Begierde *(appetitio)* nennt Kant „die Selbstbestimmung der Kraft eines Subjects durch die Vorstellung von etwas Künftigem als einer Wirkung derselben" (Anthropologie, § 73; Akad. Ausg. VII, 249). Im Einzelnen differenziert er den Begehrensbegriff wie folgt: „Die subjective *Möglichkeit* der Entstehung einer gewissen Begierde, die vor der Vorstellung ihres Gegenstandes vorhergeht, ist der *Hang* (propensio); – Die innere *Nöthigung* des Begehrungsvermögens zur Besitznehmung dieses Gegenstandes, ehe man ihn noch kennt, der *Instinct* (wie der Begattungstrieb, oder der Älterntrieb des Thiers seine Jungen zu schützen u. d. g.). – Die dem Subject zur Regel (Gewohnheit) dienende sinnliche Begierde heißt *Neigung* (inclinatio). – Die Neigung, durch welche die Vernunft verhindert wird, sie, in Ansehung einer gewissen Wahl mit der Summe aller Neigungen zu vergleichen, ist die *Leidenschaft* (passio animi)." (Anthropologie, § 80; Akad. Ausg. VII, 265) Die Leidenschaften, deren differenzierter Zusammenhang mit den Affekten hier ebenso unerörtert bleiben muss wie ihre innere Differenzierung in natürliche und kulturell vermittelte Leidenschaften repräsentieren im Zusammenhang des Begehrungsvermögens in analoger Weise dies, wofür im Kontext des Erkenntnisvermögens die Sinnlichkeit steht, womit bereits gesagt ist, dass Affekte und Leidenschaften dazu bestimmt sind, durch praktischen

sofern eine Basisfunktion zu, als es der verständigen Ausübung aller Gemütsvermögen zugrunde liegt: in Beziehung auf das Gefühl der Lust und Unlust bringt sich das Erkenntnisvermögen durch die Urteilskraft, in Beziehung auf das Begehrungsvermögen durch praktische Vernunft und in Beziehung auf sich selbst durch die Prinzipien des Verstandes zur Geltung. Die Prinzipien a priori des Verstandes sind Gesetzmäßigkeit, diejenigen des Gefühls Zweckmäßigkeit und diejenigen der Vernunft Verbindlichkeit im Sinne einer Zweckmäßigkeit, die zugleich Gesetz ist. Auf diese Weise ist dem Verstand die Natur, der Urteilskraft die Kunst und der Vernunft die Sitte zugeordnet. Entsprechend heißt es in der ersten Fassung der Einleitung in die Kritik der Urteilskraft: „Die *Natur* [...] gründet ihre *Gesetzmäßigkeit* auf *Prinzipien a priori* des *Verstandes* als eines Er-

Vernunftgebrauch beherrscht zu werden, damit real werde, worauf Kants „Anthropologie in pragmatischer Absicht" abzielt: die Menschwerdung des Menschen. Kants anthropologische Charakterlehre bestätigt diesen Skopus: Der Personcharakter kommt als Naturell oder Naturanlage, Temperament sei es des Gefühls (sanguinisch, melancholisch), sei es der Tätigkeit (cholerisch, phlegmatisch) sowie als Charakter schlechthin im Sinne der Denkungsart in Betracht. Einen Charakter schlechthin zu haben, „bedeutet diejenige Eigenschaft des Willens, nach welcher das Subject sich selbst an bestimmte praktische Principien bindet, die er sich durch seine eigene Vernunft unabänderlich vorgeschrieben hat. Ob nun zwar diese Grundsätze auch bisweilen falsch und fehlerhaft sein dürften, so hat doch das Formelle des Wollens überhaupt, nach festen Grundsätzen zu handeln (nicht wie in einem Mückenschwarm bald hiehin bald dahin abzuspringen), etwas Schätzbares und Bewunderungswürdiges in sich; wie es denn auch etwas Seltenes ist. Es kommt hiebei nicht auf das an, was die Natur aus dem Menschen, sondern was dieser *aus sich selbst macht*; denn das erstere gehört zum Temperament (wobei das Subject großentheils passiv ist), und nur das letztere giebt zu erkennen, daß er einen Charakter habe." (Anthropologie, II, A III; Akad. Ausg. VII, 292) Richtig sind die Grundsätze praktischen Vernunftgebrauchs, wenn sie dem Sittengesetz entsprechen, welches der kategorische Imperativ gebietet. An seiner konsequenten Befolgung erweist sich daher, wer wirklich Charakter hat, was mit Hilfe etwa der Physiognomik als der äußeren Betrachtung des Menschen nach Gesichtsbildung, Gesichtszügen und habitueller Gesichtsgebärde bestenfalls erahnt, gegebenenfalls aber auch verkannt werden kann. Der Charakterologie der Person analog ist, was Kant zum Gattungscharakter der Menschheit im Unterschied zur Tierwelt sagt. Auch hier bleibt die äußere Erscheinung ambivalent, ohne zu wirklicher Eindeutigkeit zu führen, die erst in der inneren Gewissensgewissheit, zu vernünftiger Selbstbestimmung bestimmt zu sein, gefunden ist.

kenntnisvermögens; die *Kunst* richtet sich in ihrer *Zweckmäßigkeit* a priori nach der *Urteilskraft* in Beziehung aufs *Gefühl der Lust und Unlust*; endlich *die Sitten* (als Produkt der Freiheit) stehen unter der Idee einer solchen Form der *Zweckmäßigkeit*, die sich zum allgemeinen Gesetze qualifiziert, als einem Bestimmungsgrunde der *Vernunft* in Ansehung des *Begehrungsvermögens*. Die Urteile, die auf diese Art aus Prinzipien a priori entspringen, welche jedem Grundvermögen des Gemüts eigentümlich sind, sind *theoretische, ästhetische* und *praktische* Urteile."[13]

Was die Urteilskraft betrifft, so ist ihr Wesen zweifach: bestimmend oder reflektierend. Die bestimmende Urteilskraft schreitet schematisch vom Allgemeinen zum Besonderen fort und verfährt damit nicht nach eigenen Prinzipien a priori, sondern unter den Gesetzen des Verstandesvermögens. Ihrem eigenen Vermögen entsprechend verfährt nur die reflektierende Urteilskraft, welche ihrem Gesetz zufolge vom Besonderen zum Allgemeinen progrediert. Ihrem modus procedendi liegt ein a priori vorauszusetzender Begriff einer Zweckmäßigkeit der Natur zugrunde, wobei der Naturzweck entweder im Sinne bloß subjektiver oder im Sinne möglicher objektiver, also die Gesetzmäßigkeit der Dinge der Natur selbst betreffender Zweckmäßigkeit zur Geltung gebracht wird. Kraft des reflektierenden Urteils subjektiver Zweckmäßigkeit der Natur wird deren Gegenständen zum einen Schönheit, zum anderen Erhabenheit beigelegt, wohingegen die auf die mögliche Objektivität des Naturzwecks bezogene Urteilskraft die natürliche Vollkommenheit und Nützlichkeit reflektiert. Das auf Schönheit und Erhabenheit ausgerichtete Urteil ist ein ästhetisches, das auf Vollkommenheit und Nützlichkeit der Natur bezogene ein teleologisches.

Die Kritik der (reflektierenden) Urteilskraft von 1790 besteht demgemäß aus den zwei Teilen der Kritik des ästhetischen und des teleologischen Urteilsvermögens der Naturdinge, wobei der erste Teil die Kritik des Geschmacks als der Beurteilung des Schönen und des Geistesgefühls als der Beurteilung des Erhabenen, der zweite Teil hingegen die Beurteilung der Dinge als

---

13 Erste Fassung der Einleitung in die Kritik der Urteilskraft, in: *Immanuel Kant*: Werke in sechs Bänden. Hg. von W. Weischedel, Bd. V: Kritik der Urteilskraft und Schriften zur Naturphilosophie, Darmstadt 1983, 171–232, hier 226.

Naturzweck in Ansehung ihrer inneren Möglichkeit (Vollkommenheit) sowie das Urteil ihrer relativen Zweckmäßigkeit (Nützlichkeit) zum Inhalt hat. Während die ästhetische Urteilskraft als das Vermögen, die formale Zweckmäßigkeit der Natur durch das Gefühl der Lust und Unlust zu beurteilen, erkenntlich nur zu subjektiv evidenten Resultaten zu kommen vermag, scheint das teleologische Urteilsvermögen, welches die realen Zweckmäßigkeiten der Natur namhaft zu machen bestrebt ist, zu objektiven Ergebnissen zu gelangen. Würde dies zutreffen, dann wäre die rationale Naturwissenschaft über ihre metaphysischen Anfangsgründe im Rahmen mechanischer Körperlehre hinausgeführt und einer Bewegung ansichtig, die nicht lediglich räumlich, sondern in dezidiertem Sinne zeitlich-geschichtlich zu nennen wäre, nämlich zielgerichtet offen für die Belange beseelter Entitäten und namentlich für die Zwecke vernünftiger Menschenwesen. Indes wird diese Erwartung enttäuscht. Wie der Seelenlehre als der Lehre von der Zeitanschauung des inneren Sinnes der Status einer strengen Naturwissenschaft bestritten wird, so kann nach Kants Kritik der Urteilskraft von einer objektiven Gültigkeit teleologischer Urteile bezüglich einer realen Zweckmäßigkeit der Natur nicht wirklich die Rede sein. Der Begriff einer objektiven Zweckmäßigkeit der Natur ist lediglich ein kritisches Vernunftprinzip für die reflektierende Urteilskraft ohne theoretischen Beweischarakter.

Mit dieser Feststellung ist zugleich der Versuch der Vernunft abgewiesen, aufgrund ästhetisch-teleologischer Urteile über die Natur theoretisch auf einen obersten Lenker derselben zu schließen, dessen absolute Zwecktätigkeit den Sinn des natürlichen Ganzen garantiert. Ein physikoteleologischer Gottesbeweis ist nach Kant theoretisch nicht durchzuführen.[14] Relative

14 Daraus erklärt sich auch „Das Misslingen aller Versuche in der Theodizee", über welches Kant 1791 in einer eigenen Studie (Akad. Ausg. III, 253–271) gehandelt hat. Die Verteidigung Gottes gegen die Anklage zweckwidriger Einrichtung der auf ihn zurückgeführten Welt scheitert in ihren unterschiedlichen Varianten an der schlichten Tatsache, „daß unsre Vernunft zur Einsicht des Verhältnisses, in welchem eine Welt, so wie wir sie durch Erfahrung immer kennen mögen, zu der höchsten Weisheit stehe, schlechterdings unvermögend sei" (263; bei Kant teilweise gesperrt). Lässt sich sonach aus der Welterfahrung heraus weder ein Gottesbeweis noch eine Theodizee zum Erfolg bringen, so entfällt zugleich ein begründeter Anlass zur Anklage Gottes. Die sinnliche Welt ist im Bewusstsein ihrer Kon-

Überzeugungskraft vermag die Physikotheologie nur im Zusammenhang praktischen Vernunftgebrauchs und sonach im ethikotheologischen Kontext zu gewinnen, wohingegen sie für sich genommen keinen Anspruch auf objektive Gültigkeit hat. Die Urteile der Physikotheologie über eine in der Welt durchgängig zu beobachtende Zweckordnung haben zwar, insofern sie den Forderungen der Moraltheologie entgegenkommen, ein durch diese bedingtes relatives Recht; der physikoteleologische Schluss auf das Dasein einer Ursache, welche der als zweckmäßig zu beurteilenden Welteinrichtung proportioniert ist, entbehrt gleichwohl jedes rationalen Beweischarakters.

Ebenso unmöglich wie der physikoteleologische ist nach Kant der kosmologische Beweis des Daseins Gottes zu führen, der ersterem insofern zugrunde liegt, als er dessen Anliegen in die Konsequenz treibt. Nahm der physikoteleologische Beweis von einer bestimmten Erfahrung seinen Ausgang, um von einer zweckmäßig erscheinenden Weltordnung auf deren überweltlichen Verursacher zu schließen, so sieht der kosmologische von jeder bestimmten Welterfahrung ab und beansprucht, aufgrund des bloßen empirischen Daseins als solchen das Dasein Gottes beweisen zu können. Das kosmotheologische Basisargument umschreibt Kant wie folgt: „Wenn etwas, was es auch sei, existirt, so muss auch eingeräumt werden, daß irgend etwas *nothwendigerweise* existire. Denn das Zufällige existiert nur unter der Bedingung eines anderen als seiner Ursache, und von dieser gilt der Schluß fernerhin bis zu einer Ursache, die nicht zufällig und eben darum ohne Bedingung nothwendigerweise da ist." (KrV B 612) Der Gedanke einer Existenz unbedingter Notwendigkeit wird sodann mit demjenigen unter allen Begriffen möglicher Dinge verbunden, welcher „nichts der absoluten Nothwendigkeit Widerstreitendes in sich hat" (KrV B 613). Es ist dies der Begriff eines schlechthin notwendigen Wesens (ens necessarium), welches die Bedingungen zu allem Möglichen unbedingt in sich enthält und damit als Wesen von der höchsten Realität

tingenz einerseits gelassen hinzunehmen, zum anderen gemäß den Gesetzen sittlicher Freiheit zu gestalten, welche in der Sinnlichkeit wohl eine Hemmung, nicht aber ein Grenze ihrer Moralität erfährt. Hiob ist für Kant in dieser Hinsicht vorbildlich, wohingegen theoretische Erklärungsversuche vermeintlicher Freunde missliche Hiobslagen nicht verbessern, sondern eher verschlechtern.

(ens realissimum) zu gelten hat, dessen Dasein Identitätsimplikat seines Begriffs sein soll. Die Existenz Gottes, der als absolute Einheit vollständiger Realität Grund und Ursprung alles Möglichen ist, scheint damit bewiesen. Obwohl er „nicht allein für den gemeinen, sondern auch den speculativen Verstand die meiste Überredung bei sich führt" (KrV B 632), erzeugt der a contingentia mundi ausgehende und von der weltbegründenden Notwendigkeit des Absoluten auf das Dasein eines allerrealsten Wesens schließende kosmologische Beweis nach Kants erkenntniskritischem Urteil nichts als bloßen Schein. Denn wenngleich der Begriff des ens realissimum der einzige ist, dadurch ein ens necessarium gedacht werden kann, so ist die Behauptung der Existenz des solchermaßen Gedachten nichtsdestoweniger eine Erschleichung, die verkennt, dass synthetische Urteile vor aller Erfahrung nur in Beziehung auf mögliche Erfahrung, nicht aber in Ablösung von dieser möglich sind. Kurzum: Kosmotheologie macht vom transzendentalen Ideal der omnitudo realitatis statt des einzig möglichen regulativen einen konstitutiven Gebrauch.

Vom regulativen Prinzip der Vernunft, um der Funktionseinheit ihrer Erkenntnis von allem Möglichen und Wirklichen willen die Idee eines Absolutnotwendigen und Allerrealsten auszubilden, einen irregulären, nämlich konstitutiven Gebrauch zu machen, ist schließlich auch der kritische Einwand, der gegen das sog. ontologische Argument angeführt wird, auf das sich nach Kant zuletzt alle spekulativen Beweisformen des Daseins Gottes reduzieren lassen. Der ontologische Beweis abstrahiert nicht nur – wie der kosmologische im Unterschied zum physikoteleologischen – von aller bestimmten, sondern von Erfahrung überhaupt, um gänzlich a priori und rein begrifflich auf die Existenz des Absoluten zu schließen. Verknüpfte der kosmologische Beweis den aus der Erfahrung unbestimmter Kontingenz resultierenden Gedanken absoluter Notwendigkeit mit dem Begriff der höchsten Realität, um aus ihr die Existenz des ens realissimum zu folgern, kehrt das ontologische Argument das Verfahren um, um von der Idee der höchsten Realität auf das absolut-notwendige Dasein eines in höchstem Maße realen Wesens zu schließen. Was alle Realität in sich enthält und von aller Bedingung unabhängig der unbedingt zureichende Grund alles Bedingten ist, beinhaltet seinem Begriff nach die schlechterdings notwendige Existenz seiner selbst, womit, so der

Schluss, das Dasein Gotte bewiesen sei, weil jeder andere Schluss sich selbst widerspreche und damit zersetze. Dem hält Kant entgegen, dass die Behauptung der Nichtexistenz dessen, was der Begriff ens necessarium bzw. ens realissimum benennt, nicht den mindesten Widerspruch enthalte. „Wenn ich das Prädicat in einem identischen Urtheile aufhebe und behalte das Subject, so entspringt ein Widerspruch, und daher sage ich: jenes kommt diesem nothwendiger Weise zu. Hebe ich aber das Subject zusammt dem Prädicate auf, so entspringt kein Widerspruch; denn *es ist nichts mehr*, welchem widersprochen werden könnte. Einen Triangel setzen und doch die drei Winkel desselben aufheben, ist widersprechend, aber den Triangel sammt seinen drei Winkeln aufheben, ist kein Widerspruch. Gerade eben so ist es mit dem Begriffe eines absolut nothwendigen Wesens bewandt. Wenn ihr das Dasein desselben aufhebt, so hebt ihr das Ding selbst mit allen seinen Prädicaten auf; wo soll alsdann der Widerspruch herkommen?" (KrV B 622 f.)

Die logische Nichtwidersprüchlichkeit des Satzes „Gott ist nicht" wird durch die Einsicht bestätigt, die Kant bereits in seiner Schrift über den einzig möglichen Beweisgrund zu einer Demonstration des Daseins Gottes von 1763 vorgetragen hatte,[15] dass nämlich Existenz gar kein reales Prädikat, also ein Begriff von irgend etwas sei, was zu dem Begriff eines Dinges hinzukomme, da es lediglich dessen absolute Position oder Setzung und sonst nichts bezeichne. In diesem Sinne enthalten hundert wirkliche Taler nicht das mindeste mehr als hundert mögliche, womit gemeint ist, dass in einem Existierenden nichts mehr gesetzt ist als in einem bloß Möglichen. Dass ein allerrealstes Wesen sei, besagt insofern nichts weiter als der Begriff des allerrealsten Wesens selbst. Eine wirkliche, über den bloßen Begriff Gottes hinausgehende Aussage ist also mit dem Satz, dass Gott existiere, nicht gemacht. Die Vernunft hat sich deshalb bei der Idee Gottes zu bescheiden, um von ihr lediglich einen regulativen und keinen konstitutiven Gebrauch zu machen. Während er 1763 um der Denkbarkeit der Dinge willen die Existenz eines ens realissimum noch meinte annehmen zu müssen, was bei aller vorhergehenden Kritik auf eine Erneuerung des ontologischen Arguments hinauslief, genügt Kant 1781 die bloße Idee eines Inbegriffs aller Realität als Vorausset-

---

15 Vgl. Akad. Ausg. II, 63–163.

zung der inneren Möglichkeit und Denkbarkeit der Dinge, ohne dass von Existenz und objektiver Realität dieser Idee sinnvoll die Rede sein könnte. Die Annahme, die dem Verstand zur durchgängigen Bestimmung seiner Begriffe vorauszusetzende Voraussetzung sei ein wirkliches Wesen, entbehrt nach dem Urteil der Kritik der reinen Vernunft jedes fundierenden Grundes. Wie an allen Gottesbeweisen, so ist denn auch am ontologischen als dem gründlichsten von ihnen „alle Mühe und Arbeit verloren" (KrV B 630): „für Objecte des reinen Denkens ist ganz und gar kein Mittel, ihr Dasein zu erkennen, weil es gänzlich a priori erkannt werden müsste; unser Bewußtsein aller Existenz aber (es sei durch Wahrnehmung unmittelbar, oder durch Schlüsse, die etwas mit der Wahrnehmung verknüpfen) gehört ganz und gar zur Einheit der Erfahrung; und eine Existenz außer diesem Felde kann zwar nicht schlechterdings für unmöglich erklärt werden, sie ist aber eine Voraussetzung, die wir durch nichts rechtfertigen können." (KrV B 629)

8. Vom kanonischen Gebrauch der Vernunft: Sittliche Freiheit und kategorischer Imperativ

Man denke sich, sagt Kant sinngemäß in der Methodenlehre seiner Kritik der praktischen Vernunft, die Geschichte eines redlichen Mannes, den man durch Anerbieten hoher Gewinne sowie durch Androhung ebensolcher Verluste nicht nur des Geldes allein, sondern des Ranges und des äußeren Ansehens dazu bewegen will, eine unschuldige Person wider besseres Wissen anzuklagen und zu verleumden. Auf Weigerung hin wird der Druck allmählich gesteigert bis hin zur Androhung des Todes; zuletzt bietet man Weib und Kind gegen den Unglücklichen auf, die flehentlich um Nachgiebigkeit bitten, damit Witwenschaft und Waisentum, äußerste Not und mögliche sonstige Drangsal von ihnen abgewendet werde. Doch auch in diesem Augenblicke, „darin er wünscht den Tag nie erlebt zu haben, der ihn einem so unaussprechlichen Schmerz aussetzte" (KpV A 278), bleibt der äußerer und innerer Folter ausgesetzte Redliche seinem gefassten Vorsatz der Redlichkeit treu, ohne äußerlich zu wanken und innerlich zu zweifeln. Mit der Evidenz der Gewissensgewissheit, die sein Personsein ausmacht, weiß er, dass das aus moralischer Pflicht Gesollte, weil es unbedingt und nicht bloß bedingungsweise gefordert ist, unter allen Umständen getan werden muss und auch getan werden kann. Nun erzähle man diese Geschichte einem Zehnjährigen und lege sie ihm zur Beurteilung vor: er wird nach Kant „stufenweise von der bloßen Billigung zur Bewunderung, von da zum Erstaunen, endlich bis zur größten Verehrung und einem lebhaften Wunsche, selbst ein solcher Mann sein zu können [...], erhoben werden" (ebd.).

Quod erat demonstrandum: Im Menschen waltet, sobald er zum Bewusstsein seiner selbst kommt, in Form reinen Gesetzes der Wille, der Vernunft als einem Allgemeinverbindlichen unbedingt zu entsprechen. Dieser Allgemeinwille ist vom besonderen Wollen des Einzelnen unterschieden, so wie das Ich denke transzendentaler Apperzeption vom empirischen Ich zu unterscheiden ist. Doch ist der Unterschied beide Male nicht als Trennung misszuverstehen, sofern hier wie dort ein Zusammenhang statthat, der im Falle praktischen Vernunftgebrauchs in der Forderung Ausdruck findet, dass alles besondere Wollen dem Allgemeinwillen um der Selbstentsprechung praktischer Vernunft willen zu entsprechen habe. Hinzuzufügen ist, dass die Analogie theoretischer und praktischer Vernunft nach Kant in der Tatsache sowohl ihre Bestätigung als auch ihre Grenze findet, dass die notwendige Annahme der Einheitsfunktion transzendentaler Apperzeption zu keinen synthetischen Urteilen berechtigt, welche theoretische Erkenntnisse vernunfterweiternder Art erschließen, wohingegen im praktischen Vernunftgebrauch die Gewissheit der objektiven Realität von subjektiver Freiheit als dem Vermögen spontanen, empirietranszendenten Vernunfthandelns auf ebenso elementare wie unveräußerliche Art mit gesetzt ist. Von daher versteht es sich, dass der praktische Gebrauch der Vernunft als der, wie Kant sagt, kanonische zu gelten hat.

Den pädagogischen Zweck, auf narrative Weise zur Einsicht in die Erhabenheit des aller Sinnlichkeit überlegenen Sittengesetzes praktischer Vernunft zu erheben, hatte Kant in großem Stil bereits in seiner 1785 erschienenen Grundlegung der Metaphysik der Sitten verfolgt, die als eine Erziehungsgeschichte des Menschengeschlechts gelesen werden kann.[16] Sie nimmt ihren Ausgang von der jedermann zugänglichen sittlichen Vernunfterkenntnis, um über diverse moralphilosophische Zwischenstufen zum obersten – in der Sittenerkenntnis des gemeinen Mannes implizit, wenngleich auf begrifflich unentwickelte Weise immer schon enthaltenen – Prinzip der Moralität zu führen und auf diese Weise den Grund zu legen zur Metaphysik der Sitten, die Kant im Jahre 1797 in zwei Teilen publizierte. Der 1788 erschienenen Kritik der praktischen Vernunft kommt nicht nur in zeitlicher, sondern auch in sachlicher Hinsicht eine Mittelstellung insofern zu, als sie durch Abweisung aller empirischer Beimischungen die praktische Vernunft in ihrer Reinheit konstruktiv zur Geltung zu bringen bestrebt ist. Entscheidend ist dabei die Einsicht, dass das menschliche Glückseligkeitsstreben niemals der Bestimmungsgrund von Moralität und Sittlichkeit sein kann, sollen diese ihrem Begriff entsprechen. Zwar ist Glückseligkeit „nothwendig das Verlangen jedes vernünftigen, aber endlichen Wesens und also ein unvermeidlicher Bestimmungsgrund seines Begehrungsvermögens" (KpV A 45). Doch darf das durch Lust und Unlust gekennzeichnete Begehrungsvermögen – Kant bestimmt es als das Vermögen, durch seine Vorstellungen Ursache der Gegenstände dieser Vorstellungen zu sein – keineswegs zur Basis praktischer Vernunft erklärt werden, wenn diese in ihrer Reinheit zur Geltung kommen soll. Dies ist möglich nur auf apriorische, rein vernunftorientierte und nicht auf aposteriorische, sinnlich vermittelte Weise. Grundsätze reiner praktischer Vernunft können daher nur als solche gedacht werden, „die nicht der Materie, sondern blos der Form nach den Bestimmungsgrund des Willens enthalten" (KpV A 48). Wird dies konsequent erfasst, dann lassen sich alle denkbaren Grundsätze reiner praktischer Vernunft auf ein Prinzip reduzieren, das als Grundgesetz der Moral fungiert: „Handle so, daß die Maxime deines Willens jederzeit zugleich als Princip einer allgemeinen Gesetzgebung gelten könne." (KpV A 54)

---

16 Vgl. dazu Kants „Idee zu einer allgemeinen Geschichte in weltbürgerlicher Absicht" von 1784 (vgl. Akad. Ausg. VIII, 15–31) sowie den Text „Mutmaßlicher Anfang der Menschengeschichte" von 1786 (vgl. Akad. Ausg. VIII, 107–123, hier: 123), der zu folgendem Resümee führt: „Und so ist der Ausschlag einer durch Philosophie versuchten ältesten Menschengeschichte: Zufriedenheit mit der Vorsehung und dem Gange menschlicher Dinge im Ganzen, der nicht vom Guten anhebend zum Bösen fortgeht, sondern sich vom Schlechtern zum Besseren allmählig entwickelt; zu welchem Fortschritte denn ein jeder an seinem Theile, so viel in seinen Kräften steht, beizutragen durch die Natur selbst berufen ist."

Damit ist mit einer möglichen Variante umschrieben, was Kant den kategorischen Imperativ nennt.

Kategorisch ist der Imperativ des Grundgesetzes der Moral, aus dem er folgt, weil er unbedingt, nämlich aus reinen Vernunftgründen gebietet und nicht lediglich hypothetisch und unter bedingungsweiser Berücksichtigung sinnlichen Strebens des Begehrungsvermögens. Ein hypothetischer Imperativ, der die praktische Notwendigkeit einer möglichen Handlung lediglich mit dem Hinweis begründet, sie sei zur Realisierung einer bestimmten Absicht gut, nimmt diese nur als Mittel zum Zweck; der kategorische Imperativ hingegen gebietet die Handlung ohne Beziehung auf eine Absicht und einen außerhalb des Gebots liegenden Zweck, sondern auf rein selbstzweckliche und daher nicht lediglich assertorische, sondern apodiktische Weise. Vom Grundgesetz der Moral selbst, welches die Handlung, die geschehen soll, objektiv als notwendig vorstellig und damit zur Pflicht macht, unterscheidet sich der kategorische Imperativ lediglich darin, dass er das durch das Grundgesetz der Moral in Form reinen Willens praktischer Vernunft zur Pflicht Gemachte nach Art einer praktischen Regel auf konkretes Wollen anwendet, damit eine in subjektiver Willkür gewollte und insofern zufällige Handlung eine notwendige und vernünftige werde. Dabei ist die Vorschrift, die der kategorische Imperativ macht, in keiner Weise heteronom, weil sie aus keinem fremden Gesetz, sondern aus dem der Vernunft eigenen hervorgeht. Indes ist Vernunftautonomie nach Kant das gerade Gegenteil von unmittelbarer Selbstbestimmung individueller Subjekte, die als sittlich grundverkehrt beurteilt werden muss. Auch darf vernünftige Auto- bzw. Eleutheronomie mit der Indifferenzfreiheit eines liberum arbitrium willkürlicher Wahl mitnichten verwechselt werden. Autonome Freiheit als Freiheit vernünftigen Willens enthält Willkür ausschließlich in Form eines aufgehobenen Moments und entspricht ihrem Begriff ausschließlich und nachgerade darin, dass sie alles besondere Wollen an den einen Willen bindet, der nichts als das Allgemeinverbindliche will.

Pflicht ist in diesem Sinne diejenige Handlung, zu welcher jedermann vernunftnotwendig und in Achtung vor sich selbst als eines intelligiblen Vernunftwesens verbunden ist. Zwar ist der Mensch gegenständlich betrachtet als intelligibles Vernunftwesen nicht erkennbar, und auch die empirische Selbsterfahrung vermag ihm eine objektive Einsicht seiner Noumenalität nicht zu verschaffen, worin sich nach Kant bestätigt, dass Theorie zu empirietranszendenten Realitätsannahmen weder befähigt noch befugt ist. Gleichwohl vermittelt die Gewissensgewissheit des nach Maßgabe praktischer Vernunft Gesollten dem Menschen das Selbstbewusstsein einer Freiheit, die alles Sinnliche übersteigt und nichtsdestoweniger als objektive Realität praktisch unbezweifelbar gewiss ist. Mit der Metaphysik der Sitten zu reden: „Der Begriff der *Freiheit* ist ein reiner Vernunftbegriff, der eben darum für die theoretische Philosophie transcendent, d. i. ein solcher ist, dem kein angemessenes Beispiel in irgend einer möglichen Erfahrung gegeben werden kann, welcher also keinen Gegenstand einer uns möglichen theoretischen Erkenntniß ausmacht und schlechterdings nicht für ein constitutives, sondern lediglich als regulatives und zwar nur bloß negatives Princip der speculativen Vernunft gelten kann, im praktischen Gebrauch derselben aber seine Realität durch praktische Grundsätze beweiset, die als Gesetze eine Causalität der reinen Vernunft, unabhängig von allen empirischen Bedingungen (dem Sinnlichen überhaupt) die Willkür bestimmen, und einen reinen Willen in uns beweisen, in welchem die sittlichen Begriffe und Gesetze ihren Ursprung haben." (Akad. Ausg. VI, 221)

An der gewissen Präsenz eines reinen Willens praktischer Vernunft im Menschen hängt nach Kant nicht weniger als das menschliche Personsein. Um noch einmal die Metaphysik der Sitten zu zitieren: „*Person* ist dasjenige Subject, dessen Handlungen einer *Zurechnung* fähig sind. Die *moralische* Persönlichkeit ist also nichts anders, als die Freiheit eines vernünftigen Wesens unter moralischen Gesetzen (die psychologische aber bloß das Vermögen, sich der Identität seiner selbst in den verschiedenen Zuständen, der Identität seines Daseins bewußt zu werden), woraus dann folgt, daß eine Person keinen anderen Gesetzen als denen, die sie (entweder allein, oder wenigstens zugleich mit anderen) sich selbst giebt, unterworfen ist." (223) Vernünftig und dem Personsein der Person entsprechend sind diese Gesetze dann, wenn sie mit der Achtung des eigenen Personsein zugleich das Personsein aller Menschenwesen zu achten gebieten, was nichts anderes heißt, als dass jeder Mensch als Selbstzweck und niemals als bloßes Mittel zum Zweck oder gar als Sache zu gelten habe. Kant kann daher den kategorischen Imperativ auch so formulieren: „Handle so, daß du die

Menschheit sowohl in deiner Person, als in der Person eines
jeden andern jederzeit zugleich als Zweck, niemals bloß als Mittel brauchst."[17]

17 Der nach einer Wendung der Grundlegung zur Metaphysik der Sitten
(Akad. Ausg. IV, 385–463, hier 429) zitierte Grundsatz allgemeiner Menschenwürde umschreibt, um es zu wiederholen, ein Gesetz, das nicht nur
unbedingt, sondern nach Weise der Selbstgesetzgebung gilt, weil sich dessen Befolgung jeder Mensch als Mensch selbst schuldig ist. Dabei ist das
Gesetz, welches der kategorische Imperativ umschreibt, gesetzt deshalb
und nur deshalb zu nennen, weil es sich um ein vernunftgemäßes Gewis-
sensgebot handelt, das der Intelligibilität des Menschen mit unbezweifel-
barer Evidenz innewohnt. In jeder anderen Hinsicht hingegen und namentlich im Hinblick auf die empirische Existenz des Menschen als eines Sinnenwesen hat das Sittengesetz als vorausgesetzt, ja als sich selbst
vorausgesetzend zu gelten; es ist durch keine Bedingung als die ihr selbst
eigene bestimmt. Autonomie des Willens ist sonach „die Beschaffenheit des
Willens, dadurch derselbe ihm selbst (unabhängig von aller Beschaffenheit
der Gegenstände des Wollens) ein Gesetz ist. Das Princip der Autonomie
ist also: nicht anders zu wählen als so, daß die Maximen seiner Wahl in
demselben Wollen zugleich als allgemeines Gesetz mit begriffen seien."
(440) Als Schlüssel zur Erklärung der Autonomie des Willens hinwiederum
fungiert der Begriff der Freiheit, die als Eigenschaft des Willens aller vernünftigen Wesen vorausgesetzt werden muss. Dass dieses Verfahren „eine
Art von Cirkel" (450) enthält, hat Kant selbst unumwunden eingeräumt.
Indes beurteilt er diesen Zirkel nicht als circulus vitiosus, sondern als den
Kreis, in dem praktische Vernunft sich bewegen muss, um sie selbst zu sein.
Unmöglich, aber auch unnötig erscheint ihm hingegen eine theoretische
Quadratur dieses Kreises. Die Differenz zwischen reinem Ich und empiri-
schem Ich lässt sich gedanklich nicht beheben und in die Einheit eines spe-
kulativen Begriffs überführen. Sinnvoll umgegangen werden kann mit ihr
nur auf praktische Weise: „Wir nehmen uns in der Ordnung der wirkenden
Ursachen als frei an, um uns in der Ordnung der Zwecke unter sittlichen
Gesetzen zu denken, und wir denken uns nachher als diesen Gesetzen unterworfen, weil wir uns die Freiheit des Willens beigelegt haben; denn Freiheit und eigene Gesetzgebung des Willens sind beides Autonomie, mithin
Wechselbegriffe, davon aber einer eben um deswillen nicht dazu gebraucht
werden kann, um den anderen zu erklären und von ihm Grund anzugeben,
sondern höchstens nur, um in logischer Absicht verschieden scheinende
Vorstellungen von eben demselben Gegenstande auf einen einzigen Begriff
(wie verschiedne Brüche gleichen Inhalts auf die kleinsten Ausdrücke) zu
bringen." (Ebd.) Im Interesse vernünftiger Praxis, das als Interesse praktischer Vernunft zu rechtfertigen Aufgabe der Deduktion der Grundsätze der
reinen praktischen Vernunft ist, hat der Mensch stets zwei Standpunkte
seiner Selbstbetrachtung zugleich einzunehmen: zum einen den des intelligiblen Wesens und seines autonomen Gesetzes, zum anderen den des Sin-

In den diversen Formen des kategorischen Imperativs ist, wie sich unschwer sehen lässt, stets das eine und invariante Pflichtgesetz der Freiheit umschrieben, welches Grund und Inhalt der Metaphysik der Sitten bildet. Für deren konkrete Durchführung, die hier nur skizziert werden kann, ist die Unterscheidung von Legalität und Moralität bestimmend. Gemeinsam ist beiden die pflichtgemäß geforderte Übereinstimmung mit dem Sittengesetz. Unterschieden sind sie dadurch, dass Legalität lediglich äußere, Moralität hingegen innere Konformität mit dem Gesetz sittlicher Freiheit verlangt. Die Gliederung der Metaphysik der Sitten in Rechts- und Tugendlehre orientiert sich hieran: Während Rechtsgesetze nur die äußere Handlung und deren Gesetzmäßigkeit betreffen, gehen Tugendgesetze die inneren Bestimmungsgründe der Handlungen und damit die subjektiven Maximen an. Die Rechtslehre ist lediglich an iuridischer Legalität interessiert, durch welche die äußere Sphäre der Freiheit gewährleistet wird; die Tugendlehre hingegen fordert, dass die Triebfedern der pflichtgemäßen Handlungen selbst den Grundsätzen reiner Pflicht entstammen.

Was das Recht als den Inbegriff der Bedingungen anbelangt, „unter denen die Willkür des einen mit der Willkür des andern nach einem allgemeinen Gesetze der Freiheit zusammen vereinigt werden kann" (Akad. Ausg. VI, 230), so lautet ihr allgemeines Gesetz: „Handle äußerlich so, dass der freie Gebrauch deiner Willkür mit der Freiheit von jedermann nach einem allgemeinen Gesetze zusammen bestehen könne." (231) In der Äußerlichkeit des Rechts und seiner Funktion, die externen Bedingungen der Freiheit zu ermöglichen und zu sichern, liegt es begründet, dass es mit der Befugnis, zu zwingen, elementar verbunden ist, wohingegen die Tugend ihrem inneren Zwecke gemäß jeden Zwang moralisch ausschließt. Die Rechtspflichten bestehen aus natürlichen einerseits und bürgerlichen andererseits: Die ersteren regelt das Privatrecht als Inbegriff der Gesetze, die keiner äußeren Bekanntmachung bedürfen; die zweiten ordnet das öffentliche Recht, deren Gesetze äußerer Bekannt-

---

nenwesens, dessen empirischer Wille dazu bestimmt ist, dem intelligiblen Grundsatz der Moral zu folgen. Auch dies ist ein kategorischer Imperativ: Werde als empirisches Ich, was du als intelligibles selbst bist, indem du deine Besonderheit verallgemeinerungsfähig gestaltest.

machung bedürfen. Das Privatrecht hat das äußere Mein und Dein zum Gegenstand und handelt im Wesentlichen von der Art, etwas Äußeres als das Seine zu haben und etwas Äußeres zu erwerben. Das Privatrecht äußerer Erwerbung hinwiederum unterteilt sich in Sachenrecht, persönliches Recht und in das, wie es heißt, auf dingliche Art persönliche Recht (Ehe-, Eltern-, Hausherrnrecht etc.). Der Übergang von Privatrecht zu öffentlichem Recht ist durch die Einsicht vermittelt, dass natürliche Rechtsansprüche nur unter der Bedingung ihrer bürgerlichen Sanktionierung mit Erfolg geltend gemacht werden können. Es bedarf mithin eines durch Verfassung konstituierten öffentlichen Rechtszustandes, der die differenten Willen vereinigt, damit sie dessen, was rechtens ist, überhaupt teilhaftig werden können. Das öffentliche Recht besteht näherhin aus Staats-, Völker- und Weltbürgerrecht. Letzteres ist durch das rechtliche Prinzip friedlicher Koexistenz aller Völker charakterisiert. Kants philosophischer Entwurf „Zum ewigen Frieden" aus dem Jahre 1795 (Akad. Ausg. VIII, 341–386) gehört in diesen Zusammenhang. Er enthält nicht nur ein entschiedenes Plädoyer für eine republikanische Staatsverfassung, welche auf den Prinzipien der Freiheit, Gleichheit und Solidarität erbaut ist, sondern auch zukunftsweisende Vorschläge für einen völkerrechtlich geordneten Föderalismus freier Staaten, der dem Weltbürgerrecht dergestalt Geltung verschafft, dass die Verkehrung des Rechts an einem Platz der Erde überall gefühlt werde. Mögliche Widersprüche zwischen Realpolitik und Moral stellt Kant faktisch, nicht aber prinzipiell in Rechnung. Dass alles, was in der moralischen Theorie als recht erkannt ist, auch für die Praxis gelten müsse, wurde bereits 1793 klargestellt, nämlich in Reflexionen „Über den Gemeinspruch: Das mag in der Theorie richtig sein, taugt aber nicht für die Praxis" (Akad. Ausg. VIII, 273–313).

Während die Rechtslehre (ius) als erster Teil des Systems der allgemeinen Pflichtenlehre, deren Anfangsgründe die Metaphysik der Sitten enthält, nur die äußere Nötigung der freien Willkür durch das Gesetz betrifft, ist für die Tugendlehre (ethica) der Selbstzwang der Freiheit entscheidend, durch welchen die Pflicht als innerer Zweck allen Tuns und Lassens gesetzt wird. Das oberste Prinzip der Tugendlehre gebietet: „handle nach einer Maxime der *Zwecke*, die zu haben für jedermann ein allgemeines Gesetz sein kann" (Akad. Ausg. VI, 395). Als Zwecke, die zugleich Pflichten sind, kommen für Kant lediglich zwei infrage, welche unbeschadet ihrer Unterschiedenheit einen einigen Zusammenhang ausmachen: eigene Vollkommenheit und fremde Glückseligkeit. Die Tugend, nach eigener sittlicher Vollkommenheit zu streben, ist eine durch seine Selbstzwecklichkeit unmittelbar geforderte Pflicht des Menschen gegen sich selbst. Der Mensch erfüllt diese Pflicht gegen sich selbst dadurch, dass er erstens seine sinnlich-animalische Natur erhält und nicht zugrunde richtet oder verkommen lässt und dass er zweitens durch Meidung von Lastern sein moralisches Wesen kultiviert, damit dieses seines sinnlichen Wesens Herr sei und bleibe. Um solche Selbstbeherrschung leisten zu können, muss der Mensch seine Intelligibilität erkennen und Einsicht gewinnen in den Unterschied seiner noumenalen und seiner phänomenalen Seinsweise. Dazu ist Selbsterkenntnis und Gewissenserforschung nötig, welche beide zu den elementaren sittlichen Pflichten des Menschen gegen sich selbst zu rechnen sind.

Ist das erste Gebot aller Pflichten, die der Mensch gegen sich selbst hat, auf sittliche Selbsterkenntnis zum Zwecke moralischer Vervollkommnung ausgerichtet, so bezwecken die Tugendpflichten gegen andere deren Glückseligkeit. Im Einzelnen handelt es sich dabei um die Liebespflichten der Wohltätigkeit, der Dankbarkeit und der Teilnehmung sowie um Achtungspflichten, Hochmut, üble Nachrede und Verhöhnung zu vermeiden. Dabei kommt als Bezugsgröße tugendhafter Pflichtübung gegen andere stets und ausschließlich der Mitmensch in Frage, wohingegen von Pflichten des Menschen gegen nichtmenschliche Wesen im Falle untermenschlicher Wesen wie etwa Tiere oder Pflanzen nur indirekt und im Falle übermenschlicher Wesen überhaupt nicht die Rede sein kann. Die Religionslehre, sofern sie Pflichten gegen Gott zum Inhalt hat, liegt, wie Kant zum Schluss seiner Metaphysik der Sitten eigens betont, außerhalb der Grenzen der reinen Moralphilosophie. Denn zur philosophischen Moral gehört nicht das Materiale der Religion im Sinne gegebener Pflichten gegen (erga) Gott, sondern nur das Formale derselben im Sinne des Inbegriffs aller Pflichten als (instar) göttlicher Gebote, wodurch „nur die Beziehung der Vernunft auf die *Idee* von Gott, welche sie sich selber macht, ausgedrückt wird" (Akad. Ausg. VI, 487). In diesem Sinne kann Kant die Ausbildung der Idee Gottes als der Stärkung subjektiver Maximen die-

nende Pflicht des Menschen gegen sich selbst bezeichnen, die
keine objektiven Verbindlichkeiten zur Dienstleistung einem
transzendenten Wesen gegenüber begründet.

9. Gott, Freiheitswelt und Unsterblichkeit der Menschenseele als Postulate praktischer Vernunft

Kants Kritik der theoretischen Beweise des Daseins Gottes en-
den mit der lakonischen Feststellung, „daß alle Versuche eines
bloß speculativen Gebrauchs der Vernunft in Ansehung der
Theologie gänzlich fruchtlos und ihrer inneren Beschaffenheit
nach null und nichtig sind, daß aber die Principien ihres Natur-
gebrauchs ganz und gar auf keine Theologie führen, folglich,
wenn man nicht moralische Gesetze zum Grunde legt oder zum
Leitfaden braucht, es überall keine Theologie der Vernunft geben könne. Denn alle synthetischen Grundsätze des Verstandes
sind von immanentem Gebrauch; zu der Erkenntnis eines
höchsten Wesens aber wird ein transcendenter Gebrauch derselben erfordert, wozu unser Verstand gar nicht ausgerüstet
ist." (KrV B 664) Die Idee eines höchsten Wesens muss für den
theoretischen Vernunftgebrauch demgemäß ein bloßes, wenngleich fehlerfreies Ideal bleiben, ein Begriff, dessen Realität
zwar nicht widerlegt, aber ebenso wenig bewiesen werden
kann wie die auf Freiheit hin angelegte Zweckmäßigkeit der
natürlichen Welt oder die Unsterblichkeit und Ewigkeitsbedeu-
tung der Menschenseele. Zu beheben ist dieses Defizit theoretischer Vernunft nur durch praktischen Vernunftgebrauch und
eine ihm entsprechende Moral- bzw. Ethikotheologie,[18] welche

---

18 Theologie, so Kant, ist Gotteserkenntnis entweder aus bloßer Vernunft
oder aus Offenbarung. Die von der *theologia revelata* strikt zu unterscheiden-
de *theologia rationalis* denkt ihren göttlichen Gegenstand als transzendentale
Theologie mittels reiner Vernunftbegriffe, wohingegen sie als natürliche
Theologie mit Begriffen arbeitet, die sie der Natur der Menschenseele ent-
lehnt hat. Als Moraltheologie postuliert die *theologia naturalis* ein göttliches
Prinzip aller sittlichen Ordnung und Vollkommenheit, um als Physikotheologie Gott zum obersten Urheber nach menschlichem Urteil höchst
zweckmäßig gestalteten Welt zu erklären. Die transzendentale Form der
theologia rationalis hinwiederum gedenkt als Kosmotheologie das Dasein
Gottes aus allgemeiner Welterfahrung abzuleiten, während sie als Onto-

zusammen mit der unsterblichen Menschenseele und der Realität bzw. Realisierbarkeit einer intelligiblen Welt der Freiheit auch das Dasein Gottes zu postulieren berechtigt und befähigt ist. Postulate sind nach Kants eigener Definition praktische Sätze von unmittelbarer Gewissheit; theoretisch betrachtet handelt es sich um Hypothesen, die in praktischer Vernunftabsicht notwendig sind.[19] Weil moralische Freiheit nach Kant der einzige Begriff des Übersinnlichen ist, welcher nicht nur die subjektive Evidenz seiner Geltung, sondern zugleich den Anspruch objektiver Realität unmittelbar mit sich führt, Natur durch spontanes Handeln zweckmäßig gestalten und durchdringen zu können, darf und muss sich praktische Vernunft in der Lage wissen, das Dasein Gottes, die Beständigkeit des intelligiblen Ich sowie die schließliche Wirklichkeit einer Welt realisierter Freiheit als theoretische Hypothesen mit praktischer Vernunftgeltung zu postulieren. Während die theoretische Vernunft unvermögend ist, ihrem Verlangen nach einer absoluten Totalität der Bedingungen zu einem gegebenen Bedingten objektive Geltung zu verschaffen, ist die der spekulativen – aus Gründen zu fordernder Selbstentsprechung der Vernunft – vorzuordnende praktische Vernunft mit Vernunftnotwendigkeit dazu bestimmt, die unbedingte Totalität ihres Gegenstandes als conditio sine qua non ihrer selbst in Anschlag zu bringen.

Kants Primärbezeichnung für die unbedingte Totalität des Gegenstandes der reinen praktischen Vernunft ist das höchste Gut. Fungiert als oberstes Gut der Sittlichkeit Tugend als Würdigkeit zur Glückseligkeit, so beinhaltet das höchste und vollendete Gut die Einheit von Tugend und Glückseligkeit. Dabei bleibt die Tugend als das oberste Gut die Bedingung des höchsten Gutes insofern, als die vollendete Einheit von Tugend und Glückseligkeit nur nach Maßgabe der Tugendhaftigkeit gedacht werden kann; ein praktischer Ungedanke, der tendenziell der Unsittlichkeit zuneigt, wäre nach Kant indes nicht nur die Forderung einer nicht tugendbedingten Glückseligkeit, sondern auch die metaphysische Annahme beständiger Inkongru-

---

theologie die göttliche Existenz durch bloße Begriffe ohne jede Erfahrung zu erkennen glaubt. Unter Bedingungen Kantscher Erkenntniskritik kann allein die Ethikotheologie Anspruch erheben, als *theologia rationalis* zu gelten, weil nur Moral zur religiösen Annahme des Daseins Gottes berechtigt.

19 Vgl. Kant: Logik, § 38; Akad. Ausg. IX, 112.

enz von Tugend und Glückseligkeit. Um sie zu vermeiden, ist praktische Vernunft nicht nur berechtigt, sondern verpflichtet, die Idee des höchsten Gutes und mit ihr diejenige Gottes, der unsterblichen Seele und der intelligiblen Welt realisierter Moral auszubilden. Die Idee der Existenz Gottes ist ein konstitutives Implikat der Idee des höchsten Gutes, da nur ein Wesen, das absoluter Sittenrichter und allmächtiger Herr der sinnlichen Welt zugleich ist, die Übereinstimmung von Naturkausalität und Kausalität aus Freiheit, Sinnlichkeit und Sittlichkeit, Glückseligkeit und Tugend zu gewährleisten vermag. Aus diesem Grund ist es moralisch notwendig, das Dasein Gottes anzunehmen. Das moralische Postulat Gottes als eines höchsten ursprünglichen Gutes hinwiederum ist mit demjenigen einer die Intelligibilität der Freiheit gewährleistenden und die Einheit von Glückseligkeit und Sittlichkeit realisierenden Welt untrennbar verbunden. Diese wird als abgeleitetes höchstes Gut in der Idee eines Reiches Gottes vorstellig, in der Natur und Sitte vollkommen (also nach Maßgabe der Sittlichkeit) eins sind.[20] Zusammen mit dem höchsten Wesen Gottes und einer

---

20 Im Kontext des moralischen Reich-Gottes-Postulats kann dann auch vom „Ende aller Dinge" sinnvoll die Rede sein, wie die gleichnamige Schrift von 1794 (Akad. Ausg. VIII, 325–339) deutlich macht. Nach Maßgabe sinnlicher Anschauung zwar vermögen wir uns von einem Ende aller Dinge ebenso wenig einen Begriff zu machen wie von deren Anfang. Das ist deshalb so, weil die Annahme eines Beginnens oder Endens der Zeit theoretisch keinen Sinn ergibt. Das Eintreten eines Zeitpunkt anzunehmen, da die Zeit selbst aufhört, ist nach Kant „eine die Einbildungskraft empörende Vorstellung. Alsdann wird nämlich die ganze Natur starr und gleichsam versteinert: der letzte Gedanke, das letzte Gefühl bleiben alsdann in dem denkenden Subject stehend und ohne Wechsel immer dieselben. Für ein Wesen, welches sich seines Daseins und der Größe desselben (als Dauer) nur in der Zeit bewußt werden kann, muß ein solches Leben, wenn es anders Leben heißen mag, der Vernichtung gleich scheinen: weil es, um sich in einen solchen Zustand hineinzudenken, doch überhaupt etwas denken muß, *Denken* aber ein Reflectiren enthält, welches selbst nur in der Zeit geschehen kann. – Die Bewohner der andern Welt werden daher so vorgestellt, wie sie nach Verschiedenheit ihres Wohnorts (dem Himmel oder der Hölle), entweder immer dasselbe Lied, ihr Hallelujah, oder ewig eben dieselben Jammertöne anstimmen [...]: wodurch der gänzliche Mangel alles Wechsels in ihrem Zustande angezeigt werden soll." (334 f.) Übersteigt sonach die Idee eines Endes aller Dinge alle menschliche Fassungskraft, so ist sie gleichwohl „mit der Vernunft in praktischer Beziehung nahe verwandt" (335), sofern sie als

intelligiblen Welt hat schließlich auch die Unsterblichkeit der Menschenseele als Postulat der reinen praktischen Vernunft Anspruch auf moralische Objektivität, sofern nur unter Voraussetzung einer ins Unendliche fortdauernden Ichexistenz verlässlich auf eine letztendliche Übereinstimmung von Tugend und Glückseligkeit gehofft werden kann, die den Gesetzen der Pflicht gemäß ist.[21]

Kants Postulatenlehre erklärt die Religion zu einer Funktion der Moral. So zweifelsfrei dies feststeht, so wenig eindeutig ist die Bestimmung, die dem Funktionszusammenhang von Moral und Religion im Gesamtsystem zuteil wird. Noch in den beiden Auflagen der „Kritik der reinen Vernunft" scheint Kant von einer konstitutiven Bedeutung des Gottesgedankens für die Grundlegung der Ethik überzeugt gewesen zu sein. „Ohne [...] einen Gott und eine für uns jetzt nicht sichtbare, aber gehoffte Welt", so heißt es dort, „sind die herrlichen Ideen der Sittlichkeit zwar Gegenstände des Beifalls und der Bewunderung, aber nicht Triebfedern des Vorsatzes und der Ausübung, weil sie nicht den ganzen Zweck, der einem jeden vernünftigen Wesen natürlich und durch eben dieselbe reine Vernunft a priori bestimmt und notwendig ist, erfüllen" (KrV B 841 / A 813). Zwar sei die Mora-

moralisch zu postulierendes Hoffnungsziel aller Sittlichkeit zu gelten hat, in welchem Tugend und Glückseligkeit vollendet eins sein werden.

21 Zusammenfassen lässt sich die Postulatenlehre in dem Satz: Weil Freiheit sein soll, ist sie. Dass Freiheit sein soll, weiß praktische Vernunft mit Gewissensgewissheit, was sie wiederum zur Annahme berechtigt und verpflichtet, dass der Freiheit Grund und Wirklichkeit zukommt. Was der Theorie als getrennt erscheinen muss, gilt ihr als differenzierte Einheit dergestalt, dass die Theorie durch die Differenz von Theorie und Praxis bestimmt ist, wohingegen die Praxis als die Einheit von Praxis und Theorie sich manifestiert. Anders formuliert: Während in der Theorie die Einheit von intelligiblem und sinnlichem Ich unbegreifbar bleibt, weiß das Ich sittlicher Praxis sich als die differenzierte Einheit seiner Intelligibilität und Sinnlichkeit, welches Wissen indes nichts anderes ist als die Gewissheit des Gewissens, welche die theoretische Differenz zwischen mir als Vernunft- und mir als Sinnenwesen nicht aufhebt, sondern bestätigt. In theoretischer Betrachtung muss ich mir notwendig als zweifache Persönlichkeit erscheinen, als intelligibles Ich auf der einen, als empirisches auf der anderen Seite. In der Praxis stellt sich dies anders dar: Im Falle der Unmoral herrscht Zwietracht in mir selbst, wohingegen ich im praktischen Vernunftgebrauch moralischen Handelns als Vernunftwesen mit mir selbst als Sinnenwesen einträchtig und konform zusammenwirke.

lität bereits an sich mit Glückseligkeit verbunden zu denken, da sie gemäß ihrer Maxime die Vermittelbarkeit der Freiheit aller ermögliche und so zur Ursache allgemeiner und dauerhafter Wohlfahrt werde. „Aber dieses System der sich selbst lohnenden Moralität ist nur eine Idee, deren Ausführung auf der Bedingung beruht, daß *jedermann* thue, was er soll [...]" (KrV B 837 f.). Da dies faktisch nicht der Fall ist, sieht sich die intelligible Welt der Moral einer anderen konfrontiert, in der Moralität keine unmittelbare Gegebenheit darstellt und doch real werden soll. Um im Prozess ihrer Realisierung nicht zu scheitern, bedarf die praktische Vernunft notwendig der Idee einer „*höchste(n) Vernunft*, die nach moralischen Gesetzen gebietet" (KrV B 838) und zugleich als Ursache der Natur fungiert; denn allein sie garantiert die schließliche Übereinkunft von Sittlichkeit und Glück. Zwar lässt, um es zu wiederholen, Kant keinen Zweifel an seiner Überzeugung aufkommen, „daß die moralische Gesinnung als Bedingung den Antheil an Glückseligkeit, und nicht umgekehrt die Aussicht auf Glückseligkeit die moralische Gesinnung zuerst möglich mache" (KrV B 841). Der Gottesgedanke verweist die praktische Vernunft also nicht an ein fremdes anderes, sondern an das andere ihrer selbst – gleichwohl an ein anderes, welches das religiöse Verhältnis als moralisch unaufhebbar erscheinen lässt. Das ist deshalb der Fall, weil das Problem der faktischen Realisierung der praktischen Vernunft für deren Begründung durchaus konstitutive Funktion hat.

An dieser systementscheidenden Stelle hat Kant in der „Kritik der praktischen Vernunft" und in der „Kritik der Urteilskraft" nicht unwesentliche Umakzentuierungen vorgenommen mit der Folge, dass der Zusammenhang von Sittlichkeit und Glückseligkeit und damit auch derjenige von Moral und Religion nun weitaus äußerlicher gefasst wird. Es blieb der Kantschrift vorbehalten, die sich ausdrücklich dem Thema der Religion widmete,[22] diese Entwicklungstendenz fortzusetzen und zu vollenden. Was der Titel der Religionsschrift programmatisch verheißt, löst bereits ihr erstes Wort, das als durchgängiger

---

22 *Immanuel Kant:* Die Religion innerhalb der Grenzen der bloßen Vernunft, hg. von K. Vorländer. Mit einer Einleitung „Die Religionsphilosophie im Gesamtwerk Kants" von H. Noack, Phil. Bibl. 45, Hamburg [6]1956. Hiernach (= Rel.) wird nach Maßgabe der am Rand des Textes vermerkten Originalpaginierung zitiert.

Grundsatz zu gelten hat, in der nötigen Deutlichkeit ein; es zeigt der Religion ihre Grenzen auf: „Die Moral, sofern sie auf dem Begriffe des Menschen als eines freien, ebendarum aber auch sich selbst durch seine Vernunft an unbedingte Gesetze bindenden Wesens gegründet ist, bedarf weder der Idee eines anderen Wesens über ihm, um seine Pflicht zu erkennen, noch einer anderen Triebfeder als der des Gesetzes selbst, um sie zu beobachten" (Rel. III). Die Anfangszeilen der Vorrede zur ersten Auflage der Religionsschrift stellen definitiv klar, dass die Moral weder zum Wollen noch zum Vollbringen der Religion bedürfe, vielmehr autark und selbstsuffizient sei. Wenn sie dennoch in eine Beziehung zur Religion trete, so geschehe dies einzig und allein aus der Autonomie ihrer eigenen Maximen heraus. In keiner Weise als Grund, sondern lediglich als Folge der Moral müsse die Religion mithin betrachtet werden.[23]

23 Als solche sei sie dann allerdings notwendig und unentbehrlich: denn es könne „der Vernunft doch unmöglich gleichgültig sein, wie die Beantwortung der Frage ausfallen möge: *was denn aus diesem unserem Rechthandeln herauskomme* [. . .]" (Rel. VII). Schließlich sei es ein praktisches Bedürfnis des Menschen, dass er unter Bedingung der Einhaltung des kategorischen Imperativs auch erwarten könne, zur Glückseligkeit zu gelangen. Das Zusammenstimmen von moralischer Würdigkeit und Glückseligkeit verlange mithin die Idee eines höchsten Gutes in der Welt, welche „die formale Bedingung aller Zwecke, wie wir sie haben sollen (die Pflicht), und zugleich alles damit zusammenstimmende Bedingte aller derjenigen Zwecke, die wir haben (die jener ihrer Beobachtung angemessene Glückseligkeit), zusammen vereinigt in sich enthält" (ebd.). Die Idee des höchsten Gutes wiederum sei möglich nur unter der Bedingung der Annahme eines zugleich heiligen und allmächtigen Gottes, welcher „der Verbindung der Zweckmäßigkeit aus Freiheit mit Zweckmäßigkeit der Natur, deren wir gar nicht entbehren können, objektiv praktische Realität verschafft" (Rel. VIII) und so die schließliche Übereinkunft von Pflichterfüllung und Glückseligkeit garantiert. In diesem Sinne führt Moral unumgänglich zur Religion. Indes: die Idee Gottes und des höchsten Gutes „geht aus der Moral hervor und ist nicht Grundlage derselben" (ebd.). Es handelt sich bei ihr also ausdrücklich um eine gesetzte Voraussetzung. Die behauptete Unentbehrlichkeit der Gottesidee ist insofern auch keine unmittelbare Vernunftnotwendigkeit; denn die Gottesidee setzt ja die Vollgestalt sittlicher Wahrheit schon voraus und trägt somit zur Konstitution der Vernunft nichts Wesentliches bei. Nicht eigentlich um ihrer selbst willen bezieht sich die praktische Vernunft auf die Idee des moralischen Weltregierers, sie tut das vielmehr in Rücksicht auf die „unvermeidlichen Einschränkungen des Menschen und seines [. . .] praktischen Vernunftvermögens" (Rel. XII, Anm.), in Rücksicht auf die empirische Subjek-

10. Religion innerhalb der Grenzen der bloßen Vernunft

Der neuzeitspezifische Allgemeinbegriff der Religion verdankt seine Bedeutung im Wesentlichen einem durch die Spaltung der westlichen Christenheit initiierten Prozess der Differenzierung zwischen konfessionell strittigen und solchen – das menschliche Transzendenzverhältnis betreffenden – Überzeugungsbeständen, die überkonfessionellen Anspruch auf fundamental- und universalanthropologische Geltung erheben. Die für den generalisierten Begriff der Religion in der Moderne kennzeichnende Differenzierung zwischen der ihm eigenen Allgemeinheit und der Besonderheit spezifischer Überlieferungen reflektiert sich in der Unterscheidung etwa zwischen natürlich-vernünftiger und positiv-geoffenbarter Religion, wie sie seit Herbert von Cherbury immer wieder begegnet, oder zwischen individueller Privatreligion und professioneller Fachgelehrtentheologie im Dienste öffentlich-kirchlicher Religion, wie sie sich exemplarisch bei Johann Salomo Semler findet. Umgriffen waren diese Unterscheidungen unbeschadet ihrer Differenziertheit in aller Regel von der selbstverständlichen Gewissheit bewusstseins- und subjektivitätstranszendenter Realität der traditionellen Grundannahmen rationaler Metaphysik. Das wird mit Kant paradigmatisch anders: Gott, Weltganzes und unsterbliche Seele verlieren den Status theoretisch verifizierbarer Realitäten und substanziale Vorgegebenheiten, um Funktionen moralischer Selbstverständigung der auf praktischen Vernunftgebrauch verwiesenen Subjektivität des Menschen zu werden.

Moraldienlichkeit begründet die Vernunft der Religion und die Einheit ihres Begriffs, welche Kant dezidiert gegen pluralistische Auflösungstendenzen geltend macht: *„Verschiedenheit der Religionen"*, so heißt es im ersten Zusatz der Schrift „Zum ewigen Frieden" (Akad. Ausg. VIII, 367 Anm.), „ein wunderlicher Ausdruck! gerade als ob man auch von verschiedenen *Moralen* spräche." Wohl gebe es differente religiöse Glaubensweisen historischer Art, aber nur eine einzige Religion, die anthropologische Universalität und zeitinvariante Geltung berechtigterweise beanspruchen könne. Deren Glaubensbekenntnis hat Kant analog den altkirchlichen Symbolen in drei Artikeln entfaltet:

tivität also, die es nicht verwinden kann, dass im Verfolgen der Moral die Natur auf der Strecke bleibt.

„Ich glaube an einen einigen Gott, als den Urquell alles Guten
in der Welt, als seinen Endzweck; – Ich glaube an die Möglichkeit, zu diesem Endzweck, dem höchsten Gut in der Welt, sofern es am Menschen liegt, zusammenzustimmen; – Ich glaube
an ein künftiges ewiges Leben, als der Bedingung einer immer-
während en Annäherung der Welt zum höchsten in ihr möglichen Gut." So steht es zu lesen in der Antwort auf die Frage,
welche die wirklichen Fortschritte sind, die die Metaphysik
seit Leibnizens und Wolffs Zeiten in Deutschland gemacht hat
(Fortschritte [Anm. 10], 636 = 116). Das moralreligiöse Credo
Kants bekennt erstens das allverpflichtende Wesen Gottes, der
als oberster Sittenherr und Schöpfer der Welt Naturkausalität
und Kausalität aus Freiheit zu vereinen vermag, zweitens die
Freiheit des Menschen, der seine Pflicht gegen alle natürlichen
Widerstände zu behaupten und durchzuführen imstande ist,
sowie drittens die Unsterblichkeit als einen Zustand, in welchem sich Sittlichkeit und Sinnlichkeit in einem moralisch
wohlproportionierten Verhältnis befinden werden. Damit ist
die dem Gesetz praktischer Vernunft folgende wahre Lehre der
einen natürlichen und rationalen Religion umschrieben, welche
die Bemessungsgrundlage aller statutarischen Lehren historischer Religionen und ihres offenbarungstheologisch aufbereite-
ten Kirchenglaubens bilden.

Auch die dogmatischen Traditionsbestände des Christentums, wie sie im Kanon der Bibel inbegriffen sind, haben sich
nach Kant an den Grundsätzen vernünftiger Moralreligion zu
bemessen. Alle Bibelauslegung muss deren Prinzipien gemäß
erfolgen, welche als Maßstab der Kritik und (Re-)Konstruktion
der gesamten christlichen Überlieferungsgeschichte und der
von ihr beanspruchten Offenbarungsgehalte fungieren. Es gilt
die hermeneutische Devise: Wahrhaft religiös ist allein, was der
Realisierung übersinnlich begründeter Sittlichkeitszwecke unter den Bedingungen der Sinnlichkeit dient, wohingegen der
Glaube an einen bloßen Geschichtssatz „todt an ihm selber"
(Akad. Ausg. VII, 66) ist.

Dass es schierer Aberglaube ist, die Annahme von Ge-
schichtstatsachen zur religiösen Pflicht zu erklären, gilt Kant als
ausgemacht. Zwar stellt er in Rechnung, dass religiöse Vergemeinschaftung unter irdischen Bedingungen nur im Medium
der Geschichte statthaben kann. Zum Kirchenglauben gehöre
daher durchaus historische Gelehrsamkeit, wie sie in der theo-

logischen Fakultät gepflegt werde. Nichtsdestoweniger finde
Theologie – analog zu Juristerei und Medizin als den beiden
anderen positiven Wissenschaften, die mit ihr zusammen die
sog. oberen Fakultäten bilden – das Fundament ihrer Geltung
erst in der sog. unteren Fakultät der Philosophie, näherhin in
der reinen Vernunfterkenntnis der Metaphysik der Sitten, weil
diese allein die Kongruenz von historischem Kirchenglauben
und Vernunftglauben zu erweisen und damit das Christentum
als Religion der Religionen, nämlich als jene historische Religion zu beweisen vermag, die mit der einen Vernunftreligion
und ihrem Formgesetz materialiter wesentlich übereinstimmt.
Den stolzen Anspruch, dass die Philosophie ihre Magd sei,
räumt Kant im „Streit der Fakultäten" der Theologie unter diesen Bedingungen bereitwillig ein, wobei, wie er ironisch hinzufügt, noch immer die Frage bleibe, ob diese, die Philosophie,
„ihrer gnädigen Frau *die Fackel vorträgt* oder *die Schleppe nach-
trägt*" (Akad. Ausg. VII, 28).

Seine 1793 erschienene Schrift über „Die Religion innerhalb
der Grenzen der bloßen Vernunft" lässt keinen Zweifel aufkommen, wie Kant die Rolle der Philosophie als *ancilla theologiae*
verstanden wissen wollte. Zwar beansprucht er nicht, die historische Religion des Christentums *aus* bloßer Vernunft zu kon-
struieren, wohl aber *durch* bloße Vernunft zu rekonstruieren,
um sie auf diese Weise in reiner Gestalt zum Vorschein kommen
zu lassen. Dabei wird vorweg und stillschweigend ausgeschie-
den, was dem moralischen Zweck vernünftiger Religion entweder nicht dient oder gar widerspricht. Für letzteres gibt die Lehre von der *praedestinatio gemina* ein Beispiel, welche als
freiheitsdestruktiv und unsittlich beurteilt wird. Als moralisch
indifferent hinwiederum werden Trinitäts-, Zweinaturenlehre
oder etwa die Lehre von der leibhaften Auferstehung angesehen, sofern sie dem Buchstaben nach nichts Praktisches herge-
ben und nur unter der Voraussetzung überlieferungswürdig
sind, dass man einen moralischen Sinn in sie hineinträgt.

Bringt man die Lehrbestände historischen Christentums in
Abzug, die wenn nicht moralwidrig, so doch moralisch indifferent sind und daher getrost vergessen werden können, so ver-
bleiben Hamartiologie, Soteriologie und ekklesiologisch vermittelte Eschatologie als Hauptstücke einer Religionsphilosophie in
praktischer Absicht, wie Kant sie verfolgt. Die Gliederung seiner
Religionsschrift entspricht diesem Sachverhalt. Ihr erstes Stück

handelt von der Einwohnung des bösen Prinzips neben dem guten: oder über das radikale Böse in der Menschennatur, also von den Gehalten der Sündenlehre, ihr zweites von dem Kampf des guten Prinzips mit dem bösen um die Herrschaft über den Menschen, also von der Lehre von Sühne und Versöhnung, ihr drittes schließlich vom Sieg des guten Prinzips über das böse und die Gründung eines Reiches Gottes auf Erden, also von Ekklesiologie und Eschatologie. Ein Epilog vom Dienst und Afterdienst unter der Herrschaft des guten Prinzips oder von Religion und Pfaffentum ist als viertes und letztes Stück beigegeben; es enthält die erwähnten hermeneutischen Grundsätze der Verhältnisbestimmung von vernünftiger und historischer Religion, welche die Religionsschrift kennzeichnen und von Kant im Streit der Fakultäten aus Anlass eines Konflikts mit der Zensurbehörde infolge des Wöllnerschen Religionsedikts in ihrer Rechtmäßigkeit vehement verteidigt werden.

Die empirische Situation, in der sich der Mensch in Bezug auf sich selbst und in Bezug auf die Menschenwelt vorfindet, ist nach Kant durch das Böse gekennzeichnet. Denn in der Gattung der Menschheit herrscht ein natürlicher Hang vor, trotz klaren Bewusstseins der sittlichen Maxime von dieser abzuweichen. Die Naturbedingtheit dieses Hanges, der von den Neigungen menschlicher Sinnlichkeit herrührt, wäre freilich auf unmoralische Weise missverstanden, würde sie mit der Vorstellung naturkausaler Zwangsdeterminierung assoziiert. Es ist im Gegenteil so, dass der sinnlichkeitsbedingte, nicht sinnlichkeitsbegründete natürliche Hang zum Bösen trotz seiner Universalität und Radikalität in jedem der Fälle, die den einen Fall der Sünde ausmachen, als Schuld zuzurechnen ist; lässt sich der Mensch, statt seine sinnliche Natur in sittlicher Freiheit zu gestalten, in mutwilliger Selbstverkehrung von dieser bestimmen, so ist dies sein Vergehen, das nicht auf eine ihm fremde Natur und sei es die befremdliche Vergänglichkeitsnatur des eigenen irdischen Daseins geschoben werden kann. Der Mensch ist an dem, was im Unterschied zum bloßen Übel, welches der sittlichen Bewährung aufgegeben ist, das Böse genannt wird, selbst schuld, weil das Böse nichts ist als der Wille, der sich von der Sinnlichkeit beherrschen lässt und in moralisch fataler Selbstverkehrung freiwillig um seine Freiheit bringt und der Herrschaft der Natur ausliefert. Kurzum: Sünde ist in Sinnlichkeit pervertierte Freiheit und als solche Schuld.

Was das Unwesen des menschlichen Hanges zum Bösen näherhin betrifft, so lassen sich drei Stufen desselben namhaft machen: „*Erstlich* ist es die Schwäche des menschlichen Herzens in
Befolgung genommener Maximen überhaupt oder die *Gebrechlichkeit* der menschlichen Natur; *zweitens* der Hang zur Vermischung unmoralischer Triebfedern mit den moralischen (selbst
wenn es in guter Absicht und unter Maximen des Guten geschä-
he), d. i. die *Unlauterkeit; drittens* der Hang zur Annehmung böser
Maximen, d. i. die *Bösartigkeit* der menschlichen Natur oder des
menschlichen Herzens." (Rel. 21 f.) In der Bösartigkeit des Menschen tut sich der Abgrund des *peccatum originale* in jener Boden-
losigkeit auf, der die *peccata actualia* mehr oder minder tief ver-
fallen sind. Dennoch weigert sich Kant aus Gründen sittlicher
Zurechnungsfähigkeit des Menschen, dessen radikale Bösartigkeit, deren universale Faktizität er nicht bestreitet, im strengen
Sinne Bosheit zu nennen, als man darunter eine Gesinnung versteht, „das Böse *als Böses* zur Triebfeder in seine Maxime aufzunehmen." (Rel. 36) Dieses sei teuflisch und finde beim Menschen
nicht statt. Um an der sittlichen Zurechnungsfähigkeit des Menschen auch unter der Bedingung des radikalen Bösen festhalten
zu können, wird hamartiologisch ausgeblendet, was teuflische
Bosheit zu heißen hätte. Auch im Falle der Ursünde bleibt der
Mensch Gottes Geschöpf, das zum Guten bestimmt und auf diese Bestimmung hin zu verpflichten ist, wenn anders menschliche
Sünde, wie moralisch erforderlich, als persönliche Schuld soll
gewertet werden können. Wie immer man Kants Hamartiologie
in dogmengeschichtlicher Rücksicht zu beurteilen hat: dass auch
sie auf die Realisierung sittlicher Freiheit und damit auf Moraldienlichkeit hin angelegt ist, steht außer Zweifel. Noch im denkbar stärksten Einwand gegen menschliche Freiheit, welcher deren Verkehrung in Sinnlichkeit betrifft, bringt sich das Interesse
an deren Wirklichkeit ungebrochen zur Geltung. Das Böse ist
zwar Hindernis, keinesfalls aber Schranke der Moralität, als deren Funktion sich die Religion auch in hamartiologischer Hinsicht zu erweisen hat.
    Wie die Hamartiologie wird auch die christliche Soteriologie
moralisch funktionalisiert, was sich in der Herabsetzung der
Christologie zu ihrem Moment vorbereitet. Religionsphilosophisch bedeutsam ist Jesus Christus lediglich als personifizierte
Idee des guten Prinzips, dessen Kampf mit dem Bösen das
zweite Hauptstück der Kantschen Religionsschrift bedenkt. In-

dem er das Urbild der moralisch vollkommenen Menschheit darstellt, welchem nachzueifern allgemeine Menschenpflicht ist, repräsentiert Jesus Christus anschaulich den sittlichen Anspruch des Guten auf den Menschen und kann als inkarniertes Sittengesetz gelten. Weil indes dessen objektive Verbindlichkeit durch die praktische Vernunft als solche gewährleistet ist, bedarf es keineswegs notwendig eines Erfahrungsbeispiels, um die Idee moralisch gottgefälliger Menschheit zu beglaubigen. Das anschauliche Exempel dient lediglich als pädagogische Vorstellungshilfe, die darauf angelegt ist, sich im Verlaufe der Erziehung des Menschengeschlechts sukzessiv zu erübrigen. Der individuellen Existenz und geschichtlichen Faktizität Jesu Christi kommt allenfalls indirekte und keineswegs konstitutive moralreligiöse Bedeutung zu, wie denn generell gilt, dass das Historische, das nichts zur Besserung beiträgt, „etwas an sich ganz Gleichgültiges (ist), mit dem man es halten kann, wie man will" (Rel. 161).

Drei Schwierigkeiten, deren Auflösung der Soteriologie aufgegeben ist, stehen der Verwirklichung der in Jesus Christus personifizierten Idee der Gott wohlgefälligen Menschheit entgegen: 1. Das Vorbild der Heiligkeit, das uns im Sohne Gottes vor Augen gestellt ist, erscheint uns, die wir vom Bösen ausgehen, stets unendlich fern und niemals erreichbar, da wir das vollbrachte Gute der Tat nach zu jedem Zeitpunkt als dem Sittengesetz unzulänglich ansehen müssen. Dennoch kann der im kontinuierlichen Fortschritt zum Guten begriffene Mensch davon ausgehen, dass Gott, dessen Begreifen nicht an die Beschränktheit diskursiven Denkens gebunden ist, in seiner reinen intellektuellen Anschauung den Progress der Besserung um der ihn leitenden Gesinnung willen auch der Tat nach als ein vollendetes Ganzes beurteilt. 2. Das Vertrauen des Menschen auf die Unveränderlichkeit seiner einmal angenommenen sittlichen Gesinnung, welches nicht weniger ist als das Vertrauen auf moralische Glückseligkeit und die Güte Gottes überhaupt, ohne das die Tugendübung keinen dauerhaften Bestand hat, kann unter Bedingungen der Endlichkeit niemals den Charakter sicherer Gewissheit annehmen. Dennoch kann den Menschen eine Art von „Syllogismus practicus", der freilich nicht vom physischen Wohlergehen, sondern von dem bisher geführten Lebenswandel auf den dahinterstehenden Vorsatz rückschließt, davon überzeugen, dass dem ständigen

Fortschreiten tätiger Besserung eine immer kräftiger werdende Gesinnung entspricht, welche darauf hoffen lässt, dass man auch in Zukunft nicht vom rechten Pfad der Tugend abkommt. Jener Pfad, so Kant, dürfe als geradewegs in den Himmel führend vorgestellt werden, wobei die Vorstellungen vom Himmel wie von der Hölle allerdings nur insoweit relevant seien, als sie der Beförderung der Moral bzw. der Verhinderung der Unmoral dienten. 3. Die letzte und „dem Anscheine nach größte Schwierigkeit" (Rel. 94), die der Realisierung der in Jesus Christus exemplifizierten Sittlichkeitsidee entgegensteht, ist mit dem Problem gegeben, dass der Mensch auch nach vollzogener Umkehr zur Sittlichkeit mit einem Rückstand behaftet bleibt. „Wie es auch immer mit der Annehmung einer guten Gesinnung an ihm zugegangen sein mag, und sogar, wie beharrlich er auch darin in einem ihr gemäßen Lebenswandel fortfahre, *so fing er doch vom Bösen an*, und diese Verschuldung ist ihm nie auszulöschen möglich." (Ebd.) Auch der gebesserte Mensch wird demnach seine verkehrte Vergangenheit nicht los, sie bleibt ein durch keine Zukunft einholbarer Vorwurf. Denn die Übung der Tugend kann, weil der Mensch zu ihr an sich pflichtmäßig verbunden ist, keine überschüssigen Werke hervorbringen und somit geschehenes Unrecht nie abgelten und gutmachen. Auch ein noch so behender und ausdauernder moralischer Fortschritt kann offenbar nicht der verdienten Strafe entgehen. Denn die Idee der Gerechtigkeit erlaubt es ausnahmslos nicht, geschehenes Unrecht gut sein zu lassen; Strafe muss sein – und zwar durchaus im strengen Sinne proportionaler Vergeltung. Es liegt nahe, bei Jesus Christus als einem Nothelfer Zuflucht zu nehmen und die Schuld ihm zu übergeben: Kant versperrt diesen Ausweg. Das Wesen der Moral erlaube es nicht, das eigene Unrecht auf einen anderen zu schieben und von ihm tilgen zu lassen. Echt sozianisch lehrt er, dass Schuld „keine *transmissibele* Verbindlichkeit (ist), die etwa, wie eine Geldschuld (bei der es dem Gläubiger einerlei ist, ob der Schuldner selbst oder ein anderer für ihn bezahlt), auf einen anderen übertragen werden kann, sondern die *allerpersönlichste*, nämlich eine Sündenschuld, die nur der Strafbare, nicht der Unschuldige, er mag auch noch so großmütig sein, sie für jenen übernehmen zu wollen, tragen kann" (Rel. 95). Von einer *satisfactio vicaria* oder gar von stellvertretendem Strafleiden im Sinne überkommener Versöhnungstheologie kann und darf daher moralisch nicht länger die Rede sein.

Gleichwohl gibt Kant den Stellvertretungsgedanken nicht einfachhin preis; vielmehr nimmt er ihn aus seiner christologischen Externität ins Innere des in Besserung begriffenen Menschen zurück, um Sühne und Versöhnung als ein vor dem *forum internum* des Gewissens statthabendes Geschehen aufzufassen, das unbeschadet seiner Differenziertheit einen einigen Zusammenhang bildet. Die soteriologische Pointe wird durch den Gedanken markiert, dass im Vollzug der Sinnesänderung selbst schon diejenigen Übel mit enthalten sind, „die der neue gutgesinnte Mensch als von ihm (in anderer Beziehung) verschuldete und als solche *Strafen* ansehen kann, wodurch der göttlichen Gerechtigkeit ein Genüge geschieht" (97 f.). Indem der in Besserung begriffene gut gesinnte neue Mensch die Bosheit des physisch mit ihm identischen, moralisch geurteilt aber abgesonderten alten bereut, büßt er durch erlittene Gewissenspein vergangenes Schuldvergehen und erduldet stellvertretend Strafe, um auf diese Weise Sühne zu leisten und gerechte Versöhnung zu ermöglichen. Indem der erstehende neue Mensch sich als den alten aufopfert und unter Negation seiner auf sich bezogenen empirischen Subjektivität zur transzendentalen sich erhebt, leistet er durch den damit verbundenen Schmerz Sühne für die Sünden des alten, vergehenden Menschen und übernimmt so dessen Strafe. Denn ob der Mensch „gleich *physisch* (seinem empirischen Charakter als Sinnenwesen nach betrachtet) ebenderselbe strafbare Mensch ist und als ein solcher vor einem moralischen Gerichtshofe, mithin auch von ihm selbst gerichtet werden muss, so ist er doch in seiner neuen Gesinnung (als intelligibeles Wesen) vor einem göttlichen Richter, vor welchem diese die Tat vertritt, *moralisch* ein anderer, und diese in ihrer Reinigkeit, wie die des Sohnes Gottes, welche er in sich aufgenommen hat, oder (wenn wir diese Idee personifizieren) *dieser* selbst trägt für ihn, und so auch für alle, die an ihn (praktisch) glauben, als *Stellvertreter* die Sündenschuld, tut durch Leiden und Tod der höchsten Gerechtigkeit als *Erlöser* genug und macht als *Sachverwalter* daß sie hoffen können, vor ihrem Richter als gerechtfertigt zu erscheinen, nur daß (in dieser Vorstellungsart) jenes Leiden, was der neue Mensch, indem er dem *alten* abstirbt, im Leben fortwährend übernehmen muss, an dem Repräsentanten der Menschheit als ein für allemal erlittener Tod vorgestellt wird" (Rel. 98 ff.).

Stellt die nach praktischen Vernunftprinzipien erfolgte kritische Rekonstruktion der Soteriologie und namentlich der traditionellen Theorie vom Strafleiden Jesu Christi das Zentrum der Kantschen Religionsschrift dar, so thematisiert deren drittes Stück das nach errungenem Sieg des guten Prinzips über das Böse anbrechende Reich Gottes auf Erden. Dessen Kommen vollzieht sich nicht in Form eines supranaturalen Wunders, sondern „durch Errichtung und Ausbreitung einer Gesellschaft nach Tugendgesetzen und zum Behuf derselben" (Rel. 129). Zweck der Kirche und des auf die Heilige Schrift gegründeten Offenbarungsglaubens ist es, die Menschennatur auf historische Weise zur Moral zu bewegen, um durch Sammlung eines Volkes Gottes unter ethischen Gesetzen der eschatologischen Hoffnung eine sittliche Berechtigungsbasis zu verleihen. Als Wegweiser kirchlicher Sendung, welcher dieser ihre Richtung vorgibt, fungiert dabei der reine Religionsglaube, in dessen Alleinherrschaft allmählich überzugehen nach Kant sowohl die prinzipielle als auch die geschichtliche Bestimmung des Kirchenglaubens ausmacht. Je konsequenter sich besagter Transitus vollzieht, um so näher rückt das Reich Gottes. Dessen endgültige Ankunft indes bleibt unvorstellbar, da man sich vom Eschaton keinen Begriff machen kann. Wie die Idee Gottes so ist auch diejenige seines Reiches nicht theoretisch konstitutiv, sondern lediglich praktisch-regulativ und hypothetisch-approximativ zu verwenden. Das Eschaton ist nur als ein im Kommen Begriffenes zu begreifen, wobei allein der moralische Gesinnungsfortschritt die praktische Vernunftgewissheit schließlicher Ankunft zu bereiten vermag.

Was von den Ausführungen der Kantschen Religionsschrift theologisch zu halten sei, werden andere Beiträge des vorliegenden Bandes erörtern und muss im Übrigen dem Urteil der Leserschaft überlassen werden, wie überhaupt der Sinn dieser durch Kants 200. Todestag veranlassten Erinnerungsübung in nichts anderem bestand, als zur Eigenlektüre seiner Schriften zu motivieren – und zu intensivem Selbstdenken, was die würdigste Ehrung Kants darstellt.

Werner Thiede

Gnade als Ergänzung?

Zur Aporetik der Kantschen Rekonstruktion von Soteriologie und Christologie

Was den Menschen seit jeher zur Religion oder zumindest zur religiösen Fragestellung treibt, veranlasst ihn zur Bearbeitung des Problems einer Verhältnisklärung gegenüber dem Transzendenten. Dementsprechend pflegen Religionen zu allen Zeiten die Heilsfrage in Lehre und Kult so zu regeln, dass Kontingenzerfahrungen in einem umfassenden Sinnhorizont kognitiv und praktisch bewältigt werden können – insbesondere auch die Erfahrungen schuldhaft empfundener Differenz gegenüber dem Göttlichen selbst. Wo dabei eine Art Gegenüber-Verhältnis zur Transzendenz im Wesentlichen bestehen bleibt, kann man vom religiösen Paradigma der *Heteronomie*[1] sprechen. Darüber hinaus begegnet in der menschlichen Kultur aber auch das religiöse Paradigma der *Autonomie*, das die Differenzproblematik durch deren tendenzielle Bestreitung oder einschneidende Reduzierung zu lösen versucht: Gott bzw. das Göttliche werden in monistischer oder nicht-dualistischer Dialektik mit der Welt zusammengedacht.[2] Ein drittes religiöses Paradigma bildet das der *Theonomie*, das Wahrheitsmomente der beiden anderen in sich aufhebt: Es läuft weder auf eine praktikable Regelung noch auf eine ansatzweise Bestreitung der Differenzproblematik hinaus, sondern seine Lösung gründet auf dem Glauben an deren *endgültige* Bewältigung dadurch, dass von göttlicher Seite der

1 Die hier definierten Paradigmen von Heteronomie, Autonomie und Theonomie sind weniger in ethischer als vielmehr in ontologischer Hinsicht gemeint und in diesem Sinn näher begründet in meiner Habilitationsschrift: *Werner Thiede: Wer ist der kosmische Christus? Karriere und Bedeutungswandel einer modernen Metapher*, KKR 44, Göttingen 2001, 73 ff.

2 Nichts anderes als eine Variante hiervon stellen übrigens atheistische, nihilistische oder sonstige irreligiöse Antworten auf die religiöse, ursprünglich heteronome Grundfrage dar.

versöhnende Schritt, ja Überschritt ein- für allemal erfolgt und darin alles Heil für die Menschheit beschlossen ist. Die Glaubensrelation als solche bildet hier den entscheidenden Zugang zu dem in ihr eschatologisch präsent werdenden Heil, welches sich einzig in der jenes „Ein- für Allemal" repräsentierenden Person erschließt. Dass hiermit von dem Gottmenschen Jesus Christus und überhaupt von der Religion des Christentums die Rede ist, dürfte deutlich sein.

Die Skizze dieser drei Paradigmen stellt einen Verstehens- und Bearbeitungsrahmen für die soteriologische und christologische Herausforderung dar, wie sie sich aus dem religionsphilosophischen Konzept Immanuel Kants[3] für die christliche Theologie ergibt. Mit ihrer Hilfe wird sich dreierlei zeigen lassen: 1. Kants einschlägige Thesen resultieren konsequent aus dem Paradigma der Autonomie. 2. Sie beruhen auf einer Verkennung des theonomen Paradigmas christlicher Religion, die im Wesentlichen heteronom interpretiert wird. 3. Die von Kant angestrebte Bewältigung der Differenzproblematik kraft Überwindung religiöser Heteronomie gelingt nur scheinbar.

1. Die Aporetik der Vernunftautonomie im Licht der Frage nach dem radikalen Böse

1.1 Die Grenzen der bloßen Vernunft

Als Kant seine Thesen über das „radikale Böse" im April 1792 in der Berlinischen Monatsschrift[4] und 1793 im ersten Teil seines Aufsehen erregenden Buches „Die Religion innerhalb der

---

3 Kant entfaltet „im Rahmen einer rationalen Soteriologie – eine Christologie in den Grenzen der bloßen, d. h. reinen Vernunft" (*Helmut Hoping:* Freiheit im Widerspruch. Eine Untersuchung zur Erbsündenlehre im Ausgang von Immanuel Kant, Innsbruck/Wien 1990, 214). Vgl. auch *Giovanni Ferretti:* Le tensioni dell' ermeneutica cristologica di Kant, in: Istitudo di Scienze Religiose in Trento (Hg.): Kant e la filosofia della religione, Bd. 1, Brescia 1996, 113–132, bes. 117 ff.

4 Indizien sprechen dafür, dass die Ausarbeitung damals schon einige Jahre alt war. Kant könnte sich zur Publikation entschlossen haben, weil sein Schüler *Johann Gottlieb Fichte* 1792 in Königsberg (!) anonym einen eigenen „Versuch einer Kritik aller Offenbarung" veröffentlicht hatte, als dessen Verfasser zunächst Kant vermutet wurde.

Grenzen der bloßen Vernunft" publiziert,[5] ist er selbst bald 70, sein Programm einer „Kritik der reinen Vernunft" im Ansatz[6] über 20 Jahre alt. Erstaunlich spät also schreitet der mittlerweile berühmt gewordene Philosoph zur vertieften Behandlung der Grundfrage nach Herkunft und Wesen des Bösen im Menschen. Dass eine Antwort hierauf nicht unmittelbar durch die Vernunft gegeben werden kann, mag einer der Gründe für diese Verspätung gewesen sein. Möglich wird eine Lösung nur indirekt, nämlich durch ein Postulieren von Seiten der praktischen Vernunft, die ohne entsprechende Postulate den Sinnhorizont für moralisches Handeln nicht hinreichend deutlich machen könnte. Es handelt sich dabei allemal um unbeweisbare Sachverhalte, weshalb sie in den Bereich des Glaubens fallen.

In dieser Hinsicht aber kommt es für Kant entscheidend darauf an, dass die von ihm namhaft gemachten Postulate solche der praktischen Vernunft darstellen – und insofern von der Vernunft immerhin mittelbar gedeckte, ja nahe gelegte Glaubenssätze! Sie bilden demnach Sätze jenes *Vernunftglaubens*, der die Grundlage und den Maßstab bildet für jede Bestimmung von Religion „innerhalb der Grenzen der bloßen Vernunft" – aber auch im Letzten für jene Glaubenswahrheiten, die auf dem Feld geschichtlicher Religionen allein noch allgemeine Anerkennung verdienen.

Kants Begriff des „Vernunftglaubens" wirft die Frage nach einer genaueren Verhältnisbestimmung von Vernunft und Glauben auf. Seine „Kritik der reinen Vernunft" geht gegenüber der Seinslehre des Rationalismus, wie er von Descartes bis Leibniz Verbreitung gefunden hatte, noch einen entscheidenden Schritt weiter: Ihr zufolge gelten Erkenntnisse der reinen Vernunft prinzipiell nur innerhalb der Grenzen kritischer, nachprüfbarer Erfahrung, also nicht für Jenseitiges, Transzendentes,

---

5 Zitiert wird „Die Religion innerhalb der Grenzen der bloßen Vernunft" (1793) im Folgenden nach der 2. Aufl. von 1794, in: *Immanuel Kant:* Werke in zwölf Bänden, hg. von Wilhelm Weischedel, Frankfurt/M. 1977, Bd. 8, 647–879 (= Rel).

6 Sein Brief an Marcus Herz vom 21. 2. 1772 hatte den „Schlüssel zu dem ganzen Geheimnisse der bis dahin sich selbst noch verborgenen Metaphysik" in Aussicht gestellt und sich damals erstmals explizit auf den Weg zur „Kritik der reinen Vernunft" gemacht (vgl. *Karl Vorländer:* Immanuel Kant. Der Mann und das Werk, Sonderausgabe nach der 3. Auflage von 1992, Wiesbaden 2003, 2. Teilband, 255 f.).

nicht für das „Ding an sich", das unerkennbar ist und bleibt.
Wer metaphysische oder dogmatische Thesen über das Transzendente in die Welt setzt, missachtet die selbstgesetzten Grenzen der von Kant analysierten reinen Vernunft. Und solche
Nichtbeachtung macht sich geradezu moralisch verdächtig,
weil sie bekanntermaßen zu allerlei philosophischen oder religiösen Streitigkeiten führt, die eben rational unentscheidbar
und insofern fruchtlos sind. Kants berühmter Satz „Ich mußte
also das Wissen aufheben, um zum Glauben Platz zu bekommen"[7] ist freilich oft dahingehend missverstanden worden, als
hätte der Königsberger Philosoph damit aller Religion hinreichend Freiraum neben den rationalen Tätigkeitsfeldern der
menschlichen Kultur verschafft. In Wahrheit ist er auf den „Vernunftglauben" gemünzt, der hier seinen legitimen Ort neben
der reinen Vernunft angewiesen bekommt.[8]

Schließlich hat Kant die Grenzen der reinen Vernunft von Anfang an inklusivistisch bestimmt. Ihm ist deutlich gewesen,
dass die Vernunft wesenhaft nach Grenzüberschreitung verlangt: Gerade in „Erkenntnissen, welche über die Sinnenwelt
hinausgehen, wo Erfahrung gar keinen Leitfaden, noch Berich-
tigung geben kann, liegen die Nachforschungen unserer Vernunft . . . Diese unvermeidlichen Aufgaben der reinen Vernunft
selbst sind Gott, Freiheit und Unsterblichkeit."[9] Es handelt sich
hier um unabweisbare, freilich dem ontologischen Gehalt nach
unbeweisbare Vernunftideen. „Die menschliche Vernunft geht
unaufhaltsam, ohne daß bloße Eitelkeit des Vielwissens sie dazu bewegt, durch eigenes Bedürfnis getrieben bis zu solchen
Fragen fort, die durch keinen Erfahrungsgebrauch der Vernunft
[. . .] beantwortet werden können."[10]

7 *Immanuel Kant:* Kritik der reinen Vernunft ([2]1787), in: Werke in zwölf
Bänden, hg. von W. Weischedel, Frankfurt/M. 1977, Bd. 4 (abgekürzt KrV),
32 (Vorwort zur zweiten Auflage). Der Titel dieses seines bekanntesten Wer-
kes sollte übrigens ursprünglich lauten: „Die Grentzen der Sinnlichkeit und
der Vernunft".

8 Vgl. Vorländer: Kant, 168 f.

9 KrV 49.

10 KrV 59. Der nach eigenen Angaben metaphysikverliebte (vgl. *Volker
Gerhardt:* Immanuel Kant. Vernunft und Leben, Stuttgart 2002, 60 und 93)
Kant weiß: „Irgendeine Metaphysik ist immer in der Welt gewesen, und
wird auch wohl ferner [. . .] darin anzutreffen sein – mit ihr aber auch eine
Dialektik der reinen Vernunft, weil sie ihr natürlich ist" (KrV 33).

Umso mehr betrachtet Kant es als wichtigste Angelegenheit der Philosophie, ein- für allemal „ihr dadurch, daß man die Quelle der Irrtümer verstopft, allen nachteiligen Einfluß zu benehmen."[11] Das Kantsche Verstopfungsprogramm darf allerdings nicht nur nach seiner negativen Aufgabenstellung hin betrachtet werden. In positiver Hinsicht ist die reine Vernunft nicht Objekt, sondern Subjekt der Kritik; als solches bleibt sie sich in ihrem „An-sich-Sein" selbst verborgen. Insofern aber eignet der von Kant propagierten Autonomie über all ihre moralischen Aspekte hinaus eine metaphysische Tiefendimension, die in den Bereich des Vernunftglaubens fällt. Dieser beruht letztlich selbst auf einem Glauben an die Vernunft.[12] Kurz, er konstituiert sich selbst; und das ist ja in sich ein höchst autonomer Vorgang. Nur gilt es zu sehen, dass solche Autonomie die Vernunftgrenzen im eigenen Interesse so bestimmt, dass andere Paradigmen, die ihrerseits nicht a priori als unvernünftig abgetan werden können, damit methodisch ausgegrenzt werden. Kants Analysen der „reinen"[13] Vernunft haben zwar hinsichtlich ihrer Bestimmtheit durch diverse Interessenleitungen[14] Hellsichtigkeit bewiesen, sind aber gegenüber ihrer idealistischen Selbstkonzeption zu unkritisch geblieben. Insbesondere hat Kant über die unausgesprochenen metaphysischen Seiten seines Vernunftbegriffs zumindest nach außen hin kaum hinreichend Rechenschaft abgelegt.

Welch ein Logik- bzw. Logos-Verständnis ihm insgeheim vorschwebte, lässt sich aus seiner lebenslangen Hochschätzung der *Stoa*[15] erahnen. Neueste Forschung hat wieder intensiver auf die

11 KrV 33.

12 Ob die Vernunft als ontologischer Teil des Subjekts oder als deren Instrument begriffen wird, ändert nichts daran, dass sie sich selbst theoretisch undurchsichtig bleibt.

13 Der Begriff hat den Beiklang religiöser Heiligkeit, meint aber offiziell bloß die reflexive „Einheit der durchgängigen Verbindung" bzw. *a priori* notwendige Voraussetzungen für mögliche Erfahrung (vgl. Vorländer: Kant, 291).

14 Vgl. KrV 694. Kant ist sich bewusst, dass die unvollkommene menschliche Natur „die Vernunft, die ihr zur Gesetzgebung dienen sollte, nur dazu braucht, um das Interesse der Neigungen [...] zu besorgen" (*Immanuel Kant: Grundlegung zur Metaphysik der Sitten*, in: Werke in zwölf Bänden, hg. von W. Weischedel, Frankfurt/M. 1977, Bd. 7, 34).

15 Vgl. *Manfred Geier*: Kants Welt, Berlin 2003, 310. Nach stoischer Überzeugung ist man z. B. nur selbstverschuldet ein Unmündiger bzw. Tor, denn die Natur hat den Menschen durch die Gabe des Logos dazu befähigt, au-

enge Beziehung seiner Philosophie zur Tradition, namentlich zur Antike hingewiesen.[16] Offenkundig hat er mit der stoischen Lehre sympathisiert, ohne ihr freilich völlig kritiklos zu folgen oder gar ihre Metaphysik von seinen vernunftkritischen Prämissen her *ausdrücklich* teilen zu können. Die Stoa hatte das Universum als Ganzes reflektiert und im „Logos" repräsentiert gesehen; der Kosmos wird ihrem monistischen Konzept zufolge in all seinen Teilen ebenso wie die menschliche Seele vom göttlichen Pneuma durchwaltet.[17] Dieses stoische, das All wie das „wahre Selbst"[18] gleichermaßen konzeptionell einschließende „Autonomie"-Verständnis dürfte gleichsam die intuitiv festgehaltene ontologische Hintergrundfolie für Kants Denkarbeit gebildet haben[19] – man erinnere sich nur seiner berühmten, noch auf dem Gedenkstein an der Königsberger Schlossmauer angebrachten Aussage: „Zwei Dinge erfüllen das Gemüt mit immer neuer und zunehmender Bewunderung und Ehrfurcht, je öfter und anhaltender sich das Nachdenken damit beschäftigt: der bestirnte Himmel über mir und das moralische Gesetz in mir."[20]

Insbesondere in seinem unvollendet gebliebenen *Opus postumum*, das er einem Titelentwurf zufolge als ein „das All der Wesen vereinigendes System der reinen Vernunft" konzipieren wollte und das nach der „Metaphysik der Sitten" als sein Hauptwerk eine „Metaphysik der Natur"[21] liefern sollte, kommen jene

tonom ihm gemäß zu werden (vgl. *Ulrich Wilckens:* Weisheit und Torheit. Eine exegetisch-religionsgeschichtliche Untersuchung zu 1. Kor 1 und 2, Tübingen 1959, 260).

16 Vgl. Gerhardt: Kant, 14. Beispielsweise hat bereits *Philo* gelehrt, dass Gott in seinem An-sich-Sein unbeweisbar sei (vgl. *Hans Jonas:* Gnosis und spätantiker Geist. 2. Teil: Von der Mythologie zur mystischen Philosophie, Göttingen 1993, 72).

17 *Samuel Vollenweider:* Freiheit als neue Schöpfung, FRLANT 147, Göttingen 1989, 58 ff.

18 Vgl. Vollenweider: Freiheit, 65.

19 So ist Kant „sich bewusst, dass es in dem seit 1785 geführten Pantheismus- oder Spinozismusstreit immer auch um seine Lehre geht" (Gerhardt: Kant, 111).

20 *Immanuel Kant:* Kritik der praktischen Vernunft (1788), in: Werke in zwölf Bänden, hg. von W. Weischedel, Frankfurt/M. 1977, Bd. 7 (abgekürzt: KpV), 300.

21 Vgl. Vorländer: Kant, 292. Kant ist „auf der Suche nach einem Prinzip, das als tätige, lebendige Kraft in Mensch *und* Natur wirksam ist" (Gerhardt: Kant, 340).

Tendenzen zu einer stoisch gefärbten Ontologie zum Vorschein.[22] Sie waren hinter seinem vernunftkritischen Ansatz, der eher auf einen Dualismus als auf einen Monismus im Wirklichkeitsverständnis hinauszulaufen schien, verborgen geblieben, sollten aber heute beim Versuch, den „ganzen" Kant zu verstehen, nicht übersehen werden. Gewiss war das antike Verständnis von Autonomie noch nicht wie das neuzeitliche auf „Selbstentfaltung" aus gewesen, sondern im Gegenteil eher auf Selbstverneinung.[23] Aber diese wurde doch eben auf der Basis des stoischen „Ineinander von Gott und Mensch"[24] ins Auge gefasst, welches das ethische Ideal der Freiheit[25] begründete. Kants Vernunft- oder modifizierter *Logos*-Glaube erschloss den theoretisch nach seinen eigenen Prämissen unerkennbaren Sachverhalt auf postulatorischem Weg durch die praktische Vernunft. Verstand schon der Stoiker „das Weltgesetz als das Gesetz seines eigenen Wesens"[26], so war es Kant „hinsichtlich des zentralen Begriffs der Freiheit darum zu tun, diesen strukturell ans Gesetz zu binden –: an ein Gesetz, dessen Apodiktik der des Naturgesetzes in nichts nachgibt. Das Gesetz ist der Obertitel von Natur *und* Freiheit, von empirischer wie intelligibler Welt."[27] Stoisch ist der Logos mit dem Nomos identisch und liegt so der *polis* Gottes zu-

22 Hier wollte Kant „Welt und Gott in einer einzigen Realität begründen" (Gerhardt: Kant, 337 f.). „Das unzweifelhaft Neue liegt in der Suche nach einem Prinzip, das als tätige, lebendige Kraft in Mensch *und* Natur wirksam ist", wobei Kant den antiken Begriff der „Weltseele" aufgreift (340). Vgl. auch *Burkhard Tuschling:* Metaphysische und transzendentale Dynamik in Kants opus postumum, Berlin/New York 1971; *Reiner Wimmer:* Kants kritische Religionsphilosophie, Kantstudien 124, Berlin/New York 1990, 230 ff.

23 Vgl. Vollenweider: Freiheit, 64.

24 Vollenweider: Freiheit, 98.

25 Vgl. *Rudolf Bultmann:* Das Urchristentum. Im Rahmen der antiken Religionen, (1949) Darmstadt [5]1986, 150. Kant bestreitet merkwürdigerweise einen stoischen Freiheitsbegriff (Rel 301).

26 Bultmann: Urchristentum, 147.

27 *Hartmut Böhme/Gernot Böhme:* Das Andere der Vernunft. Zur Entwicklung von Rationalitätsstrukturen am Beispiel Kants, Frankfurt/M. 1985, 339. „Gott ist in der *Kritik der praktischen Vernunft* der Titel ,der einzigen intellektuellen Anschauung', die das Ganze der raumzeitlichen endlosen Welt in seiner Angemessenheit zum Sittengesetz ad hoc *sieht*" (379). Kant, der Natur und Geistiges gleichermaßen unter den Begriff des theoretisch unzugänglichen „Dings an sich" stellte, sprach von der „Zusammenstimmung des Reichs der Natur mit dem Reich der Sitten" (KpV 280).

grunde;[28] bei Kant ist „der sich auf ein Gesetz gründende moralische Wunsch, das höchste Gut zu befördern", identisch mit dem, „das Reich Gottes zu uns zu bringen"[29]. Von daher hat für den Stoiker wie für Kant der Begriff der „Pflicht" einen zentralen moralischen Stellenwert.[30] Und gut stoisch empfindet Kant den Leib „als eine Last, von der der Geist frei zu werden strebt"[31]. Weitere auffällige Analogien werden später jeweils zur Sache zu benennen sein; sie dürften auf Grund des hier Dargelegten als solche umso mehr einleuchten.

Bereits zum 100. Todestag Kants hat Ernst Troeltsch zutreffend diagnostiziert: „Es ist der *Metaphysiker*, der eine gemeinsame Wurzel von Sinnlichkeit und Verstand, von Kausalität und Freiheit hypothetisch für wahrscheinlich hält und der, wo er vom Zwang der Methode frei ist, die Objekte so nimmt, als läge ihnen eine solche metaphysische Einheit zu Grunde."[32] Bedenkt man also die sublimen ontologischen[33] Dimensionen des

28 Vgl. Bultmann: Urchristentum, 148 f.

29 KpV 262. Bezeichnend ist aus theologischer Sicht, dass weder die Stoa noch Kant Gesetz und Freiheit so kritisch voneinander abheben können, wie *Paulus* das tut. Dass Kant den Stoizismus moralisch nahe ans Christentum heranrückt (vgl. z. B. Rel 709), hat mit Recht *Ernst Troeltsch* unterstrichen (Das Historische in Kants Religionsphilosophie. Zugleich ein Beitrag zu den Untersuchungen über Kants Philosophie der Geschichte, Berlin 1904, 89). Siehe ferner *Claus Dierksmeier:* Das Noumenon Religion. Eine Untersuchung zur Stellung der Religion im System der praktischen Philosophie Kants, Berlin 1998.

30 Vgl. Bultmann: Urchristentum, 149.

31 Bultmann (Urchristentum, 155) zur Stoa. Dabei legt die stoische Lehre wenig Wert auf ein persönliches Weiterleben nach dem Tod und ist vielmehr aufs Überindividuelle, Transpersonal-Kosmische ausgerichtet (vgl. Vollenweider: Freiheit, 74). Auch in dieser Hinsicht steht Kant der Stoa nahe: Nicht eine andere Welt werde sich der Seele jenseits des Todes auftun, sondern eine vom Sinnlichen zum Geistigen modifizierte Anschauung der einen, selbigen Welt – so *Kant* in seinen posthum publizierten „Vorlesungen über Metaphysik" (Erfurt 1821), 255–258. Von daher wendet sich der Philosoph gegen die christliche Auferstehungshoffnung (z. B. Rel Anm. 47); s. dazu den Beitrag von *Hans Schwarz* im vorliegenden Band.

32 Troeltsch: Religionsphilosophie, 118. Der Theologe sieht klar, dass bei Kant „nur eine kritische Verschleierung der in Wahrheit metaphysischen Position" vorliegt (127; vgl. 129).

33 Der Vorschlag aus der neueren Diskussion, an die Stelle der Rede von der Vernunft den ontologisch entzauberten Begriff der Rationalität zu rücken (vgl. *H. Schnädelbach* [Hg.], Rationalität. Philosophische Beiträge,

Kantschen Vernunft- und Autonomiekonzepts, dann erklärt sich, warum die so verstandene Vernunft zur Selbstaufklärung trotz ihres radikalen Ansatzes nur bedingt willens oder zuinnerst überhaupt in der Lage war. Das hatte wenig damit zu tun, dass Kant zu seiner Zeit noch kaum um die Geschichtlichkeit und soziokulturelle Pluralität von Vernunft[34] und Moral[35] wissen konnte, viel hingegen mit seiner eigenen, stillschweigend ontologisch untermalten Moralauffassung.

1.2 Das Prinzip des radikalen Bösen als Denkanstoß

Bevor Kant sich im letzten Jahrzehnt seines Philosophierens der Frage nach dem Bösen im Menschen zuwandte, hatte er sich mit der Antwort begnügt, das moralisch Böse lasse sich erklären durch die Gebundenheit des im Grunde vom Guten in die Pflicht genommenen Menschen an die Strukturen des Sinnlichen.[36] Er

Frankfurt/M. 1984, 8), zeugt von dem inzwischen deutlicheren Wissen um die idealistischen Implikationen des Kantschen Vernunftbegriffs (bes. *Philippe Grosos:* Philosophie et théologie de Kant à Schelling, Paris 1999; *Aloysius Winter:* Der andere Kant. Zur philosophischen Theologie Immanuel Kants, Hildesheim 2000).

34 Vgl. immerhin KrV 685. Wie *Max Seckler* unterstreicht, ist mittlerweile die „Geschichtlichkeit der philosophischen Vernunft, die keine starre und in diesem Sinn ‚ewige' Größe, sondern ein sich wandelndes und darin auch wachsendes Organ der Einsicht und der Verantwortung ist, deutlicher ins Bewußtsein getreten" (Aufklärung und Offenbarung, in: Christlicher Glaube in moderner Gesellschaft, Bd. 21, Freiburg i. Br. 1981, 8–78). Siehe auch *Ulrich Barth:* Art. Vernunft I., TRE 34 (2002), 738–768, bes. 755 ff.; Thiede, Auferstehung, 12 ff.

35 Dass das Moralgesetz im Lauf der Geschichte wandelbar ist, hat erst *Émilie Durkheim* (1858–1917) gezeigt: Es erweist sich als Funktion unterschiedlicher gesellschaftlicher Ordnungen bzw. historisch variabler Normensysteme. Entwicklungspsychologisch wird die Vielfalt moralischer Konzepte nachgewiesen von *Lawrence Kohlberg:* Moral Development and the Theory of Tragedy, in: ders.: Essays on Moral Development, Bd. 1, New York 1981, 373–401. Mit Recht unterstreicht *Kurt Hübner:* „Der Hinweis auf die unleugbare Historizität von Wertvorstellungen genügt aber, um Kants Formulierung des Sittengesetzes ins Wanken zu bringen" (Glaube und Denken. Dimensionen der Wirklichkeit, Tübingen 2001, 462).

36 Kant geht davon aus, dass der Mensch „sich eines guten Willens bewußt ist, der für seinen bösen Willen, als Gliedes der Sinnenwelt, nach seinem eigenen Geständnisse das Gesetz ausmacht, dessen Ansehen er kennt, indem er es übertritt" (Grundlegung, 91).

definierte: „Der Wille ist schlechterdings gut, der nicht böse sein, mithin dessen Maxime, wenn sie zu einem allgemeinen Gesetze gemacht wird, sich selbst niemals widerstreiten kann. [...] Der Wille, dessen Maximen notwendig mit den Gesetzen der Autonomie zusammenstimmen, ist ein *heiliger*, schlechterdings guter Wille"[37]. Dieses „Prinzip der Autonomie"[38] – analog zur stoischen Vorstellung vom vernünftigen Denken, das „nur seinem eigenen Gesetz" gehorcht und die Kraft hat, „das Begehren und Wollen zu leiten"[39] – warf allerdings die Frage auf, ob denn ein böser Wille etwa nicht autonom sei. Die „ungewollte systematische Konsequenz" wäre dann ja „die Entschuldung von nicht in Anerkenntnis dieser Gesetzesgeltung vollzogenen Taten als unfrei"[40]. Um diesen Schluss zu vermeiden, ergänzte Kant sein Autonomiekonzept durch die Integration der Lehre vom Hang zum radikalen Bösen in der menschlichen Natur.

Seine gesamte Argumentation im ersten Stück der von daher entwickelten „philosophischen Religionslehre" läuft immer wieder auf die systemimmanent stringente Erklärung hinaus, das „radikale Böse" als ein in der gesamten menschlichen Gattung anzutreffender Hang zum moralisch Bösen sei Resultat eines der theoretischen Vernunft unerforschlichen, weil intelligiblen, nicht unter den Bedingungen der sinnlichen Welt geschehenen Freiheitsaktes.[41] Verhielte es sich anders,

---

37 Grundlegung, 70 und 74. Impliziert ist, dass die Vernunft „ihre höchste praktische Bestimmung in der Gründung eines guten Willens erkennt" (22).

38 Gerade in der Religionsschrift entfaltet das Herzstück seiner Philosophie, „nämlich die Lehre von der menschlichen Autonomie..." (*Horst Renz:* Geschichtsgedanke und Christusfrage. Zur Christusanschauungs Kants und deren Fortbildung durch Hegel im Hinblick auf die allgemeine Funktion neuzeitlicher Theologie, Göttingen 1977, 30).

39 Bultmann: Urchristentum, 156.

40 *Birgit Recki:* Art. Kant, RGG⁴ Bd. 4, 2001, 779–784, hier 782.

41 Ein Kernzitat: „Es ist aber hier nur vom Hange zum eigentlich, d. i. zum moralisch Bösen die Rede; welches, da es nur als Bestimmung der freien Willkür möglich ist, diese aber als gut oder böse nur durch ihre Maximen beurteilt werden kann, in dem subjektiven Grunde der Möglichkeit der Abweichung der Maximen vom moralischen Gesetze bestehen muß, und, wenn dieser Hang als allgemein zum Menschen (also, als zum Charakter seiner Gattung) gehörig angenommen werden darf, ein natürlicher Hang des Menschen zum Bösen genannt werden wird" (Rel 676). Vgl. näherhin *Rita Koppers:* Zum Begriff des Bösen bei Kant, Pfaffenweiler 1986.

„könnte der Gebrauch oder Missbrauch der Willkür des Menschen in Ansehung des sittlichen Gesetzes ihm nicht zugerechnet werden, und das Gute oder Böse in ihm nicht moralisch heißen."[42] Der für seine Argumentation maßgebliche Gedanke der Zurechnung von Schuld beweist den indirekt heteronomen Charakter des Kantschen Moralbegriffs[43]:

Dieser „führt unumgänglich zur [. . .] Idee eines machthabenden moralischen Gesetzgebers außer dem Menschen"[44], begründet also eine aus theologischer Sicht „gesetzlich"[45] zu nennende, nämlich nicht von theonomer Erlösungsgewissheit bestimmte Perspektive. Kants Autonomiekonzept verdankt sich der im Gewissen unmittelbar zu erfahrenden unbedingten Geltung des moralisch schlechthin gebietenden Gesetzes: „Wäre dieses Gesetz nicht in uns gegeben, wir würden es, als ein solches, durch keine Vernunft herausklügeln, oder der Willkür anschwatzen: und doch ist dieses Gesetz das einzige, was uns der Unabhängigkeit unsrer Willkür von der Bestimmung durch alle andern Triebfedern (unsrer Freiheit) und hie-

42 Rel 667. „Allein das moralische Gesetz ist für sich selbst, im Urteile der Vernunft, Triebfeder, und, wer es zu seiner Maxime macht, ist moralisch gut" (Rel 670).

43 Auch der Gedanke an ein Wiedergutmachen von Schuld, wie ihn Kant noch 1802 geäußert haben soll (vgl. Vorländer: Kant, 324), gehört in die Vorstellungszusammenhang einer heteronomen Autonomie.

44 Rel 652. Für Kant besteht „alle Religion", also auch die von ihm propagierte Vernunftreligion, darin, „daß wir Gott für alle unsere Pflichten als den allgemein zu verehrenden Gesetzgeber ansehen" (763). Daraus erklärt sich auch, dass er die moralische Perspektive durch die „Maxime der Heiligkeit" (698), also *religiös* bestimmt sieht.

45 Im Blick auf Kant diagnostizieren das *Helmut Gollwitzer*: Von der Stellvertretung Gottes. Christliche Glaube in der Erfahrung der Verborgenheit Gottes, München 1967, 95; *Ulrich Asendorf*: Luther und Hegel. Untersuchungen zur Grundlegung einer neuen systematischen Theologie, Wiesbaden 1982, 182 f.; Hoping: Freiheit, 229. Vgl. thematisch *Wilfried Joest*: Gesetz und Freiheit, Göttingen 1951; *Albrecht Peters*: Gesetz und Evangelium, HST 2, Gütersloh [2]1994. Philosophisch erfasst Hübner (Glaube, 463 und 467) die Differenz Kants gegenüber der christlich-theonomen Orientierung an Gottes Liebe. Kant selbst versteht übrigens den Begriff „gesetzlich" ebenfalls im heteronomen Sinn pejorativ, doch hebt er von ihm nicht etwa theonom die Perspektive des Freispruchs ab, sondern autonom die Haltung des moralisch rein Pflichtbewussten, der den an niedrigeren Maximen Orientierten, nur äußerlich Tugendhaften übertrifft (Rel 697).

mit zugleich der Zurechnungsfähigkeit aller Handlungen bewußt macht."[46]

Angesichts dieser moralisch-gesetzlichen Bestimmung des
Gottesgedankens verblasst der Begriff des Weltenschöpfers, ja er
wird gerade vom Autonomiekonzept her für Kant immer fragli-
cher: „Es ist aber für unsere Vernunft schlechterdings unbegreif-
lich, wie Wesen zum freien Gebrauch ihrer Kräfte erschaffen sein
sollen; weil wir, nach dem Prinzip der Kausalität, einem Wesen,
das als hervorgebracht angenommen wird, keinen andern innern Grund seiner Handlungen beilegen können, als denjenigen,
welchen die hervorbringende Ursache in dasselbe gelegt hat,
durch welchen (mithin durch eine äußere Ursache) dann auch
jede Handlung desselben bestimmt, mithin dieses Wesen selbst
nicht frei sein würde. Also läßt sich die göttliche, heilige, mithin
bloß freie Wesen angehende Gesetzgebung mit dem Begriffe einer Schöpfung derselben durch unsere Vernunfteinsicht nicht
vereinbaren, sondern man muß jene schon als existierende freie
Wesen betrachten, welche nicht durch ihre Naturabhängigkeit,
vermöge ihrer Schöpfung, sondern durch eine bloß moralische,
nach Gesetzen der Freiheit mögliche Nötigung, d. i. eine Beru-
fung zur Bürgerschaft im göttlichen Staate bestimmt werden."[47]
Die praktische Vernunft votiert zwar für den Schöpferglauben,
sieht diesen aber freilich nicht als „geboten" an.[48] Das *Opus postumum* schließlich sieht Gott nur noch als das „Maximum" der
gesetzgebenden Gewalt, wobei ausdrücklich „kein Actives Ge-
genverhältnis von Gott und der Welt", vielmehr Gott von allen
„Lasten" der Erschaffung, Verwaltung und Erlösung der Welt
entbunden gedacht wird.[49]

---

46 Rel Anm. 8. Während *G. W. Leibniz* noch die theonom inspirierte Erkenntnis bewahrt, der Gott der Liebe wolle „nur, dass man ihn liebt" (Metaphysische Abhandlung [1686], in: Leibniz. Ausgewählt und vorgestellt
von Th. Leinkauf, München 1996, 147–192, hier 191), fällt Kant in die heteronome, „schon durch die Vernunft versicherte" Auffassung der Liebe Gottes zurück, die der Menschheit bloß konditional gelte, nämlich „sofern sie
seinem Willen nach allem ihrem Vermögen nachstrebt" (Rel 783). Dabei hält
er solch konditionales Denken von der Liebe Gottes für göttliche Weisheit
(813).

47 Rel 809 f. Vgl. Asendorf: Luther, 197. Der vorkritische Kant hatte weitaus positiver zum Schöpfungsgedanken gestanden.

48 Vgl. KpV 261, 273 und bes. 280.

49 Vgl. Kant's gesammelte Schriften (Akademie-Ausgabe, Berlin), Bd. 21, 35 f.

Es liegt in der inneren Konsequenz der Kantschen Transzendentalphilosophie, dass sie einerseits die ontologische „Heteronomie" zwischen Schöpfer und Schöpfung aus den Augen verliert bzw. am Ende negiert und andererseits die an deren Stelle tretende Autonomie heteronom beschreibt. An dieser moralischen Heteronomie arbeitet der späte Kant sich ab, weil sie sich ihm unter dem Gesichtspunkt des nicht zu leugnenden „radikalen Bösen" erst recht aufdrängt[50]: Die Religionsschrift von 1793 lässt sich nachgerade als der Versuch lesen, sein Autonomiekonzept angesichts des Phänomens moralischer Heteronomie doch noch durchzuhalten. Da er von der Allgemeinheit des Hanges zum Bösen in Analogie[51] zur christlichen Erbsündentheorie ausgeht, müsste er eigentlich die menschliche Freiheit selbst als heteronome Größe erfassen.[52] Doch er postuliert, „daß ein Keim des Guten, in seiner ganzen Reinigkeit übrig geblieben, nicht vertilgt oder verderbt werden konnte"[53]: Das sei jener autonome Kern, auf den er seine Erlösungstheorie gründet. Dieser Keim ist in sich als trotz allem frei im autonomen Sinn verstanden! Um seinetwillen erhält denn auch das „radikale Böse" keineswegs jenes Gewicht, das ihm dem Begriff nach zukommen könnte[54]: Es hindert die Autonomie nicht, ist im Ge-

---

50 Troeltsch vermerkt: Aus „der Erkenntnis des radikalen Bösen ergeben sich alle die über die blosse Moral hinausgehenden religiösen Gedanken, ebendamit aber auch ihre Coincidenz mit dem ewigen Wahrheitsgehalt des Christentums . . ." (Religionsphilosophie, 57). Ihr verdanke sich überhaupt die Vertiefung des Kantschen Religionsbegriffs (59).

51 Nicht in Übereinstimmung! Gleichwohl kann er zwecks Bestätigung seiner Theorie durchaus Paulus zitieren (688). Die traditionale, in der modernen Theologie nicht mehr vertretene Vorstellung einer konkreten Vererbung lehnt er ab (689). Als spekulativ kommt auch die alte Theorie vom Engelsturz nicht in Betracht – dabei könnte deren Reflexion gerade dazu dienlich sein, die Problematik der Annahme eines negativen Freiheitsvollzugs im Angesicht des Göttlichen deutlich zu machen.

52 Vgl. Hübner: Glaube, 475.

53 Rel 695.

54 Kant nennt das Böse ein radikales, weil es „den Grund aller Maximen verdirbt" (Rel 686), doch bei genauerem Hinsehen besteht es nur „in dem subjektiven Grunde der Möglichkeit der Abweichung der Maximen vom moralischen Gesetze" (676). Die Einführung des Gedankens eines Bösen gehört bloß „unter Kants Veranschaulichungsmittel. In ihm ‚realisiert' er die denkbar stärksten Einwände gegen die Freiheit, um deren Realität umso sicherer zu gewinnen" (Renz: Geschichtsgedanke, 45). Ist doch das radikale

genteil ein Ausdruck ihrer Wahlfreiheit[55] und führt allenfalls zu autonom weitestgehend zu bewältigenden Konsequenzen.

Diese Struktur einer *heteronomen Autonomie* auf der Basis der absoluten Geltung des Moralgesetzes zeichnet sich ab, als Kant sich mit dem *malum morale* beschäftigt. Sie ergibt sich stringent aus der dargelegten Vernachlässigung der Schöpfungsgedankens, von dem her nach Leibniz zu allererst das *malum metaphysicum* in den Blick zu kommen hätte: „Denn man muss bedenken, dass es in dem Geschöpfe eine ursprüngliche Unvollkommenheit giebt, und zwar vor der Sünde, weil das Geschöpf wesentlich beschränkt ist; daher kommt es, dass es nicht alles wissen, dass es sich irren und andere Fehler begehen kann."[56] Die aus der Differenz von Schöpfer und ihm gegenüber gesetztem Geschöpf resultierende ontologische Heteronomie geht demnach der moralischen als Ersturache[57] voraus! Der freie Wille ist gewissermaßen sekundär, verglichen mit der grundsätzlich gegebenen Heteronomie im Verhältnis des Menschen zum Schöpfer.[58] Man kann hier von *autonomer Heteronomie* sprechen: Gerade die aus dem Geschaffensein resultierende Autonomie gegenüber dem

Böse nur ein Moment der Entwicklung, dessen Ziel im Intelligiblen liegt (Troeltsch: Religionsphilosophie, 62).

55 Nach Kant *beginnt* die Geschichte der Freiheit mit dem Bösen, weil sie Menschenwerk ist. Im übrigen ist für ihn die Freiheit zwar „kein Geheimnis, weil ihr Erkenntnis jedermann mitgeteilt werden kann; der uns unerforschliche Grund dieser Eigenschaft aber ist ein Geheimnis, weil er uns zur Erkenntnis nicht gegeben ist" (Rel 805; ähnlich 811). So bleibt „für die Kantische Religionslehre die Freiheit zugleich das einzige Mysterium wie das einzige Erklärungsprinzip" *(Ernst Cassirer:* Kants Leben und Lehre, Berlin ²1921, 417).

56 *Gottfried Wilhelm Leibniz:* Die Theodicee. Übersetzt von J. H. von Kirchmann, Leipzig 1879, 113 f.

57 Leibniz erklärt, „dass der freie Wille die nächste Ursache für das Uebel der Schuld ist, und folgeweise auch für das Uebel der Strafe; obgleich es richtig ist, dass die ursprüngliche Unvollkommenheit der Geschöpfe, welche in den ewigen Gedanken Gottes vorgestellt ist, die erste und entfernteste Ursache davon ist" (Theodicee, 333). Vgl. *Ingolf U. Dalferth:* Übel als Schatten der Kontingenz. Vom Umgang der Vernunft mit Widervernünftigem und Übervernünftigem, in: ders./Philipp Stoellger (Hg.): Vernunft, Kontingenz und Gott. Konstellationen eines offenen Problems, Religion in philosophy and theology 1, Tübingen 2000, 117–170, bes. 159.

58 Paulus zufolge hat Gott „alle in den Ungehorsam hineingebannt, auf dass er sich aller erbarme" (Röm 11,32).

Schöpfer ist durch eine ontologische Gegenüber- und Entfremdungsstruktur als Bedingung ihrer Möglichkeit gekennzeichnet. Das Paradigma autonomer Heteronomie erlaubt ein Erfassen von zumindest relativer Willensunfreiheit[59] des Geschöpfes im Verhältnis zum Schöpfergott und dementsprechender Angewiesenheit auf Erlösung, die nicht allein das moralische Gebiet betrifft. So hat das Christentum neben der Sündenvergebung durch den Gekreuzigten immer auch schon die Fleischwerdung des Logos als göttliches Erlösungshandeln wahrgenommen, durch das die ontologische Heteronomie zwischen Schöpfer und Schöpfung zunächst singulär aufgehoben ist und von daher in der Hoffnungsperspektive universale Theonomie, nämlich Gottes Alles-in-allem-Sein[60] anvisiert wird. Demgegenüber erkauft sich das Paradigma heteronomer Autonomie sein Postulat bestehender Willensfreiheit mit dem grundsätzlichen Verzicht auf eine theonome Perspektive: Dem radikalen Bösen korrespondiert kein radikales Erlösungshandeln Gottes – weder im Blick aufs Individuum noch aufs Weltganze.

Hinzu kommt eine wesentliche Differenz im Vernunftverständnis. Das Bewusstsein autonomer Heteronomie erlaubt eine Vernunftkritik, die von der Einsicht in die Willensunfreiheit im Gottesverhältnis bestimmt ist, also in die Abhängigkeit der Vernunft vom entfremdeten menschlichen Herzen; von daher lassen sich Möglichkeit und Wirklichkeit korrupter Interessenleitung der Vernunft scharf ins Auge fassen.[61] Bezeichnenderweise spielt dieser Aspekt in Kants Religionsschrift kaum eine Rolle: Im Zeichen heteronomer Autonomie zögert der Philosoph trotz seiner Rede vom radikalen Bösen und vom „bösen Herzen" nicht, die Unbestechlichkeit der Vernunft[62] zu behaup-

59 Vgl. zu diesem Denken *Wolfgang Behnk:* Contra Liberum Arbitrium – Pro Gratia Dei. Willenslehre und Christuszeugnis bei Luther und ihre Interpretation durch die neuere Lutherforschung, Frankfurt/Bern 1982.

60 1Kor 15,28. Siehe *Jürgen Moltmann:* Das Kommen Gottes. Christliche Eschatologie, Gütersloh 1995, 297 ff.

61 Exemplarisch sei hier an *Martin Luthers* harte Rede von der „Hure Vernunft" erinnert. Vgl. *Bernhard Lohse:* Luthers Theologie, Göttingen 1995, 214 ff.; *Werner Otto:* Verborgene Gerechtigkeit. Luthers Gottesbegriff nach seiner Schrift „De servo arbitrio" als Antwort auf die Theodizeefrage, Frankfurt/M. 1998, 211 ff.

62 Vgl. Rel 686 und 733. Kant hält es für unmöglich, dass die Vernunft das Ansehen des Gesetzes in sich selbst vertilgen könne (683). Wie ist später

ten. Lediglich am Rande reflektiert er auf das Vorkommen einer Verdrossenheit der Vernunft, die „unter dem Vorwande des natürlichen Unvermögens allerlei unlautere Religionsideen" aufbietet.[63] Seine Kritik der reinen und der praktischen Vernunft hat deren Logik-Strukturen[64] im Blick und nur von daher das menschliche Herz,[65] das ihn wiederum primär als Sitz des Moralgesetzes interessiert.

Indem diese die Autonomie des Menschen charakterisierende Vernunft das ontologisch-heteronome Gegenüber des Schöpfers und Vollenders aus dem Bereich ihrer Zuständigkeit und ihres Interesses verbannt, hat sie auch unmittelbar nichts übrig für den Gedanken einer Geschichte, die sich zwischen Schöpfer und Menschheit abspielen könnte. Sie konstruiert Geschichte nach ihrem Wahrnehmungsinteresse: Dem Selbstverständnis des Menschen als eines vernünftigen Wesens trägt Kant dadurch Rechnung, dass alles Kontingente, Zufällige zurückbezogen wird auf die vor der Erfahrung liegenden, im Subjekt selbst beschlossenen Entscheidungsvermögen.[66] Hieraus

Nietzsche gegen den Gedanken einer moralischen Vernunft im Letzten aufgestanden (vgl. *Werner Thiede:* „Wer aber kennt meinen Gott?" Friedrich Nietzsches „Theologie" als Geheimnis seiner Philosophie, ZThK 98 [2001], 464–500)!

63 Rel 703. Kant wusste übrigens auch schon um so etwas wie eine unbewusste Vernunft, die latent wirkt und sich erst wachsend als Vernunft erfasst (vgl. Troeltsch: Religionsphilosophie, 119).

64 Die „reine" Vernunft ist im Übrigen seiner Einsicht nach immer nur in der fragmentierten Gestalt des jeweiligen „empirischen Charakters" realisiert (vgl. *Gerd Neuhaus:* Frömmigkeit der Theologie. Zur Logik der offenen Theodizeefrage [QD 202], Freiburg i. Br. 2003, 77; vgl. 132).

65 *Friedrich Schiller* hat bald nach dem Erscheinen von Kants Religionsschrift in einem kurzen Beitrag „Über die Grenzen der Vernunft" zu bedenken gegeben: Alle Aufklärung geht „gewissermaßen von dem Charakter aus, weil der Weg zu dem Kopf durch das Herz muß geöffnet werden" (Über die ästhetische Erziehung des Menschen, in: Die Horen I, 1795, 39–42, 8. Brief: Über die Grenzen der Vernunft). Moderne Humanwissenschaft differenziert: „Nicht das Herz, sondern unser vielfältig begabtes Gehirn ist es, das innerhalb seiner einzelnen kleinen Gehirne unterschiedliche Verstandenesebenen besitzt" (*Robert Ornstein/David Sobel:* Das Gehirn, Schlüssel zur Gesundheit, Freiburg i. Br. 1995, 195).

66 Kant schreibt die Bildung der Zeit der menschlichen Subjektivität, ja ihrer „produktiven Einbildungskraft" zu. Nach *Wolfhart Pannenberg* tritt damit das menschliche Ich an die Stelle der in der Metaphysik von Gott eingenommenen Position, und dafür muss es selbst als zeitlos, ewig gedacht

folgt eine a priori gegebene Relativierung alles Geschichtlichen gegenüber den immer und überall geltenden Vernunftstrukturen. So hält Kant die „zufällige Glaubenslehre für außerwesentlich, darum aber doch nicht für unnötig und überflüssig"[67]. Für außerwesentlich – denn Religion ist im Grunde „eine reine Vernunftsache", und „der Glaube an einen bloßen Geschichtssatz ist tot an ihm selber"[68]. Für doch nicht unnötig – denn der Glaube kann *ergänzend* dem Mangel an theoretischen Vernunftaussagen etwa über den Ursprung des Bösen abhelfen.

Was Kant als „natürliche Religion"[69] propagiert, versteht er also keineswegs als bloßes Gegenüber zur geschichtlichen Offenbarungsreligion; vielmehr deutet er beide Religionsformen in der Vorrede zur 2. Auflage seiner Religionsschrift als konzentrische Kreise, deren Zentrum freilich wiederum die ungeschichtliche Vernunft bildet. Denn der historisch gewordene „Kirchenglaube hat zu seinem höchsten Ausleger den reinen Religionsglauben"[70]. Schon über ein Jahrhundert vor Kant hatte der Deist Herbert von Cherbury gefordert, die Vernunft als Organ der Verantwortung müsse auch das Kontrollinstrument gegenüber jedem Offenbarungsglauben sein.[71] Kant, dessen Denken den „Höhepunkt der Aufklärung"[72] markiert, hat dieses Programm auf höchstem Niveau realisiert und weiterentwickelt. Ihm ist es zu keinem Zeitpunkt um die Zerstörung des christlichen Glau-

---

werden – eine sich selbst absolut setzende Endlichkeit (Theologie und Philosophie. Ihr Verhältnis im Lichte ihrer gemeinsamen Geschichte, Göttingen 1996, 187 f.)!

67 *Immanuel Kant:* Der Streit der Fakultäten (1798), in: Sämtliche Werke Bd. 4, 377–457, hier 380. Diese Spätschrift Kants ist als Manuskript wahrscheinlich bereits 1794, also in großer zeitlicher Nähe zur Religionsschrift abgefasst und nur aus Gründen der Zensur zunächst zurückgehalten worden (vgl. *Manfred Kühn:* Kant. Eine Biographie, [2001] München 2003, 441).

68 Kant, Streit, 422 f.

69 Streit, 380.

70 Rel 770.

71 „Den christlichen Glauben in seiner Positivität zu zerstören war das erklärte Ziel der Aufklärung des 17. und 18. Jahrhunderts … Es gehörte vielfach zu ihren erklärten Zielen, den vorgefundenen Offenbarungsglauben oder zumindest bestimmte Elemente dieses Glaubens wenn nicht zu eliminieren, so doch auf eine Religion innerhalb der Grenzen der bloßen Vernunft zu reduzieren und damit unter ihre Kontrolle zu bringen" (Seckler: Aufklärung, 8).

72 Recki: Kant, 779.

bens, sondern um dessen zunehmende und langfristig vollständige Uminterpretation zwecks Ein- und Unterordnung unter die
Herrschaft des autonomen Vernunftkonzepts gegangen.[73] Das
deistische Schema hat er insofern überholt, als er geschichtlich
gewachsene Religion als notwendiges „Vehikel" natürlicher Religion in seine Perspektive integriert hat.[74] Von daher erklärt sich
auch, dass er nicht eine rein abstrakte Religion *aus* bloßer Vernunft, sondern Religion unter Berücksichtigung ihres realen, geschichtlichen Vorhandenseins *innerhalb* der Grenzen bloßer Vernunft zu reflektieren versucht hat.[75] Gleichwohl bleibt bei ihm
gegenüber aller Geschichte eine „Sprödigkeit" bestehen, „die alle Durchsetzung der Idee in der Geschichte bestenfalls immer
nur als Anregungs- und Veranschaulichungsmittel für die Ent-
bindung des reinen Vernunftglaubens im Subjekt würdigt, bei
der aber niemals die Idee in der Geschichte so stark und kennbar
hervortreten kann, dass sie dem Individuum tragender Grund
und zeugende Kraft werden könnte."[76]

Deshalb ist mit dem Theologen Wolfgang Trillhaas zu konsta-
tieren, „daß sich die Religion in dieser Kantischen Deutung nicht
wiederzuerkennen vermag. Das, was Kant der Religion hier als

73 Darin sah Kant nichts Antireligiöses, sondern im Gegenteil eine Reini-
gung der Religion; denn für ihn war – es sei an das oben Gesagte über seinen
inneren Bezug zur Stoa erinnert – „die Vernunft noch als Organ einer au-
thentischen göttlichen Offenbarung denkbar" (Seckler: Aufklärung, 72).

74 „Aus der Vernunftreligion ist bei Kant eine Rechtfertigung des religiösen Glaubens als einer zu Recht bestehenden Form des Fürwahrhaltens neben dem theoretischen Erkennen geworden" (*Ernst von Aster:* Geschichte
der Philosophie, Stuttgart [12]1956, 290). – Troeltsch (Religionsphilosophie,
42 f., 45 und 55 f.) erkennt zwar an, dass Kant einen Übergang zur historischen, empirischen Religionsgemeinschaft im Blick hat, deutet dies aber
lediglich als Kompromiss oder Koalitionsversuch im Blick auf die Zensur.

75 Dass diese Unterscheidung Kants in der Vorrede zum „Streit der Fakultäten" (1798) von ihm selbst nicht mehr realisierte Möglichkeiten wech-
selseitiger Herausforderung von Vernunft und Offenbarungsglauben enthalte, meint *Rudolf Langthaler:* Gottvermissen. Eine theologische Kritik der
reinen Vernunft, Regensburg 2000, 63 ff.

76 Troeltsch: Religionsphilosophie, 7. „Der Mensch hat das Intelligible nur
im eigenen Selbst und nicht im fremden, das vielmehr Erscheinung bleibt,
und darum ist bei aller relativen Würdigung der Geschichte das Individuum doch gegen die Geschichte und gegen den in ihr wirkenden Geist
abgesperrt ..." (ebd.). Es bleibt so bei Kant dabei, „dass die faktische His-
torie nicht aus dem Bereich der apriorischen Rationalität heraustritt" (*Gerd
Irrlitz:* Kant-Handbuch. Leben und Werk, Stuttgart 2002, 387).

ihren Wesenskern zudiktiert, das kann keine positive Religion als ihr Eigentümliches anerkennen."[77] Mitunter hat man von theologischer Seite auch versucht, Kants Haltung zur (Religions-)Geschichte mit der eigenen Perspektive zu versöhnen: Bestimmt der Königsberger Philosoph nicht den Begriff von Geschichte so, dass in ihr eine Vorstellungsform sich durchbildet, „in der Urbild und Wirklichkeit vernünftig eins sind"[78]? Lassen sich natürliche und geschichtliche Religion nicht im Verhältnis von Prinzip und Durchführung verstehen?[79] Stellt nicht gar Kants Geschichtsphilosophie „im Großen ganz unverkennbar eine teleologisch-evolutionistische Metaphysik" dar, zu deren Gunsten zu bedenken ist, dass ja die Denkformen der Vernunft selbst erst im Lauf der Welt aus der sich im geschichtlichen Geschehen zunehmend erfassenden Vernunft hervorgehen?[80] In diese Richtung haben freilich eher Schleiermacher und Schelling als Kant gedacht, bei dem allerdings Ansätze dafür gefunden werden können. Wie dem auch sei – selbst eine evolutionistische Metaphysik müsste sich daraufhin befragen lassen, ob ihr Vernunfts- und Geschichtsverständnis im Paradigma der Autonomie beheimatet ist: Davon könnte abhängen, ob Vernunft in den Dimensionen des Leiblich-Geschichtlichen Neuem, Anderem zu begegnen offen ist, das sie sich nicht selber sagen kann. Beweist sie eine solche Offenheit, bedeutet das eine womöglich fundamentale (Selbst-)Kritik des Autonomiekonzepts; denn sie rechnet dann damit, dass im Namen „Gottes – falls er denn mehr ist als ein bloß ausgedachtes Postulat – das Geschäft ihrer eigenen Kritik weitergeht."[81] Von daher eröffnet sich ein Gegenüber, das

77 *Wolfgang Trillhaas:* Religionsphilosophie, Berlin 1972, 27. Troeltsch warnt: „Allein der kritische Kanon wird im Handumdrehen zum Gegensatz gegen alle empirische Religion. Er wird zur Vernunftreligion, im Vergleich mit der alles andere größerer oder geringerer Aberglaube ist . . ." (Religionsphilosophie, 125 f.).

78 Renz: Geschichtsglaube, 53.

79 Renz: Geschichtsglaube, 54; vgl. auch 58.

80 Troeltsch: Religionsphilosophie, 127. Es ist nach Troeltsch die Lehre vom radikalen Bösen, die Kants Denken über den ursprünglichen Transzendentalismus weit hinausführt, indem sie mit „Sündenfall" und „Wiedergeburt" (s. u.) so etwas wie *Geschichte* auf dem Gebiet des Intelligiblen anvisiert (59). Aber solches Geschehen steht doch nach Kants Überzeugung außerhalb der Zeit und damit der irdischen Geschichte.

81 Neuhaus: Frömmigkeit, 81. Denn „die Offenbarung ihrerseits emp-

nicht einseitig durch Kritik „der"[82] Vernunft bzw. eines ja doch konstruierten[83] *Vernunftglaubens* am Glauben geschichtlicher Religion bestimmt ist, sondern auch umgekehrt eine ihrerseits kritikfähige[84] *Glaubensvernunft* kennt. Rechtfertigt sich nicht erst kraft solch „religiöser Vernunft"[85] der Vernunftbegriff im Sinne von Vernehmen-Können des wirklich Anderen?

2. Die Aporetik des Autonomiekonzepts im Licht der Erlösungsfrage

2.1 Gnade als Beihilfe?

Nicht nur den Schritt des Menschen in die Fänge des „radikalen Bösen", sondern in ausdrücklicher Analogie dazu auch den Schritt aus diesen Fängen heraus begreift Kant als einmaligen

fiehlt sich als die ‚wahre Aufklärung', die selbst die Vernunft zur Erlösung bringt" (Seckler: Aufklärung, 9).

82 *Wolfhart Pannenberg* hat recht: „Genauer besehen ist ‚die Vernunft' keineswegs eine einheitlich bestimmte Instanz" (Glaube und Vernunft, in: *ders.*: Grundfragen systematischer Theologie. Gesammelte Aufsätze, Göttingen 1967, 237–251, 244).

83 Kant geht „mit der Verwendung überlieferter dogmatischer Vorstellungen weit über dasjenige hinaus, was als rein logische Konsequenz aus seiner theoretischen und praktischen Philosophie hätte abgeleitet werden können" *(Wilhelm Windelband:* Lehrbuch der Geschichte der Philosophie, hg. v. H. Heimsoeth, Tübingen [15]1957, 478).

84 *Paulus* spricht von der für Christus „gefangengeführten Vernunft" (2Kor 10,4 f.), als deren Subjekt die göttliche Weisheit gelten muss (vgl. seine kreuzestheologische Kritik jüdischer [heteronomer] und griechischer [autonomer] Weisheit im Zeichen theonom bestimmter Weisheit in 1Kor 1,22 ff.).

85 Vgl. *Thomas Rentsch*: Religiöse Vernunft: Kritik und Rekonstruktion. Systematische Religionsphilosophie als Kritische hermeneutische, in: H.-J. Höhn (Hg.), Krise der Immanenz. Religionen an den Grenzen der Moderne, Frankfurt/M. 1996, 235–262. Man höre gegen *Kant:* „Religion ist nicht Moral, religiöse Sätze sind keine ethischen Sätze" (252). Dass die Vernunft des Glaubenden bereits Luther hochgehalten hat, betont Asendorf: Luther, 177 und 199. Und *Karl Barth* unterstreicht: „Die theologischen Sätze sind jedenfalls auch *vernünftige* Sätze" (Die protestantische Theologie im 19. Jahrhundert, Bd. 1, [1946] Hamburg 1975, 232; vgl. auch 243). Das gilt ungeachtet dessen, dass sich Glaubensvernunft strukturell noch weniger eindeutig wird bestimmen lassen als ein vermeintlich festzumachender Vernunftglaube.

Freiheitsakt im Intelligiblen. Er beginnt den betreffenden Argumentationsgang in seiner Religionsschrift wieder im Zeichen des Zurechnungsgedankens: „Was der Mensch im moralischen Sinne ist, oder werden soll, gut oder böse, dazu muß er sich selbst machen, oder gemacht haben. Beides muß eine Wirkung seiner freien Willkür sein; denn sonst könnte es ihm nicht zugerechnet werden ...“[86] Solche Autonomie erweist sich damit erneut als heteronom gefärbt, insofern ihre innere Logik von den Kategorien der Schuld einerseits und des Verdienstes andererseits geprägt ist – nämlich im Gegenüber zu dem ihre Freiheit konstituierenden Moralgesetz bzw. zu dem dahinter vernünftig zu glaubenden Gesetzgeber. Richtet sich der Mensch zuinnerst nach dessen Maximen aus, so wird es möglich, „daß ihm das Gute zugerechnet, und er für einen guten Menschen erkannt werde.“[87]

Wer mag das hier unausgesprochene Subjekt sein, das eine derartige (An–)Erkenntnis ausspricht oder vollzieht? Kants Passivformulierung schließt die Deutung auf ein allgemeines Publikum im Grunde aus: Stellt doch dies Gutwerden bzw. Gutsein einen der Sphäre des Intelligiblen angehörenden und einzig von Gott[88] gültig zu bewertenden Sachverhalt dar! Es basiert auf einem freien Selbstbestimmungsakt, welcher sich dem Zugang theoretischer Vernunft bzw. direkter Empirik entzieht, so dass er ebenso schlechthin unerforschlich bleibt wie der vorausgegangene „Fall“! Offenbar kommt bei obiger Passivformulierung also der göttliche Garant des Moralgesetzes ins Spiel.

Diese Annahme bestätigt sich im Folgenden, und zwar bereits dort, wo Kant im selben Kontext hypothetisch auf eine „übernatürliche Mitwirkung“ im Sinne eines „positiven Beistands“ reflektiert. Er berücksichtigt damit zum einen das Reden des Kirchenglaubens von der erlösenden Gnade Gottes. Dass er dabei auf die hier vorliegenden konfessionellen Differenzen kaum eigens eingehen zu müssen meint,[89] liegt daran,

---

86 Rel 694. Kant wiederholt: Der Mensch macht es selbst, „daß er gut oder böse wird“ (ebd.).

87 Rel 695. Nächste Zitate ebd.

88 Die gebesserte Gesinnung kennt „Gott allein“ (Rel 731).

89 Seine philosophische „Gnadenlehre“ steht strukturell durchweg der römisch-katholischen näher als der protestantischen (so mit konfessionskundlichem Recht bereits Barth: Protestantische Theologie, 252; vgl. auch

dass er zum andern so etwas wie einen natürlich-religiösen Gnadenbegriff anvisiert.[90] Was er im Binnenraum des Autonomieparadigmas, sprich: des postulierenden Vernunftglaubens an Heteronomie in Sachen göttlicher Gesetzgebung zugelassen hatte, das konzediert er nun auch in Sachen göttlicher Gnade. Doch er beeilt sich, kein Missverständnis aufkommen zu lassen: Solche Heteronomie bleibt wirklich eingefasst in lauter Autonomie! Was zunächst wie eine Infragestellung autonomen Selbermachens von Freiheit aussehen mag, weil übernatürliche Einwirkung ins Spiel kommt, wird erstens auf bloße *Mit*wirkung von göttlicher Seite reduziert und zweitens hintangestellt gegenüber dem *Vorher*-sich-würdig-Machen des Menschen, welcher drittens „diese Beihilfe *annehmen*" muss, was seinerseits „nichts Geringes", also einen gewichtigen Faktor des hypothetisch ins Auge gefassten Heilsgeschehens darstellt. Es kümmert Kant nicht, dass er sich hier zumindest mit dem protestantischen Gnadenverständnis völlig überwirft.[91] Wichtig ist ihm allein, dass der religiöse Gnadengedanke, pauschal angeschaut, mit entschlossenem Griff ins philosophische Autonomiekonzept integriert wird – sofern er sich dem Vernunftglauben überhaupt zu bedenken gibt.

Zunächst nämlich haben Kants Überlegungen „von der Wiederherstellung der ursprüngliche Anlage zum Guten in ihre Kraft"[92] jene Hypothese gar nicht einmal nötig: Gnadenwirkun-

248). Insofern ist es mehr als gewagt, wenn ihn namentlich kulturprotestantisch orientierte Theologen (z. B. anlässlich seines 100. Todestages *Julius Kaftan*) gern als einen „maßgeblichen Theoretiker" bzw. „Philosophen des Protestantismus" eingestuft haben. Die Problematik dieses Ansinnens sollte sich spätestens seit der Studie von *Werner Schultz* über „Kant als Philosoph des Protestantismus" (Hamburg-Bergstedt 1960) herumgesprochen haben; vgl. auch Asendorf: Luther, 176 ff.

90 Troeltsch erklärt: Kants Gnadenzuversicht „hat mit dem Christentum nur insofern und in dem Masse zu thun, als dieses mit der reinen Vernunftreligion identisch ist. Aus dem Glauben an einen heiligen und gütigen Gesetzgeber folgt überall der Glaube an dessen Bereitschaft zur Sündenvergebung von selbst" (Religionsphilosophie, 69).

91 Vgl. Winter: Kant, 1–47; 420 und 430. Dass Kant „den Ansatz der lutherischen Reformation zu Gunsten einer aufklärerischen Moral verlassen hat", betont auch Asendorf: Luther, 180.

92 So der Titel der „Allgemeinen Anmerkung" am Ende des Ersten Stücks der philosophischen Religionslehre, das der „Einwohnung des bösen Prinzips neben dem guten" gewidmet ist.

gen oder -mittel gelten lediglich als „Nebengeschäfte", „Beiwerk" oder „Parerga"[93] des Vernunftglaubens, dessen Binnenraum sie nicht betreffen. Für diesen ist vielmehr autonomes „Wiederaufstehen aus dem Bösen zum Guten" anzunehmen. Doch wie es „möglich sei, daß ein natürlicherweise böser Mensch sich selbst zum guten Menschen mache, das übersteigt alle unsere Begriffe" – es handelt sich offenbar um etwas höchst Irrationales! Kant lässt dies so stehen; er spürt nicht etwa näheren Auskünften der Glaubensvernunft nach, sondern beeilt sich, einer Problemlösung praktisch-vernünftig näher zu kommen: Man dürfe, nachdem der seinerseits unbegreifliche Fall vom Guten ins Böse offenkundig möglich gewesen sei, keinesfalls die prinzipielle Möglichkeit einer ebenso freiheitsbedingten Selbsterhebung aus dem Bösen bestreiten. „Denn, ungeachtet jenes Abfalls, erschallt doch das Gebot: wir *sollen* bessere Menschen werden, unvermindert in unserer Seele; folglich müssen wir es auch *können* . . ."[94] Indes – an dieser Stelle zeigt sich, dass die Rechnung völliger Selbstbefreiungsautonomie im Binnenraum des Vernunftglaubens nicht aufgeht. Denn Kant fährt im Satz noch fort: „[. . .] sollte auch das, was wir tun können, für sich allein unzureichend sein, und wir uns dadurch nur eines für uns unerforschlichen höheren Beistandes empfänglich machen." Dass Kant hier erneut über die Grenzen der bloßen Vernunft hinausblickt auf das hypothetische Gebiet der Gnadenwirkungen, ist offenkundig mehr als ein Zugeständnis an die geschichtliche Religion, nämlich ein Gespür für das, was der Theologie als die Differenz von Gesetz und Evangelium geläufig ist: Das Gebot des Sollens zielt nicht nur auf relative Besserung, sondern stellt eine letztlich unerfüllbare Forderung auf, angesichts derer letztlich nur ein Verwiesensein auf Gnade bleibt. Umso mehr

---

93 „Diese sind gleichsam Parerga der Religion innerhalb der Grenzen der reinen Vernunft; sie gehören nicht innerhalb dieselben, aber stoßen doch an sie an. Die Vernunft im Bewußtsein ihres Unvermögens, ihrem moralischen Bedürfnis ein Genüge zu tun, dehnt sich bis zu überschwenglichen Ideen aus, die jenen Mangel ergänzen könnten, ohne sie doch als einen erweiterten Besitz sich zuzueignen. Sie bestreitet nicht die Möglichkeit oder Wirklichkeit der Gegenstände derselben, aber kann sie nur nicht in ihre Maximen zu denken und zu handeln aufnehmen" (Rel Anm 19).
94 Rel 695, vgl. 702 u.ö. (Hervorhebungen immer im Original, wenn nicht anders vermerkt).

kommt es darauf an, wie der Philosoph die auf Transzendentes weisende Relation, die sich hier auftut, in seine auf Erhalt des Autonomie-Schemas bedachte Reflexion einbezieht.

Es zeigt sich nun, dass Kant geschickt verfährt, indem er vom autonomen Posten aus mit gutem Recht heteronome Gnadenvorstellungen abschießt: Wenn „ein unerschöpflicher Fonds zur Abzahlung gemachter oder noch zu machender Schulden schon vorhanden ist, da man nur hinlangen darf (und bei allen Ansprüchen, die das Gewissen tut, auch ohne Zweifel zu allererst hinlangen wird), um sich schuldenfrei zu machen, indessen daß der Vorsatz des guten Lebenswandels, bis man wegen jener allererst im Reinen ist, ausgesetzt werden kann: so kann man sich nicht leicht andre Folgen eines solchen Glaubens denken"[95]. Die Fortsetzung seiner Ausführungen gilt dem theonomen Aspekt: „Würde aber sogar dieser Glaube selbst so vorgestellt, als ob er eine so besondere Kraft und einen solchen mystischen (oder magischen) Einfluß habe, daß, ob er zwar, so viel wir wissen, für bloß historisch gehalten werden sollte, er doch, wenn man ihm, und den damit verbundenen Gefühlen, nachhängt, den ganzen Menschen von Grunde aus zu bessern (einen neuen Menschen aus ihm zu machen) im Stande sei: so müßte dieser Glaube selbst als unmittelbar vom Himmel (mit und unter dem historischen Glauben) erteilt und eingegeben angesehen werden ..." Hiermit möchte der Autonomie-Denker das Gnadenverständnis der Reformation treffen, demzufolge allein der Glaube – nämlich der an den von Gott der Menschheit zum Heil gesandten Retter – unabhängig von den gesetzlich zu beurteilenden Taten in den Stand der vor Gott geltenden Gerechtigkeit versetzt. Dass dieser Glaube im theonomen Paradigma sehr wohl als bedingungsfreie und gerade deshalb ersprießliche Quelle guter Taten verstanden wird,[96] beschreibt Kant zutreffend, ohne im Rahmen des von ihm vertretenen „transzendentalen Egoismus"[97] einen Sensus für die Logik solch relational orientierter Glaubensvernunft zu beweisen. Vielmehr urteilt er rigoros, es sei „gar nicht einzusehen, wie ein vernünftiger Mensch, der sich strafschuldig weiß, im Ernst glauben

---

95 Rel 784 f. Weiteres bei Winter: Kant, 18 f.

96 Vgl. z. B. *Carl-Heinz Ratschow:* Jesus Christus, HST 5, Gütersloh 1982, 34 ff.

97 Vgl. Gerhardt: Kant, 20 und 346.

könne, er habe nur nötig, [...] zu glauben, [...] um seine Schuld
als getilgt anzusehen, und zwar dermaßen (mit der Wurzel sogar), daß auch fürs künftige ein guter Lebenswandel, um den
er sich bisher nicht die mindeste Mühe gegeben hat, von diesem
Glauben und der Akzeptation der angebotenen Wohltat, die un-
ausbleibliche Folge sein werde."[98] Damit spricht der Philosoph
theonomer Glaubenslehre jede Vernunft ab. Noch im Schluss-
satz seiner Religionsschrift bekräftigt er, „daß es nicht der rechte
Weg sei, von der Begnadigung zur Tugend, sondern vielmehr
von der Tugend zur Begnadigung fortzuschreiten."[99] Doch der
Kontext zeigt, dass hier Theonomie nur als ihr heteronomes
Zerrbild, also karikiert anvisiert bzw. entsprechend missverstanden ist – als wäre die Logik ihrer Glaubensvernunft Kant
schier unzugänglich!

Dass theologisch nicht nur die unbedingte Gnade, sondern
auch der Glaube selbst als Geschenk anzusehen ist, um nicht
seinerseits als ein gesetzlich gefordertes Werk missverstanden
zu werden, ist aber in der Tat im Theonomiekonzept stringent
– und daher mitnichten, wie Kant polemisch meint, „etwas, wo-
rüber er seiner Vernunft weiter keine Rechenschaft zu geben
nötig hat"[100]. Die Gabe des Glaubens lässt sich von der in ihm
selbst sich bekundenden Gegenwart des Geglaubten her[101] und
insofern als ausgesprochene Gnadenerfahrung deuten, die übrigens keineswegs mit Notwendigkeit in eine dualistische Er-
wählungslehre münden muss. Mit Recht diagnostiziert Kant im
Blick auf ein solches Dogma göttlicher Prädestination bei den
Reformatoren ein heteronomes Element,[102] was er als willkom-
menen Schachzug aus autonomer Pose nutzt. Nur tut das Argument im Gesamtzusammenhang wenig zur Sache, weil es
wie gesagt eine in *dieser* Gestalt verzichtbare Lehre betrifft.
Wichtiger als der Aspekt, dass Gott am Anfang der Schöpfung
eine bestimmte Wahl getroffen haben könnte, ist fürs protestantische Rechtfertigungsverständnis der Blick aufs Ende der Welt,

98 Rel 779.
99 Rel 879.
100 Rel 779.
101 So kann Luther sagen: „In ipsa fide Christus adest" (WA 40 I, 229, 15).
Ratschow betont: „Diese Einheit des Glaubens mit seinem Gegenstande gehört zur Grundorientierung Luthers ..." (Jesus, 29).
102 Kant spricht von einem „salto mortale der menschlichen Vernunft" (Rel
784).

genauer: aufs Endgericht, dessen positiven Ausgang der oder
die an Jesus Christus Glaubende für sich antizipieren darf. „Der
Akt des Glaubens [. . .] ist ein eschatologisch ausgerichteter Akt,
ist der Lauf aus der Zeit in die Ewigkeit"[103] – diese geistige Pro-
lepse bildet die Pointe lutherischen Rechtfertigungsglaubens.
Dass sie philosophisch von Kant nicht einholbar ist[104], versteht
sich von selbst. Ihm bleibt in der Gnadenfrage lediglich die Haltung schlichter Hoffnung, welche ihrem Gegenstand gegenüber
in autonomer Zuversicht und doch in einer letzten, insofern heteronom gefärbten Ungewissheit[105] verharrt.

Auf dieses vage-optimistische *Hoffen*, das sich in seiner Bläs-
se von möglicher Heilsgewissheit auf dem Feld der Glaubensvernunft dezidiert abhebt,[106] läuft es im Schema heteronomer
Autonomie bei allen Reflexionsversuchen zum Erlösungsprob-
lem hinaus. Das ist der Fall, wenn Kant göttliche Gnadenein-
wirkung vom vorausgehend gebesserten Lebenswandel bedingt wissen will, durch den er Hoffnung auf ein „höheres
Verdienst" haben zu dürfen meint,[107] ferner wenn es um das

103 *Edmund Schlink:* Theologie der lutherischen Bekenntnisschriften, München ²1947, 368. „Christum haben, das ist ein eschatologischer Vorgang für
den Christen", betont *Gerhard Müller:* Luthers Christusverständnis, in: H.
Graß/W. G. Kümmel (Hg.), Jesus Christus. Das Christusverständnis im
Wandel der Zeiten, Marburg 1963, 41–58, hier 56. Die bilaterale „Gemeinsame Erklärung zur Rechtfertigungslehre" vom 31. 10. 1999 verdankt sich der
Vernachlässigung gerade dieses Aspekts.
104 Dass also „Kants Religionsphilosophie eine rechtfertigende Gnade im
christlichen Sinne nicht kennt", vermerkt Hoping: Freiheit, 208.
105 Solche Ungewissheit betont Kant, zumal eine heteronom verstandene
Gnade im Autonomiekonzept am Ende doch wieder leicht den Charakter
des Überflüssigen gewinnen kann: Es sei „sehr ungewiß, ob Gott es seiner
Weisheit gemäß finden werde, unsern (selbstverschuldeten) Mangel über-
natürlicher Weise zu ergänzen, daß man eher Ursache hat, das Gegenteil zu
erwarten" (Rel Anm. 74). Demgegenüber anerkennt er eine moralische Gewissheit (KrV 693 f.).
106 Kant meint ausdrücklich „Hoffnung, nicht als Gewißheit" (Rel 731).
Mithin „kann von einer Lösung des Problems der Heilsgewißheit in den
Grenzen der reinen Vernunft kaum die Rede sein" (Hoping: Freiheit, 220).
107 Rel 780. Mit antiprotestantischer Spitze formuliert *Kant:* „Wir können
sicher nicht anders hoffen, der Zueignung selbst eines fremden genugtuenden Verdienstes, und so der Seligkeit teilhaftig zu werden, als wenn wir uns
dazu durch unsere Bestrebung in Befolgung jeder Menschenpflicht qualifi-
zieren, welche letztere die Wirkung unserer eignen Bearbeitung, und nicht
wiederum ein fremder Einfluß sein muß, dabei wir passiv sind. Denn da

Erhoffen gnädiger Zudeckung von Unvollkommenheiten des eigenen Bemühens geht,[108] und natürlich auch dann, wenn unter die beiden Konditionen der „Hoffnung der Seligkeit" als die eine das gerechnet wird, „was er selber tun kann und soll"[109]. Von diesen beiden Konditionen ist aber nun die andere die „in Ansehung dessen, was er selbst nicht tun kann, nämlich seine geschehene Handlungen rechtlich (vor einem göttlichen Richter) ungeschehen zu machen . . ." Hier handelt es sich um den Glauben „an eine Genugtuung (Bezahlung für seine Schuld, Erlösung, Versöhnung mit Gott)"! Damit ist Kant im dritten Stück seiner philosophischen Religionslehre so weit, dass er den am Ende des ersten Stücks zunächst rein autonom gefassten, alsbald aber hypothetisch im Modus heteronomer Autonomie geöffneten Erlösungsbegriff nun entschlossener in den Blick nimmt. Am Ende des dritten Stücks lautet eine analoge Überlegung: „Weil der Mensch die mit der reinen moralischen Gesinnung, unzertrennlich verbundene Idee des höchsten Guts (nicht allein von Seiten der dazu gehörigen Glückseligkeit, sondern auch der notwendigen Vereinigung der Menschen zu dem ganzen Zweck) nicht selbst realisieren kann, gleichwohl aber darauf hinzuwirken in sich Pflicht antrifft, so findet er sich zum Glauben an die Mitwirkung oder Veranstaltung eines moralischen Weltherrschers hingezogen, wodurch dieser Zweck allein möglich ist, und nun eröffnet

das letztere Gebot unbedingt ist, so ist es auch notwendig, daß der Mensch es seinem Glauben als Maxime unterlege, daß er nämlich von der Besserung des Lebens anfange, als der obersten Bedingung, unter der allein ein seligmachender Glaube statt finden kann" (781; vgl. ferner 810 f.). Immerhin scheint hier die „Zueignung selbst eines fremden genugtuenden Verdienstes" nicht völlig ausgeschlossen zu sein, worauf bereits *Kuno Fischer* Wert legt (Immanuel Kant und seine Lehre, Heidelberg 1898, Bd. 2, 343). Tatsächlich räumt Kant ein, eine stellvertretende Genugtuung sei „für den theoretischen Begriff notwendig; wir können die Entsündigung uns nicht anders *begreiflich machen*" (781). Troeltsch meint dazu aber: „Das ist lediglich für die Zensur. Seine wahre Ansicht deutet Kant dadurch an, dass er diese Abhandlung über die Anerkennung einer fremden historischen Genugthuung überschreibt: ,Der allmähliche Übergang des Kirchenglaubens zur Alleinherrschaft des reinen Religionsglaubens ist die Annäherung des Reiches Gottes'!" (Religionsphilosophie, 51). Also: „Alle Rede von der fremden Genugthuung ist nur kunstvoll verklausulierte theologische Diplomatie" (65).
108 Vgl. Rel 783.
109 Rel 778. Nächste Zitate ebd.

sich vor ihm der Abgrund eines Geheimnisses, von dem, was
Gott hiebei tue, ob ihm überhaupt etwas, und was ihm (Gott)
besonders zuzuschreiben sei. Indessen, daß der Mensch an jeder Pflicht nichts anders erkennt, als was er selbst zu tun habe,
um jener ihm unbekannten wenigstens unbegreiflichen Ergänzung würdig zu sein."[110] Als sich Kant mithin aus praktischer
Vernunft heraus das „Postulat der Gnade"[111] unabdingbar aufdrängt, kann und will er diese dem Autonomiegedanken ab-
trägliche Größe nicht anders denn als *Ergänzung* – noch dazu
als durch menschliches Verhalten bedingte – fassen. Solch ego-
zentrierte Interpretation, die sich merklich gegen das sich im
Gnadenpostulat auftuende relationale Moment sträubt, wiederholt er 1798 im „Streit der Fakultäten"[112].

Immerhin versucht Kant damit eine zentrales Glaubenswis-
sen der geschichtlichen Religion ausdrücklich berücksichtigen-
de Synthese. So bestätigt sich, dass sein Vernunftglaube den
deistischen Rahmen sprengt: „Beide Bedingungen machen nur
einen Glauben aus, und gehören notwendig zusammen."[113] Der
von Kant gemeinte eine Glaube ist es, den er auch in dem schon
erwähnten Bild der zwei konzentrischen Kreise angesprochen
hat. Dabei geht es freilich um nichts anderes als um den moralisch konzipierten Vernunftglauben, der sich im Material der
konkret-geschichtlichen Religion symbolisch repräsentiert. Das
Autonomiekonzept ist insofern mitnichten aufgegeben, indem
dem religiösen Gnadengedanken in der religionsphilosophischen Reflexion zunehmend Spielraum gewährt wird – im Gegenteil! Kant versucht vielmehr energisch, religiöses Erlösungs-
denken auch in der Gestalt historischer Realisation in sein
Konzept zu integrieren – und zwar mit dem bezeichnenden
Schluss, dass in praktischer Hinsicht nicht mit dem (heteronom
verstandenen) Gedanken der Gnade, sondern mit dem der eine

---

110 Rel 806.
111 Hoping: Freiheit, 223; Hübner: Glaube, 471 (unter Hinweis darauf, dass
Kant nirgends ausdrücklich diese Formulierung gebraucht hat).
112 „Selbst der Vernunftglaube und das Vertrauen auf eine solche Ergänzung, ohne dass eine bestimmte empirisch erteilte Zusage dazu kommen
darf, beweiset mehr die echt moralische Gesinnung und hiermit die Empfänglichkeit für jene gehoffte Gnadenbezeugung, als es ein empirischer
Glaube thun kann" (Streit, 409). Vgl. ferner Rel 783, wo vom Hoffen (!) auf
gnädige Ergänzung die Rede ist.
113 Rel 778.

Gnadenwürdigkeit eventuell erwerbenden Willensfreiheit anzufangen sei.[114]

Ob dieser Integrationsversuch gelungen ist, ist seit dem Erscheinen von Kants Religionsschrift sehr unterschiedlich beurteilt worden – je nachdem, von welchem Rahmenkonzept aus
die Kritik erfolgt ist. Aus theonomer Perspektive ist schon der
Grundthese zu widersprechen, dass Vernunftglaube und Glaubensvernunft, natürliche Religion und Offenbarungsreligion
zwei konzentrische Kreise bilden, von denen erstere(r) noch
dazu das Eigentliche darstellt. Wie Kant in der geschichtlichen
Religion mit ihren Ritualisierungen eine Entäußerung oder Entfremdung der moralischen Qualität des vernünftigen Bewusstseins erblickt,[115] so pflegt umgekehrt die Offenbarungstheo-
logie konkreter Religion in den eigenständigen Formen
„natürlicher Theologie" eine Entfremdung bzw. Verzerrung der
vom Schöpfer durch sein Werk gegebenen natürlichen Offenbarung zu diagnostizieren. Nicht nur die oben bereits erörterte
Problematik eines angemessenen Vernunftverständnisses spielt
hier eine Rolle, sondern vor allem auch die (ja unter anderem
mit ihm zusammenhängende) Erlösungsthematik. Kants Gnadenlehre schlägt mit der Grundthese, der gute Lebenswandel
sei „als oberste Bedingung der Gnade" unbedingte Pflicht,[116]
namentlich der zentralen reformatorischen Erkenntnis Luthers
ins Gesicht, die bekanntlich von der Bedingungslosigkeit der
Gnade Gottes handelt.[117] Es wäre insofern ein Paradigmenstreit,
wer hier wen vom Kopf auf die Füße zu stellen hätte; aber von
konzentrischen Kreisen kann jedenfalls in dieser Hinsicht keine
Rede sein! Das lässt sich auch an dem von Kant aus der christ-

---

114 Vgl. Rel 780 f. Kant entwickelt folgende Alternative: Entweder verhält
es sich so, dass die Gnade den Menschen befreit zu moralischem Handeln,
oder es ist umgekehrt so, dass der in seiner Autonomie handelnde Mensch
um die Unvollkommenheit seiner Werke weiß und insofern ergänzend auf
die ihn vollendende Gnade hofft; letzteres ist die Position des Vernunftglaubens.

115 Irrlitz bemerkt: „Durch den Entäußerungsgedanken erhält der transzendentalphilosophische Vernunftbegriff in der Religionsschrift einen historischen Aspekt" (Kant-Handbuch, 395).

116 Rel 781.

117 Dies zeigt neuerdings wieder eindrücklich *Eberhard Jüngel*: Das Evangelium von der Rechtfertigung des Gottlosen als Zentrum des christlichen
Glaubens, Tübingen [3]1999.

lichen Religion aufgegriffenen Begriff der „Wiedergeburt" verdeutlichen.

2.2 Wiedergeburt als Selbsterlösung?

Was die geschichtliche Religion Erlösung bzw. im passivischen
Bildwort „Wiedergeburt" nennt, interpretiert Kant – wie zu erwarten und nun näher darzulegen ist – im Schema der Autonomie konsequent als „Selbsterlösung"[118]. Der Umstand, dass er
den religiösen Begriff der „Wiedergeburt" eigens aufgreift,
kann sich sowohl als Reminiszenz an seine pietistischen Erziehung[119] als auch als Rückgriff auf einen dogmatischen Topos
der altprotestantischen Orthodoxie[120] erklären lassen; jedenfalls
kennt er ihn von Philipp Jakob Spener her.[121] Im Sinne christlicher Religion meint er ihn freilich nicht; wohl aber gehört er der
Sache nach zu jenen Ideen, denen sich der Vernunftglaube öffnet: „Die Vernunft im Bewußtsein ihres Unvermögens, ihrem
moralischen Bedürfnis ein Genüge zu tun, dehnt sich bis zu
überschwenglichen Ideen aus, die jenen Mangel ergänzen
könnten, ohne sie doch als einen erweiterten Besitz sich zuzueignen. Sie bestreitet nicht die Möglichkeit oder Wirklichkeit
der Gegenstände derselben, aber kann sie nur nicht in ihre Ma-

118 Diesen Begriff gebraucht mit sachlichem Recht Hübner: Glaube, 473.
Man denke bes. an Rel 729, wo der „Erlöser" innerhalb der Selbststruktur
angesiedelt ist. Troeltsch zufolge liegt bei Kant ein anderer Erlösungsbegriff
vor als bei Luther (Religionsphilosophie, 4) – und ich ergänze: auch ein
anderes Selbst-Verständnis! Vorländer betont: „In geradem Gegensatz zu
Luthers bekannten Katechismussatz lehrt unser Denker, daß der Mensch
aus eigener Vernunft und Kraft dem Schlechten entgegenwirken und zum
Guten gelangen kann, daß die ‚völlige Revolution der Denkungsart' durch
ihn selbst erfolgen muß . . ." (Kant, 176, Hervorhebung: W. T.).
119 Vgl. *Kazuya Yamashita:* Kant und der Pietismus. Ein Vergleich der Philosophie Kants mit der Theologie Speners, Berlin 2000, 83 ff.
120 Beispielsweise versteht *Johann Andreas Quenstedt* unter „Wiedergeburt" sowohl die Rechtfertigung als auch die nachfolgende Erneuerung,
wobei auch der dafür unerlässliche Glaube selbst als Geschenk des Heiligen
Geistes aufgefasst wird (Theologia didactico-polemica [1685], Wittenberg
1691, Bd. 3, 477 f. und 482 f.).
121 Vgl. Kazuya: Kant, 189. Im „Streit der Fakultäten" wird Spener ausdrücklich zitiert (Streit, 414 f.). Siehe z. B. *E. Beyreuther* (Hg.), Philipp Jakob
Spener: Schriften, Bd. 7: Der hochwichtige Articul von der Wiedergeburt
(1696), 1715, Hildesheim u. a. 1994.

ximen zu denken und zu handeln aufnehmen."[122] Eine „Art von Wiedergeburt" darf insofern als Postulat der praktischen Glaubensvernunft in den Blick kommen, mehr noch: sie muss es, denn ohne ein solches Postulat wäre Kants mutiges Spätprojekt, das Autonomiekonzept im Licht des Problems des radikalen Bösen zu bewähren, zum Scheitern verurteilt!

Eigentlich ist dieses Bildwort ungeeignet für die Beschreibung des in der Religionsschrift als *Akt* intelligibler Willensfreiheit des Menschen zur Sprache Gebrachten.[123] Aber die Frage autonomer Bewältigung der diagnostizierten Herrschaft des Bösen im Subjekt ruft nach einem Symbol, dass die erlösende Antwort liefert. Reizvoll am Begriff der Wiedergeburt dürften Kant von daher mehrere Aspekte erschienen sein. Erstens ist da der Vergleichspunkt eines mysteriösen Aspektes: Es geht um einen Vollzug im und ein Geschehen am Geistigen, das sich empirischer Wahrnehmung entzieht, also nicht wissenschaftlich bewiesen werden kann und muss. Zweitens handelt es sich um einen singulären[124] Akt, der die Person als Ganze betrifft und deshalb ihre Autonomie im Zuge eines qualitativen Sprungs wieder ins Reine bringt. Und drittens kommt von daher die Folge eines neuen, die Existenz verwandelnden Seins in den Blick, das der moralischen Dimension angesichts des Bösen in Mensch und Welt endgültig Orientierungskraft verleiht.

Bei alledem bleibt der Bildwort-Charakter der Rede von „Wiedergeburt" bestehen: Nach Kants Formulierung muss das autonome Neuwerden „durch eine Revolution in der Gesinnung im Menschen (einen Übergang zur Maxime der Heiligkeit derselben) bewirkt werden; und er kann ein neuer Mensch, nur durch eine Art von Wiedergeburt, gleich als durch eine neue Schöpfung (Ev. Joh. III, 5; verglichen mit 1. Mose I, 2), und Änderung des Herzens werden."[125] Der biblische Verweis kann

---

122 Rel Anm. 19.
123 Das gilt umso mehr, als Kant bis zuletzt an seiner Überzeugung festhält, Gott könne dem Menschen keinen guten Willen geben, sondern dieser verlange Freiheit (so noch im „Opus postumum", vgl. Vorländer: Kant, 293 f.). Anders die relationale Sichtweise des Neuen Testaments: Freiheit kann „nur als Geschenk der Gnade empfangen werden" (Bultmann: Urchristentum, 158).
124 Vgl. Rel 698.
125 Rel 698. Vgl. Hans-Georg Wittig: Wiedergeburt als radikaler Gesinnungswandel, Heidelberg 1970.

hier nicht über die bloß symbolische Bedeutung von Begriff und
Sache bei Kant hinwegtäuschen, die explizit gekennzeichnet ist.
Wiedergeburt meint im Kontext des Vernunftglaubens eben
doch etwas anderes als im Kontext der Glaubensvernunft – so
wie das „radikale Böse" nicht mit der christlichen Rede von
„Erbsünde" gleichzusetzen ist.[126] Immerhin ist eine Analogie
hergestellt, die vor allem das Neuwerden des Menschen angesichts der Macht des Bösen über ihn im Blick hat. Ähnlich nahe
wie die Bibel liegt hier für Kant aber die Stoa: Ihr zufolge muss
der Mensch den universalen Logos in ihm selbst erst ins Bewusstsein heben, wodurch sich seine Identität schließlich in einem plötzlichen *qualitativen Sprung* über seine leibliche Identität und Umwelt hinaus auf die ganze Menschheit und Welt
sowie auf „die Sphäre des rein Guten, der Tugend" hin auswei-
tet.[127]

Mit dem christlichen Symbol der Wiedergeburt muss sich
nun bei Kant zeigen, was das moralische Autonomiekonzept zu
leisten vermag, da es um die Bewährung der postulierten Freiheit geht: Es kann die Nagelprobe bloß bestehen, wenn es sich
der gedanklichen Herausforderung des moralisch Bösen stellt
und ihrer Herr wird. Den Versuch dazu beginnt Kant mit der
entscheidenden Frage: „Wenn der Mensch aber im Grunde seiner Maximen verderbt ist, wie ist es möglich, daß er durch eigene Kräfte diese Revolution zu Stande bringe, und von selbst
ein guter Mensch werde?"[128] Die sogleich gegebene Antwort
besteht erneut in der bereits weiter oben gegebenen Auskunft,
moralische Pflicht gebiete nichts, was nicht erfüllbar wäre: Sollen setze entsprechendes Können im Sinne realer Möglichkeit
voraus – ein Schluss, der übrigens aus biblischer Sicht bzw. aus
der Perspektive des Vernunftglaubens als Kurzschluss bewertet
werden könnte!

Kant merkt denn auch, dass sein Argument hier kraftlos
bleibt – und zwar zwar im Blick auf die Empirik, die solch er-
folgreiche, nämlich in „Festigkeit" bewährte Revolutionen aus

---

126 Vgl. *Christoph Simm:* Kants Ablehnung jeglicher Erbsündenlehre,
Münster 1990.
127 Vollenweider: Freiheit, 61 und bes. 63 f. Kühn betont: „Kants Theorie
des ‚neuen Menschen' mag zwar christlich klingen, aber sie enthält auch
eindeutige stoische Elemente" (Kant, 181).
128 Rel 699.

eigener Kraft zumindest nicht im Sinne der Unwandelbarkeit des „neuen Menschen"[129] kennt und damit genau das widerlegt, was das Symbol der Wiedergeburt eigentlich zum Ausdruck bringen sollte. Der aufklärende Philosoph nimmt darum aufs neue Zuflucht zur Unbegreiflichkeit des Intelligiblen und lässt in seiner argumentativen Not „plötzlich Gott auf den Plan treten"[130]: Für den ganzheitlichen Blick des Ewigen, der den intelligiblen Grund des Herzens durchschaut, gilt allmählicher Fortschritt zum relativ Besseren in der Zeit – von Kant ohnehin als *unendliches* Fortschreiten im Sinne eines nie die göttliche Vollkommenheit erreichenden und insofern immer ein Stück weit heteronom bleibenden Prozesses konzipiert – dennoch als „Revolution", während Menschen immer nur eine sich hinziehende Reform des Handels zum Bösen als verkehrte Denkungsart erleben und wahrnehmen können. Damit bestätigt sich, dass diese Revolution, diese „Art von Wiedergeburt" in sich Gegenstand von der Vernunft möglichem Glauben und Hoffen bleibt. Die vage-optimistische Hoffnung bezieht sich darauf, dass der Mensch dank der „Reinigkeit des Prinzips, welches er sich zur obersten Maxime seiner Willkür genommen hat, und der Festigkeit desselben, sich auf dem guten (obwohl schmalen) Wege eines beständigen *Fortschreitens* vom Schlechten zum Besseren befinde"[131] – wonach selbst solcher Fortschrittsglaube in sich von Ungewissheit gefärbt ist.[132] Welcher Mensch könnte sich schon der völligen Reinigkeit bzw. Heiligkeit der ihn leitenden Maxime und damit dem Entkommensein der Herrschaft des bösen Prinzips auf Zukunft hin wirklich sicher sein? Nach Kant wäre eine solche innere Gewissheit gleichzusetzen mit Vermes-

---

129 So aber Rel 698 – wobei wieder der Modus der Hoffnung ins Spiel kommt (die Autonomie bleibt heteronom).
130 Yamashita: Kant, 191.
131 Vgl. Rel 699.
132 Auch in dieser Hinsicht ist ein Glaube nötig, nämlich ein Selbst-Vertrauen zur einmal angenommenen Gesinnung, ohne das „kaum eine Beharrlichkeit, in derselben fortzufahren, möglich" würde; gewinnen kann man es „aus der Vergleichung seines bisher geführten Lebenswandels mit seinem gefaßten Vorsatze" (Rel 722). Das klingt nach dem calvinistischen „Syllogismus practicus", und in der Tat besteht hier eine Verwandtschaft in Differenz vom Luthertum (vgl. *Hans Rust:* Kant und Kalvin, in: Immanuel Kant. Festschrift zur zweiten Jahrhundertfeier seines Geburtstages, hg. von der Albertus-Universität in Königsberg, Leipzig 1924, 131–149).

senheit. Die Idee der „Wiedergeburt" bleibt aber insofern im Schema heteronomer Autonomie problematisch: Der einerseits als vollzogen geglaubte Freiheitsakt im Intelligiblen zählt andererseits unter jene Postulate des Vernunftglaubens, die die Vernunft nicht in ihre „Maximen zu denken und zu handeln aufnehmen"[133] kann, womit zusammenhängt, dass eine einleuchtende theoretische Erklärung hinsichtlich der Möglichkeit dieses Aktes für den Philosophen nicht in Frage kommt.

Im „Streit der Fakultäten" hingegen unterstreicht Kant bei der Behandlung der Wiedergeburtsthematik ausdrücklich: „Ein jedes Problem aber besteht erstlich aus der *Quaestion* der Aufgabe, zweitens der *Auflösung* und drittens dem *Beweis*, dass das Verlangte durch die Letztere geleistet werde."[134] Während Kant hier den Vertretern des pietistischen Konzepts vorwirft, das Problem der Wiedergeburt nur auf „mystischem"[135] Wege zu lösen, klingen seine Reflexionen nicht minder mystisch: Er beruft sich auf die ursprüngliche moralische Anlage „in uns", die er mit dem biblisch gemeinten „Geist Christi" identifiziert und als einen unbegreiflichen „Gegenstand der höchsten *Bewunderung*"[136] ausgibt. Diese Auskunft leistet mitnichten die verlangte Problemlösung: Sie liefert keine Antwort auf die Frage, wie der Mensch, wenn er doch „im Grunde seiner Maximen verderbt ist"[137], kraft dieser Anlage unter dem radikalen Bösen zwecks radikaler Herzensänderung initiativ werden können soll.

Kant versucht, solche „Wiedergeburt" wenigstens dadurch ein Stück weit evident zu machen, dass er deren Wunder in der

---

133 Rel Anm. 19.

134 Kant: Streit, 414.

135 Vgl. Kant: Streit, 416 f. „Den unmittelbaren Einfluss der Gottheit als einer solchen *fühlen* wollen ist, weil die Idee von dieser bloß in der Vernunft liegt, eine sich selbst widersprechende Anmaßung" (417) – ein von *Schleiermacher* widerlegtes Argument!

136 Kant: Streit, 418. Man bedenke: Auch in der Stoa erhält „das geistige Innere des Menschen" die „Bezeichnung spiritus sacer" (Bultmann: Urchristentum, 155).

137 Rel 698. Kants Bescheid, es sei ein unerforschlich es Geheimnis, „warum in uns das Böse gerade die oberste Maxime verderbt habe, obgleich dieses unsere eigene Tat ist" (679), entledigt sich zwar aller mythischen und metaphysischen Konstruktionen, wird aber damit auch nicht *per se* vernünftiger als so mancher reflektierte Versuch der Glaubensvernunft auf diesem Gebiet, der dabei Gott so gut ins Spiel bringt wie Kant selbst.

Religionsschrift klein redet: Keineswegs bedeute der „Satz von der angebornen Verderbtheit der Menschen", dass das Herz des Menschen selbst durch das radikale Böse „verderbt" sei, sondern nur „der oberste subjektive Grund aller Maximen"; demgemäß handle es sich bei der „Wiederherstellung der ursprünglichen Anlage zum Guten in uns" lediglich um die „Herstellung der *Reinigkeit*" jenes obersten Grundes unserer Maximen als „für sich *zureichende* Triebfeder der Bestimmung der Willkür"[138]. In dem von Kant herausgebrachten Sinn wäre dann Wiedergeburt „lediglich das Lebendig- und Wirksamwerden der sittlichen *Anlage* in uns."[139] Solches Kleinreden schmälert aber mit dem Wunder der „Wiedergeburt" als einer „durch eigene Kraftanwendung"[140] vollbrachten Selbsterlösung[141] zugleich das Gewicht des angeblich radikalen Bösen. Damit hält Kant der zuvor erkannten gedanklichen Herausforderung durch dieses Böse nicht stand, derzufolge der Hang zu ihm „nicht ausgerottet werden kann (als wozu die oberste Maxime die des Guten sein müßte, welche aber in jenem Hange selbst als böse angenommen wird)"[142].

Von daher wird deutlich, dass die in der Religionsschrift wie im „Streit der Fakultäten" zur Wiedergeburtsfrage präsentierte „echte Auflösung jenes Problems (vom neuen Menschen)"[143], wonach das moralische Sollen des Besserwerdens ein Können

---

138 Vgl. Rel 702, 686, 693 und 695 f. „Die Wiederherstellung der ursprünglichen Anlage zum Guten in uns ist also nicht Erwerbung einer verlornen Triebfeder zum Guten; denn diese, die in der Achtung fürs moralische Gesetz besteht, haben wir nie verlieren können, und wäre das letztere möglich, so würden wir sie auch nie wieder erwerben" (696).

139 *Martin Schulze:* Das „radikale Böse" und die „Wiedergeburt", in: Immanuel Kant. Festschrift zur zweiten Jahrhundertfeier seines Geburtstages, hg. von der Albertus-Universität in Königsberg, Leipzig 1924, 203–238, hier 231.

140 Rel 702.

141 Diesen Begriff benutzt Kant nicht, aber die Sache ist bei ihm gemeint. Dabei gilt es mit Blick auf die Religionsgeschichte zu bedenken, dass „Selbsterlösung" generell ein Einwirken göttlicher Gnade eher ein- als ausschließt, wobei aber ein gewisser Akzent auf dem menschlichen Beitrag liegt. Kants Vorstellungen entsprechen dem.

142 Rel 679. „Wenn aber der Mensch von Natur verderbt ist, wie kann er glauben, aus sich, er mag sich auch *bestreben, wie er wolle,* einen neuen, Gott wohlgefälligen, Menschen zu machen ...?" (Rel 780, kursiv: W. T.).

143 Kant: Streit, 418.

autonomer Selbstrevolution impliziere, sich als Scheinlösung entpuppt. Denn bei der Umkehr vom Bösen zum Guten handelt es sich, wie Reiner Wimmer unterstreicht, ja nicht „um die Selbstbestimmung eines moralisch neutralen Willens."[144] Kazuya Yamashita erklärt trefflich: Kants „Logik, die besagt, daß wir können müssen, weil wir sollen, hilft hier nicht. Er kann zwar durch die ursprüngliche Anlage des Menschen zum Guten und die Zufälligkeit des radikalen Bösen die grundsätzliche Möglichkeit der Besserung bestätigen, aber scheitert wegen der Radikalität des menschlichen Bösen, die Möglichkeit der Verwirklichung jener Möglichkeit zu erklären."[145] Präzise formuliert: Es „handelt sich hier in Wirklichkeit nicht um Können, sondern um Wollen-Können trotz der Verderbnis des Willens ... Zum Schluß muß man sagen, daß Kants Wiedergeburtslehre wegen des Widerspruchs zwischen dem durch das radikale Böse verdorbenen Willen und der Notwendigkeit der Willensfreiheit zum Guten für die Zuschreibung scheitert."[146]

Diese ungelöste Aporie aber bedeutet obendrein das Scheitern des moralisch begriffenen Autonomiekonzepts insgesamt angesichts der Wirklichkeit des Bösen in Mensch und Welt. Yamashita versucht zwar, Kant verständnisvoll zuzugestehen, „daß er trotz jener unlösbaren Schwierigkeit für den praktischen Zweck sein ganzes System nicht aufgeben kann."[147] Das ändert jedoch nichts daran, dass die Achillesferse des Systems nur oberflächlich kaschiert ist. Auch der Versuch, dessen Kongruenz mit dem Logos des im Christentum Geglaubten zu erweisen,[148] darf darüber nicht hinwegtäuschen.

---

144 Wimmer: Religionsphilosophie, 157. Damit nimmt Kant „eindeutig einen antilutherischen, erasmischen, mithin ‚pelagianischen' [...] Standpunkt ein" (ebd.). Wimmers Urteil ist bedingt beizupflichten: Es gilt dabei zu bedenken, dass selbst Pelagius als Voraussetzung des Rückgewinns menschlicher Willensfreiheit die Taufgnade eingerechnet hatte, während Kants Gnadenverständnis in sich von Christus absieht.
145 Yamashita: Kant, 191. Kants Reden von der „Überlegenheit des *übersinnlichen Menschen* in uns über den sinnlichen" (Streit, 418) ist in Bezug auf jenes Können nur eine Tautologie, die nichts erklärt.
146 Yamashita: Kant, 192 f. „Denn das radikale Böse verdirbt zwar nicht die Anlage zum Guten selbst, aber den Willen, welcher diese Anlage gebrauchen und den Grund der Aufnahme der Maximen ändern soll" (193).
147 Yamashita: Kant, 192.
148 Siehe Hübner, Glaube, 15 ff. und 613 f. Zu „Kant's philosophy of Chris-

3. Die Aporetik der christologischen Frage im Horizont des Vernunftglaubens

Im Verständnis Kants bewährt sich seine These von den konzentrischen Kreisen der Vernunftreligion einerseits und der geschichtlichen Religion andererseits in der Vorstellung des Gottessohnes. Zunächst ist es die Idee des neben dem bösen Prinzip im Menschen zu findenden guten Prinzips, die ursprüngliche Anlage zum Guten in ihm, die in der Religionsschrift als durch diese Vorstellung personifiziert erscheint.[149] Sie wird sodann unter Anführung mehrerer Bibelzitate beschrieben als der Logos, in dem Gott den Gedanken der geschaffenen „Menschheit in ihrer moralischen ganzen Vollkommenheit" gefasst und realisiert habe. Dieser „eingeborne Sohn" kommt als der Schöpfungsmittler[150] in den Blick, in dem Gott die Welt geliebt hat – keineswegs freilich als der sich inkarnierende Logos, wie ihn die christliche Erlösungsreligion vom Johannesprolog her bekennt. Der neutestamentliche Ansatz wird also mit stoischen Farben übermalt. Nur in logoshafter Gesinnung können Menschen zu Kindern Gottes werden.[151] Von daher fasst Kant das Symbol des „Sohnes Gottes" als die Idee des allein Gott wohlgefälligen Menschen.

Diese Idee, in der geradezu mit theonomer Intention das Ziel der Weltschöpfung zum Ausdruck kommen soll, trägt mithin menschliche Züge. Kant zeichnet sie regelrecht als gottmenschliche Vorstellung: Sie sei „nicht anders denken, als unter der Idee eines Menschen, der nicht allein alle Menschenpflicht selbst auszuüben, zugleich auch durch Lehre und Beispiel das Gute in größtmöglichem Umfange um sich auszubreiten, son-

---

tianity" und „philosophical Christology" vgl. *Vincent A. McCarthy:* Quest for a Philosophical Jesus, Macon/Georgia 1986, 56 ff., 72 ff.

149 Dies ist in der Überschrift „Personifizierte Idee des guten Prinzips" (Rel 712) der Fall.

150 Zu dieser Thematik vgl. meine in Anm. 1 genannte Habilitationsschrift „Wer ist der kosmische Christus?". Erinnert sei anbei daran, dass Kant den Gedanken an Schöpfer und Schöpfung nur unter dem Blickwinkel der praktischen Vernunft bejahen kann.

151 Vgl. Rel 712 f. Zu diesem „Urbilde der sittlichen Gesinnung in ihrer ganzen Lauterkeit uns zu *erheben,* ist nun allgemeine Menschenpflicht" (713).

dern auch, obgleich durch die größten Anlockungen versucht, dennoch alle Leiden bis zum schmählichsten Tode um des Weltbesten willen, und selbst für seine Feinde, zu übernehmen bereitwillig wäre."[152]

Dieses sichtlich der biblischen Christusfigur abgeschaute Ideal nimmt Kant nun als moralische Vorgabe, d. h. er wendet den Indikativ der guten Anlage zum Imperativ des praktischen Vernunftglaubens an die „Gottessohnschaft".[153] Wer demnach „sich einer solchen moralischen Gesinnung bewußt ist, daß er *glauben* und auf sich gegründetes Vertrauen setzen kann, er würde unter ähnlichen Versuchungen und Leiden (so wie sie zum Probierstein jener Idee gemacht werden) dem Urbilde der Menschheit unwandelbar anhängig, und seinem Beispiele in treuer Nachfolge ähnlich bleiben, ein solcher Mensch, und auch nur der allein, ist befugt, sich für denjenigen zu halten, der ein des göttlichen Wohlgefallens nicht unwürdiger Gegenstand ist."[154] Kant lässt hier nichts nach und betont in gewohnter Weise: Wir *sollen* der Idee des Gottessohnes „gemäß sein und wir müssen es daher auch *können*." Damit aber zeichnet sich dieselbe Aporetik ab wie beim Wiedergeburtsthema – kein Wunder, denn nach wie vor geht es um die religionsphilosophische Ausdeutung des Autonomiekonzepts. Allerdings wird jetzt noch deutlicher werden, in welcher Richtung die Lösung eigentlich zu suchen sein müsste.

Mit der Meditation der Zentralfigur der christlichen Religion im Spiegel der „natürlichen Religion" bestätigt sich der heteronome Zug in Kants Autonomiekonzept. So symbolisiert der „Gottessohn" eine geheimnisvolle Idee, von der wir „nicht die Urheber sind", sondern die als Urbild „in dem Menschen Platz genommen hat, ohne daß wir begreifen, wie die menschliche

---

152 Rel 714.

153 Wimmer erklärt: „Die praktische Vernunft fordert Glauben an sich und damit an die Möglichkeit ihrer Realisierung, d. h. sie fordert Glauben an Gott (als moralische Idee) und an seinen Sohn (als die ideelle Verwirklichung der moralischen Idee) ... Die moralische Idee der Gottessohnschaft ist eine normative Vernunftidee von strikter Allgemeingültigkeit" (Religionsphilosophie, 149 f.).

154 Rel 714. Nächstes Zitat ebd. „Dem Gesetz nach, sollte billig ein jeder Mensch ein Beispiel zu dieser Idee an sich abgeben, wozu das Urbild immer nur in der Vernunft bleibt" (716). Unausgesprochen ist hier das Gesetz der Stoa im Blick, die Vollkommenheit bereits in diesem Leben für erreichbar hielt.

Natur für sie auch nur habe empfänglich sein können"[155]. Hier tut sich ein apriorisches Gegenüber zum Menschen in ihm auf, das ihn gleichermaßen fordert und fördert. Was freilich wie ein Widerspruch aussehen mag – einerseits wird die göttliche Abkunft der Idee des Gottessohnes bzw. der Anlage zum Guten im Menschen betont, andererseits aber steil-autonom ein „auf sich gegründetes Vertrauen" verlangt[156] – ist jedoch im Licht des stoischen Logosbegriffs keiner.[157] So kann der Philosoph noch im „Streit der Fakultäten" zum einen formulieren, „mit der ursprünglichen moralischen Anlage" liege der Geist Christi in uns, so dass ihm nur Raum verschafft werden müsse; zum andern sagt er im selben Zusammenhang, eben diese übersinnliche, intelligible Anlage sei keineswegs auf den übernatürlichen Einfluss „von einem anderen und höheren Geiste" zurückzuführen, sondern etwas, das „in unserer Macht steht und uns als eigen zugehört"[158]. Doch unter Berücksichtigung des radikalen Bösen, das die Stoa noch nicht kennt,[159] zeigt sich hier eine Schwierigkeit, die die Wurzel jener Aporie bildet, derzufolge das moralische Können im Sollen trotz der Verderbtheit im menschlichen Herzen begründet ist. Denn das entscheidende Problem besteht nicht nur in der Entfremdung des Menschen von sich selbst, sondern zu allererst in einem angemessenen Verstehen der Selbststruktur als solcher. Kants Auskunft, in dieser Hinsicht könne die theoretische Vernunft keine verlässli-

155 Rel 713. Deshalb „kann man besser sagen: daß jenes Urbild vom Himmel zu uns herabgekommen sei, daß es die Menschheit angenommen habe"; seine „Vereinigung mit uns kann also als ein Stand der Erniedrigung des Sohnes Gottes angesehen werden" (ebd.), wobei der Mensch „sich der Vereinigung seiner Gesinnung mit einer solchen Idee, ob zwar sie ihm zum Urbilde dient, unwürdig halten muß" (714)!
156 Vgl. Rel 700 und 713 f. Ähnliches gilt für die von Kant benannte Antinomie, dass einmal „das Urbild als in Gott befindlich", ein andermal „als in uns befindlich" in den Blick kommt (Rel 161).
157 Die Stoa lehrt jeden Menschen bedenken, dass er ein Sohn Gottes sei (vgl. Bultmann: Urchristentum, 152). Nach Troeltsch ist es „deutlich, dass es sich hier um eine Umdeutung des kosmologisch-idealistischen Logosbegriffes in einen kritisch-ethischen Begriff handelt" (Religionsphilosophie, 72).
158 Kant: Streit, 418.
159 Stoisch ist das Böse nur eine wahnhafte Vorstellungswelt (vgl. Vollenweider: Freiheit, 103).

chen Aussagen machen, erweist sich als ein problematisches Verdecken der Prämissen seines Autonomiekonzepts.

Dessen heteronomer Zug kommt des weiteren in den drei Schwierigkeiten zum Vorschein, die Kant im Blick auf die Realität der Idee des Gottessohnes zu benennen und angeblich aufzulösen weiß. Die *erste* betrifft die eigentlich zu keiner Zeit konkret gegebene „Erreichbarkeit jener Idee der Gott wohlgefälligen Menschheit in uns in Beziehung auf die *Heiligkeit* des Gesetzgebers"[160]: Hier sucht Kant erneut mit dem Gedanken zu beruhigen, dass es sich bei allem Bemühen auf Grund erfolgter Sinnesänderung um einen „Fortschritt ins Unendliche" handele, der von Gott kraft seiner reinen intellektuellen Anschauung durchaus „als ein vollendetes Ganze(s)" beurteilt werden könne. Von diesem unendlichen Progress mit dem „unerreichbaren Ziele der Vollkommenheit" aber ist zu sagen, dass er eine wenn auch immer kleiner werdende, so doch dauerhafte *Differenz* zur göttlichen Heiligkeit bedeutet. Damit aber ist für ein positives Gottesurteil das Erfordernis von Gnade bewiesen, welches Kant hypothetisch in Erwägung zieht, nicht aber explizit zu den unverzichtbaren Postulaten seines Vernunftglaubens zählt.

Die *zweite* Schwierigkeit hinsichtlich der Idee der Gottessohnschaft erblickt Kant darin, dass die ihr eigentlich zukommende moralische Glückseligkeit in Frage steht durch den realen Mangel an Beharrlichkeit im moralischen Fortschreiten, weshalb frohe Selbstgewissheit[161] ausbleiben muss. Trösten soll hier die sichtlich von heteronomer Autonomie inspirierte Auskunft, dass Gewissheit ohnehin moralisch nicht zuträglich sei.[162] Davon ausgehend müsste Kant aber im Grunde um so entschiedener der Gnadenfrage Raum gewähren!

Dieser Gedanke drängt sich ihm an dieser Stelle offensichtlich selbst auf, denn die *dritte* Schwierigkeit, die er sogar als die „dem Anscheine nach größte" benennt, ist die der bleibenden Schuldenlast angesichts göttlicher Strafgerechtigkeit, nachdem die geschuldete Besserung das Schuldiggewordensein durch den anfänglichen Fall keineswegs tilgt. Bevor Kant hier wieder

---

160 Rel 719. Nächstes Teilzitat 722.
161 Gegen sie gibt Kant zu bedenken: „man täuscht sich nirgends leichter als in dem, was die gute Meinung von sich selbst begünstigt" (Rel 721).
162 Vgl. Rel 724. Wimmer widerlegt Kant in dieser Hinsicht (Religionsphilosophie, 160).

hypothetisch auf die Möglichkeit von Gnade reflektiert, nimmt er also erst einmal deren Voraussetzung, eine Schuld bzw. eine ihr gemäße Strafforderung ernst. So heteronom die Frage klingt, so autonom fällt die Antwort aus: „Der Ausgang aus der verderbten Gesinnung in die gute ist (als ‚das Absterben am alten Menschen, Kreuzigung des Fleisches') an sich schon Aufopferung und Antretung einer langen Reihe von Übeln des Lebens, die der neue Mensch in der Gesinnung des Sohnes Gottes, nämlich bloß um des Guten willen übernimmt; die aber doch eigentlich einem andern, nämlich dem alten (denn dieser ist moralisch ein anderer), als Strafe gebührten."[163] Demnach ist dem Menschen „in seiner neuen Gesinnung (als intelligibles Wesen)" eine „Reinigkeit" eigen, die der des „Sohnes Gottes, welche er in sich aufgenommen hat", gleichkommt; sie aber „oder (wenn wir diese Idee personifizieren) dieser selbst trägt für ihn, und so auch für alle, die an ihn (praktisch) glauben, als *Stellvertreter* die Sündenschuld, tut durch Leiden und Tod der höchsten Gerechtigkeit als *Erlöser* genug, und macht als *Sachverwalter*, daß sie hoffen können, vor ihrem Richter als gerechtfertigt zu erscheinen, nur daß (in dieser Vorstellungsart) jenes Leiden, was der neue Mensch indem er dem *alten* abstirbt, im Leben fortwährend übernehmen muß, an dem Repräsentanten der Menschheit als ein für allemal erlittener Tod vorgestellt wird."[164] Kant rekonstruiert hier zentrale Motive christlicher Soteriologie – und zwar kaum zufällig orientiert an der heteronom akzentuierten Auslegung der Sühnetod-Tradition in Anselm von Canterburys *Cur deus homo* (1098) – innerhalb der Grenzen des Vernunftglaubens zunächst so, dass sich alles, die Stellvertretung durch den „Erlöser" eingeschlossen, innerhalb der autonomen Subjektivität selbst abspielt. Sogar der moralisch zweifelhafte[165] Gedanke eines verrechenbaren Überschusses an verdienstlichen Werken wird, künstlich genug, rational deduziert und autonom integriert.

---

163 Rel 729.

164 Rel 729 f. – hier kommt das einzige Mal in der Religionsschrift der Begriff des „Erlösers" vor. Vgl. auch Stephan Schaede: Stellvertretung. Begriffsgeschichtliche Studien zur Soteriologie, Tübingen 2004.

165 Vgl. Wimmer: Religionsphilosophie, 162. „Kants Versuch, die Vorstellung von der Vergebung einer fundamentalen moralischen Schuld [...] einsichtig zu machen", ist nach Wimmer insgesamt „als gescheitert anzusehen" (ebd.).

Dann aber lässt Kant seine „Deduktion der Idee einer *Recht-fertigung*" in die überraschende Erklärung münden, dass der Mensch auf eine Anrechnung solcher selbstgewirkten Genug-tuung vor Gott „doch wohl keinen Rechtsanspruch"[166] habe: „Es ist also immer nur ein Urteilsspruch aus Gnade, obgleich (als auf Genugtuung gegründet, die für uns nur in der Idee der gebesserten Gesinnung liegt, die aber Gott allein kennt) der ewigen Gerechtigkeit völlig gemäß, wenn wir, um jenes Guten im Glauben willen, aller Verantwortung entschlagen werden." Noch die Gnade selbst ist hierbei heteronom verstanden, weil sie laut Kant nur unter der Bedingung der „gänzlichen Her-zensänderung" in Frage kommt. Dieser Revolution oder „Wie-dergeburt" wiederum kann sich der vernünftig Glaubende, wie bereits gezeigt, ihrerseits nicht sicher sein – wohl aber nach al-lem Dargelegten seiner Angewiesenheit auf göttliche Gnade!

Kants „Lösung" autonomer Selbstvertröstung mit Blick auf die das eigene Tun und Streben ergänzende Gnade bleibt damit aporetisch. Sein innerhalb des Autonomieparadigmas hetero-nom strukturierter Gnadenbegriff steht unter der Bedingung dessen, was durch die Gnade allererst erreicht werden kann – eines befreiten Willens! Das aber liegt daran, dass das Kantsche Subjekt des Willens die Befreiung von der Macht des radikalen Bösen gemäß dem Autonomieschema ebenso konsequent wie künstlich in sich selbst sucht und postuliert, während die ver-nünftige Analyse zugleich immer deutlicher die heteronome Angewiesenheit auf die Ergänzung bzw. Mitwirkung durch „fremde" Gnade erkennt.[167] Solcher Erkenntnis kann Kant nicht

---

166 Rel 730 (Folgezitat ebd.). Kant fügt in Anm. 28 hinzu: „Sondern nur *Empfänglichkeit*, welche alles ist, was wir unsererseits uns beilegen können, der Ratschluß aber eines Oberen zu Erteilung eines Guten, wozu der Un-tergeordnete nichts weiter als die (moralische) Empfänglichkeit hat, heißt *Gnade*."

167 Eine bereits erwähnte „Antinomie der menschlichen Vernunft" (Rel 779 ff.) wird von Kant in dieser Hinsicht fest- und als theoretisch unent-scheidbar hingestellt: Zum einen erscheint der Glaube des Menschen an ein höheres „Verdienst, das nicht das Seinige ist", als zur Erlösung seines „ver-derbten" Willens unabdingbares Gottesgeschenk, das darum auch dem Ver-nunftglauben *vor*ausgehen muss; zum andern scheint der letztere solch ein das eigne Vernunftvermögen übersteigendes Vertrauen nicht bejahen und darum auf die Gnade nur unter der *Vor*bedingung eigener Anstrengung hoffen zu können. Indem Kant für den (doch wohl im doppelten Sinn)

ausweichen; deshalb versucht er ihr wiederum innerhalb des Autonomieschemas gerecht zu werden, indem er erklärt, dass die zu postulierende fremde Gnade in der Offenheit und Schwebe eben des reinen Postulats und darum von jeder geschichtlichen Konkretisierung frei gehalten werden müsse.[168] Es hätte nun zwar in der Tat das Autonomiekonzept als solches sprengen können, einen möglichen Bezug auf eine kontingente, geschichtliche Konkretisierung herauszuarbeiten – was Kant denn auch um den Preis des „völlige[n] Verlust[s] der Geschichtlichkeit der Christologie"[169] strikt ablehnt.[170] Aber eine derartige Selbsttranszendenz des Autonomieschemas ist in diesem angelegt: Sieht sich doch die Vernunft laut Kant zum „Glauben an die [...] Veranstaltung eines moralischen Weltherrschers hingezogen"![171] Dass es in dieser Hinsicht bei einem *abstrakten* Glauben bleiben müsse, dem die konkrete Identifizierung einer solchen „Veranstaltung" in der Geschichte als Wissensanmaßung verboten sei, mag allenfalls innerhalb der Grenzen des Autonomiekonzepts selbst plausibel klingen, das seine

„praktischen" *Vorzug* des Vernunftglaubens plädiert, setzt er mit der unbewiesenen, ja aporetischen Willensfreiheit an. Hoping betont: „Kants Versuch, die Antinomie zwischen den Prinzipien Gnade und Freiheit im Rechtfertigungsgeschehen als einen bloß dialektischen Widerspruch aufzulösen, kann kaum überzeugen. [...] Die Grundlegung des Freiheitsbegriffs [...] endet damit in der Antonomie zwischen Freiheit und Gnade" (Freiheit, 228).

168 Vgl. Rel 843 (passim). „Wer ist alsdann hier wohl der Ungläubige? der, welcher vertrauet, ohne zu wissen, wie das, was er hofft, zugehe, oder der, welcher diese Art der Erlösung des Menschen vom Bösen durchaus wissen will, widrigenfalls er alle Hoffnung auf dieselbe aufgibt?" (843).

169 *Walter Sparn*: Art. Jesus Christus V., TRE 17 (1988), 1–16, hier 11.

170 Delekat stellt Kant deshalb „in die Richtung des Doketismus" (*Friedrich Delekat*: Immanuel Kant. Historisch-kritische Interpretation der Hauptschriften, Heidelberg ²1966, 353). Der geschichtliche Jesus kommt bei Kant „entmetaphysiziert" in den Blick: nicht eigentlich als Repräsentant der natürlichen Religion, aber immerhin als Lehrer und „Stifter der ersten wahren Kirche" (und so als „Vehikel") – vgl. Rel 826 und 828. Da „Leben und Lehre Jesu das großartigste Beispiel und Symbol wahrer Religion in der ganzen Weltgeschichte ist, ist doch auch die Vernunftreligion an [...] das Bild Jesu als an ihr Belebungs- und Entwickelungsmittel gebunden" (Troeltsch: Religionsphilosophie, 74).

171 Rel 806. Damit erweist sich der „garstige Graben" Lessings zwischen ewiger Vernunft- und zufälliger Geschichtswahrheit als im Prinzip überbrückbar (dazu *Helmut Thielicke*: Vernunft und Offenbarung. Eine Studie über die Religionsphilosophie Lessings, Gütersloh 1936).

Überlegenheit durch Abgrenzung gegenüber einem angeblich moralisch zweifelhaften, weil existenziell nicht realisierten Glaubens*wissen* als einem heteronomen zu beweisen gedenkt. Nachdem man über eine solche Alternative hinaus aber auch einer theonomen Glaubensvernunft begegnen kann, deren Subjekte nicht einfach moralisch zu verdächtigen sind, sondern im Gegenteil aus theonomer Gewissheit moralische Stärkung erfahren, ist es folglich durchaus legitim, dass der ja vernünftig gebotene „Glaube an die Veranstaltung eines moralischen Weltherrschers" mit einem offenen Blick für ein *konkretes* Erscheinen des Gottessohnes in der Weltgeschichte einhergeht.[172]

Mehr als das Zugeständnis einer solchen Offenheit kann vom Vernunftglauben nicht erwartet werden – dies aber immerhin, zumal angesichts des im Anschluss an Kant gewachsenen Bewusstseins der Geschichtlichkeit der Vernunft![173] Hieran kann eine *„transzendentale Christologie"* (Karl Rahner)[174] anknüpfen und von der christlich geglaubten Menschwerdung des einen Gottessohnes her ihrerseits die Voraussetzungen in der bloßen Vernunft aufzeigen, die ihr ein glaubendes Identifizieren des geschichtlich Dagewesenen als göttlich initiiertes und letztlich nur trinitarisch[175] zu verstehendes Versöhnungs- und Erlösungsgeschehen ermöglichen.

172 Der Philosoph Hübner betont, Kants Position sei schwärmerisch, weil sie auf dem Vorteil beruhe, nur seine Ontologie habe Anspruch auf Geltung; es sei indessen gerade das *„Wissen* um Gnade und Erlösung im Glauben, worauf alles ankommt" (Glaube, 476, Hervorhebung: W. T.).

173 Vgl. Pannenberg: Glaube, 247 ff.

174 Vgl. *Karl Rahner:* Beiträge zur Christologie, Leipzig 1974, 305 ff. und 343 ff.; *ders.:* Grundkurs des Glaubens. Einführung in den Begriff des Christentums, Freiburg i. Br. [2]1984, 206 ff. Gerade auch Einzelheiten des Rahnerschen Vorschlags bedürfen freilich näherer theologischer Erörterung.

175 Kant hatte für eine theologische Trinitätslehre wenig Sinn – man denke an die Umdeutungen in Rel 809–814: „the trinity is philosophically transformed into symbol, as one might expect of an Enlightenment philosopher" (McCarthy: Quest, 100). Dieser trinitarische „Glaube enthält eigentlich kein Geheimnis" (*Josef Bohatec:* Die Religionsphilosophie Kants in der „Religion innerhalb der Grenzen der bloßen Vernunft". Mit besonderer Berücksichtigung ihrer theologisch-dogmatischen Quellen, [1938] Hildesheim 1966, 558). Kants Versuch erklärt sich aus der Logik seines Autonomiekonzepts; dass aber sein Umgang mit der Trinitätsthematik manche deutlichen Spuren in der Geschichte der modernen Dogmatik hinterlassen hat (von Schleiermacher bis Trillhaas), erklärt sich aus der Abhängigkeit, in die sich

In diesem Licht gewinnen die kirchlichen Dogmen über Jesus Christus eine ungeahnte (oder eben vielleicht doch geahnte) Evidenz, die den Begriff der Glaubensvernunft rechtfertigt. Die Menschwerdung des Logos stellt sich dann nicht mehr als ein rational bloß zu negierendes[176] Paradox dar, sondern als eine aus dem Geist der Liebe Gottes zu verstehende, grenzüberschreitende Aktion derselben. Der Glaube an die Singularität des geschichtlich Gekommenen und an das „Ein- für Allemal" seines Leidens, Sterbens[177] und Auferstehens ist nicht mehr als heteronomes, nämlich unmoralisches oder unseliges, ja an ihm selber „totes" Wissenwollen abzulehnen,[178] sondern er korrespondiert plötzlich der Einmaligkeit der je eigenen Subjektivität und der vernünftig postulierten Neukonstitution – nur dass diese nun nicht als autonom vollziehbare, sondern als theonom in der Beziehung zu jenem Christus ermöglichte einleuchtet.[179] Das von Kant halbherzig herausgearbeitete Angewiesensein des Menschen auf fremde Gnade, die sich in heilvoller Stellvertretung realisiert, findet hier seinen Sinn und

diese oft genug begeben hat, statt hier theologisch Mündigkeit zu beweisen.

176 Mit der kirchlichen Bekenntnis zur Jungfrauengeburt lehnt Kant (Rel 716) auch dessen eigentliche Kernaussage ab, derzufolge die Differenz zwischen Schöpfer und Schöpfung in der Fleischwerdung des einen Gottessohnes ontologisch aufgehoben worden ist (vgl. 717). Für ihn ist die Vergöttlichung Christi Religion aus zweiter Hand, geformt vom jüdischen Messianismus. Freilich war seine Haltung in dieser Frage für jene Zeit nicht untypisch (vgl. *Wolfgang Philipp*: Christus in der Sicht der Aufklärungsepoche, in: H. Graß/W. G. Kümmel [Hg.], Jesus Christus. Das Christusverständnis im Wandel der Zeiten, Marburg 1963, 85–108, bes. 107).

177 Kants „Deduktion eines rationalen Satisfaktionstheorie" (Hoping: Freiheit, 221) könnte ein Stück weit auch beeinflusst sein durch *Erasmus von Rotterdam*: Dessen Schrift „Philosophia Christi" hatte Jesus als Vorbild eines gottgemäßen Lebens und als Lehrer bzw. Erzieher zu menschlicher Vollkommenheit aufgefasst; eine Singularität oder Exklusivität hatte ihm Erasmus nicht zugestanden – woraus eine Relativierung des Dogmas von der Gottheit Christi und der durch ihn geleisteten Satisfaktion resultierte.

178 Kants anbei geltend gemachtes Argument, ein als geschichtlich-real geglaubter Gottmensch könne für uns normale Menschen nicht mehr als Beispiel fungieren und daher „auf unserer Nachfolge nach allem, was wir einzusehen vermögen, eher im Wege sein" (Rel 717), sticht nur unter der Voraussetzung des autonomen Selbsterlösungskonzepts.

179 Von hier aus ist zu bedenken, dass die paulinische Polemik gegen die Sophia-Christologie in Korinth als „gegen eine etwaige stoisierende Logos-Christologie" zu lesen ist (so Wilckens: Weisheit, 270).

tiefe Erfüllung. Ja die merkwürdige Subjektivitätsstruktur der kantisch analysierten Autonomie, die von ihrer eigenen Freiheit entfremdet ist und doch in sich selbst ein ihr Gotteskindschaft verheißendes Gegenüber vorfindet, wird nun transparent als zunächst zwar natürlicherweise heteronom oder autonom zu missdeutende, von Jesus Christus her aber erkennbare Theonomie-Anlage, die Kant in ganz richtiger Intuition mit dem biblisch gemeinten „Geist Christi" in uns identifiziert hat. Nicht die Autonomie, die sich mit ihrer Kritik aller Heteronomie verdient gemacht, allerdings auch übernommen hat,[180] sondern die Heteronomie und Autonomie in sich aufhebende, relational durchstrukturierte Theonomie eröffnet eine ganzheitlich-vernünftige Theorie und Praxis der Freiheit[181]. Sie bewegt sich dabei so wenig jenseits der Haltung des Glaubens, wie das beim Kantschen Vernunftglaubens der Fall ist, wohl aber jenseits von dessen Grenzen und doch zugleich jenseits von Irrationalität.

180 Theonomie wird von Kant immer wieder als Heteronomie missdeutet (so *Helmut Thielicke:* Glauben und Denken in der Neuzeit. Die großen Systeme der Theologie und Religionsphilosophie, Tübingen 1983, 341). Sein klangvoller Begriff der „praktischen Vernunft" verdeckt, dass dabei ein ganz bestimmtes, im Paradigma der Autonomie formuliertes Vernunftkonzept impliziert ist, das mitnichten alternativlos existiert. Der Rekurs auf eine autonome Vernunft aber ist – so *Christoph Schwöbel*: Talking over the Fence. From Toleration to Dialogue, NZSThRph 45 (2003), 115–113 – letztlich Ausdruck des Glaubens an eine andere Gottheit, die in Luthers Katechismus „Abgott" heißt.
181 Vgl. von daher die Reflexionen zur „Idee einer vollkommenen Freiheit" bei Hoping: Freiheit, 256 ff.

Volker Stümke

Der Geist, der „in alle Wahrheit (Pflichtbeobachtung) leitet"

Zur Frage einer Pneumatologie bei Immanuel Kant

Eine Pneumatologie Immanuel Kants gibt es nicht. Das hängt zunächst damit zusammen, dass der Königsberger Philosoph unter „Pneumatologie" die wissenschaftliche Lehre von einer unsterblichen Seelensubstanz im Menschen subsumierte, der er ablehnend gegenüber stand.[1] Gemäß der „Kritik der reinen Vernunft" (1781) ist der Ausdruck „Seele" ein Grenzbegriff menschlichen Erkenntnisvermögens; wir können (und müssen) nach Kant diesen Begriff – ebenso wie die Begriffe Gott und Weltganzes (Kosmos) – als „transzendentale Ideen" (KrV 321; IV, 327) zwar bilden, aber wir können die sich bei uns mit diesem Begriff verbindenden Vorstellungen nicht mit den Mitteln und Möglichkeiten unserer Vernunft und unseres Verstandes verifizieren. Diese drei Ideen bilden ideale Bezugsgrößen für unsere Vernunft und regulieren damit deren angemessenen Gebrauch bei der Wirklichkeitserkenntnis.[2] Folglich mag man auf eine unsterbliche Seele hoffen, aber Gegenstand wissenschaftlicher Lehre („–logie") kann das *pneuma* nicht werden.[3]

---

1 Vgl. *Immanuel Kant:* Kritik der Urteilskraft [KdU], Berlin 1790, 436 ff.; zitiert nach: Werke in zehn Bänden, hg. von Wilhelm Weischedel, Darmstadt [5]1983, Bd. VIII, 589 f. – Kants Werke werden hier durchgehend so zitiert, dass zunächst die Originalpaginierung angegeben wird, wobei der vorangestellte Großbuchstabe auf die verwendete Auflage weist, daraufhin werden Bandangabe und Seitenzahl in der Weischedel-Ausgabe ergänzt. Die zitierte Schrift Kants wird mit einem gebräuchlichen Kürzel angegeben.

2 Vgl. KrV 642; IV, 563.

3 Die Seele steht näherhin als Idee der Vernunft für die Verbindung aller möglichen Erkenntnisse des Verstandes mit dem sie denkenden Ich (vgl. KrV B 407 ff.; IV, 346 ff.). Das denkende Ich ist der Grenzbegriff, mit dem das vom Verstand Gedachte mit dem Denkenden verbunden wird; es ist als Idee notwendig, um eine einheitliche Verbindung des Gedachten bilden zu

Nun wird in der Theologie der Begriff der Pneumatologie grundlegend nicht mit der menschlichen Seele, sondern vielmehr mit Gottes Geist verbunden; Pneumatologie bezeichnet in der christlichen Terminologie die Lehre vom Heiligen Geist, der wiederum in der Trinitätslehre als eine Person der göttlichen Dreifaltigkeit verstanden wird. Aber selbst mit dieser veränderten Begrifflichkeit ergibt sich zunächst ein vergleichbares Ergebnis: Auch die Gottesidee wird von Kant in der „Transzendentalen Dialektik" der ersten Kritik als regulative Größe der reinen Vernunft interpretiert. Dementsprechend gilt auch hier der Umschlag von einer regulativen Leitidee zu Existenzaussagen und Wesensbeschreibungen (also zu einer Lehre von Gott) als Fehlschluss der Vernunft. Andererseits hat sich Kant vor allem in seiner Religionsschrift[4] intensiv mit der christlichen Lehre beschäftigt und deren Rede vom Heiligen Geist von seinem philosophischen Standpunkt her kritisch analysiert. Wenngleich sich auch hier keine entfaltete Lehre vom Heiligen Geist findet, so sind doch zentrale Themen und Aussagekomplexe, die in der christlichen Tradition mit dem Geist Gottes verbunden werden, präsent – und selbst in der christlichen Tradition

können. Versteht man aber diese Systematisierung als reale Beschreibung, wird aus dem funktionalen „Ich denke" eine seelische Substanz des Menschen – und damit wird der regulative Gebrauch der Idee ohne wissenschaftliche Absicherung erweitert und zu konstitutivem Gebrauch verfälscht (vgl. KrV 644; IV, 565). Kant bietet also eine Funktionsanalyse der Seele als regulativer Idee im Rahmen einer Analyse menschlichen Erkenntnisvermögens, aber nicht eine wissenschaftliche Deutung des Phänomens Seele, denn wir können nicht sicher davon ausgehen, dass es sich hierbei überhaupt um eine reale Erscheinung handelt. Selbstverständlich kann auch die gegenteilige Verneinung der Existenz einer unsterblichen Seele im Menschen aus denselben Gründen als wissenschaftliche Aussage nicht akzeptiert werden. – Nach Kant ist diese Erkenntnis der Begrenztheit reiner Vernunfterkenntnis als Gewinn für die Theologie anzusehen. Denn die Rede von einer unsterblichen Seele kann nicht materialistisch widerlegt werden (vgl. KdU 437 f.; VIII, 589 f.), sie bleibt theoretisch unerforschlich. Auf dem Feld der praktischen Vernunft wird die Notwendigkeit, diese Idee zu postulieren, für Kant evident. Denn hier ist die Idee der unsterblichen Seele nicht nur ein Regulativ zur Ordnung der Erkenntnisse des Verstandes, sie muss als existierend angenommen werden, um die praktischen Vernunfterkenntnisse zusammenhalten zu können.

4 *Immanuel Kant:* Die Religion innerhalb der Grenzen der bloßen Vernunft [Rel], Königsberg, 1793.

sind diese Themen nicht immer explizit mit der Lehre vom Heiligen Geist verbunden worden. Daher soll nun mehr Kants Auseinandersetzung mit den im weiteren Sinne pneumatologischen Aussagen in der Religionsschrift analysiert werden. Um seine Deutung nachvollziehen zu können, ist einerseits der Blick zurück auf die Grundentscheidungen seiner eigenen Philosophie unabdingbar, andererseits muss theologisch nachvollzogen werden, wiefern die kritischen Impulse Kants für zumindest die evangelische Theologie weiterführend sein können und wo ihnen widersprochen werden muss.

Methodisch soll so vorgegangen werden, dass zuerst das Anliegen der Religionsschrift dargestellt wird. Die Analyse von Kants Definition des (Heiligen) Geistes führt zu den dort zu Grunde gelegten philosophischen Prämissen, die, soweit sie für das Verständnis seiner pneumatologischen Aussagen unverzichtbar sind, vorzustellen und zu würdigen sind. Im zweiten Hauptabschnitt werden Kants Ausführungen zu den Themen christlicher Pneumatologie diskutiert. Nicht die historisch-traditionsgeschichtliche,[5] sondern die gegenwartsbezogene Perspektive wird dabei maßgebend sein. Dies entspricht nicht nur dem Selbstverständnis Systematischer Theologie,[6] sondern auch Kants hermeneutischen Überlegungen zum angemessenen philosophischen Umgang mit der Bibel.[7] Einen Denker ehrt

5 Zur Frage, welche theologischen Quellen von Kant benutzt worden sind und wie er sich zu ihnen verhalten hat, ist nach wie vor grundlegend *Josef Bohatec*: Die Religionsphilosophie Kants in der ‚Religion innerhalb der Grenzen der bloßen Vernunft‘. Mit besonderer Berücksichtigung ihrer theologisch-dogmatischen Quellen, Hamburg 1938.

6 Vgl. dazu *Hermann Fischer*: Systematische Theologie. Konzeptionen und Probleme im 20. Jahrhundert, Stuttgart 1992, 237.

7 Kant diskutiert in der Religionsschrift die Frage nach dem angemessenen Umgang mit der Bibel als Offenbarungsurkunde der christlichen Religion. Dabei formuliert er als Auslegungsmaxime, die Offenbarung so zu interpretieren, dass sie „mit den allgemeinen praktischen Regeln einer reinen Vernunftreligion zusammenstimmt" (Rel 150; VII, 771). Weder der historische Sinn der biblischen Aussagen noch die dogmatischen Konstruktionen der kirchlichen Traditionen seien beachtenswert, sofern sie nicht für die Gegenwart eine Aussage mit Wahrheitsanspruch – und das ist, soweit sei vorweg schon angedeutet, für Kant eine moralische Aussage – bereit stellten. Selbst für Jesus gelte (nach der „Grundlegung zur Metaphysik der Sitten", Riga 1785), dass seine Person und sein Werk am „Ideal der sittlichen Vollkommenheit" (GMS 29; VI, 36) gemessen werden müssten, bevor er als

man durch Denken – das möchten die folgenden Erwägungen zum Ausdruck bringen.

1. Kants Definition des Geistes und ihre philosophischen Prämissen

In der dem dritten Hauptstück folgenden Allgemeinen Anmerkung der Religionsschrift über die der Vernunft unzugänglichen Geheimnisse der (christlichen) Religion definiert Kant den Heiligen Geist in einer Fußnote wie folgt: „Dieser Geist, durch welchen die Liebe Gottes als Seligmachers (eigentlich unsere dieser gemäße Gegenliebe) mit der Gottesfurcht vor ihm als Gesetzgeber, d. i. das Bedingte mit der Bedingung vereinigt wird, welcher also ,als von beiden ausgehend' vorgestellt werden kann, ist, außerdem daß ,er in alle Wahrheit (Pflichtbewusstsein) leitet', zugleich der eigentliche Richter der Menschen (vor ihrem Gewissen)" (Rel 207; VII, 814). In dieser Definition finden sich mehrere wichtige Aspekte der Religionsphilosophie Kants, die vorab benannt und dann der Reihe nach (als Prämissen der Position Kants) vorgestellt werden sollen.

Zunächst fällt dem Theologen auf, dass Kant die christliche Tradition bewusst rezitiert. Zum einen greift er im ersten Zitat auf das Jesuswort an seine Jünger aus den Johanneischen Abschiedsreden zurück: „Wenn aber jener, der Geist der Wahrheit, kommen wird, wird er euch in alle Wahrheit leiten" (Joh 16,13). Dieser Vers wurde in der christlichen Tradition dahingehend verstanden, dass der Mensch nicht aus eigener Kraft Jesus Christus als den „Weg, die Wahrheit und das Leben" (Joh 14,6) erkennen könne, sondern hierzu auf die erleuchtende Kraft des Heiligen Geistes angewiesen sei,[8] und genau dieser

---

Heiliger des Evangeliums bezeichnet werden könne. Die Strukturparallele zum Schriftprinzip Luthers verdeutlicht, dass Kants hermeneutischem Prinzip zugestimmt werden kann – wobei es allerdings einen inhaltlich relevanten Unterschied markiert, ob das, „was Christum treibet" (*Martin Luther:* Vorrede auf die Episteln Sankt Jakobi und Judas, 1522 = WA DB 7, 384, 27) oder das, was die moralische Besserung unterstützt, zum Prinzip der Schriftauslegung erklärt wird.

8 Besonders eindrücklich ist diese Einsicht von *Martin Luther* im Kleinen

Aspekt wird von Kant aufgegriffen. Zum anderen spielt Kant im zweiten Zitat auf eine Credo-Aussage (aus dem Nicaeno-Constantinopolitanum) an, die durch ihre Auswirkung zu trauriger Berühmtheit gelangt ist; nämlich das Bekenntnis von der *„processio spiritus ex patre filioque"*[9]. Kant stellt sich mit seiner Formulierung in die westkirchliche Tradition, deren inhaltliche Begründung des „filioque" er ebenfalls aufgreift: Der Geist führt den Menschen in diejenige spezifische Wahrheit, die der Sohn verkörpert. – Dieser Befund verdeutlicht den bereits eingangs dargestellten Sachverhalt, dass Kant bewusst die Auseinandersetzung mit dem christlichen Gottesgedanken sucht.

Darüber hinaus ist zweitens zu bemerken, dass Kant den Heiligen Geist als Richter bezeichnet. Diese Aufgabenzuweisung innerhalb der göttlichen Dreifaltigkeit ist dogmatisch ungewöhnlich. Wird das Gericht nicht allgemein (dem dreieinigen) Gott zugeschrieben (1Kor 3,12 ff.), dann wird entweder der Vater als Richtergott angesehen (Röm 14,10 f.), oder die richterliche Vollmacht wird dem Sohn – sei es als Menschensohn (Joh 5,27), sei es als Christus (2Kor 5,10) – zugeschrieben, dem der Vater das Gericht übertragen hat (Joh 5,22). Einigkeit herrscht in der christlichen Tradition darüber, dass die Werke der Dreifaltigkeit nach außen nicht aufgeteilt *(opera trinitatis ad extra sunt indivisa)*, sondern nur zugeschrieben (appropriiert) werden können. Hat Kant diese dogmatische Tradition im Gedanken, wenn er den Geist als den eigentlichen Richter bezeichnet? – Jedenfalls ist erkennbar, dass der Geist von Kant forensisch und eschatologisch profiliert wird.

Allerdings wird dieses Profil des Geistes drittens (vor allem durch die eingeklammerten Bemerkungen) von Kant ethisch interpretiert. Die christliche Wahrheit, in die der Mensch durch den Geist geleitet werden soll, ist die Pflichtbeobachtung, das

Katechismus (1529) formuliert worden (vgl. vor allem die Auslegung des dritten Artikels des Apostolischen Glaubensbekenntnisses, BSELK, 511 f.).

9 Dogmengeschichtlich führte das *filioque* zum Zerwürfnis zwischen den Ostkirchen (mit Hauptsitz in Byzanz) und den um Rom gruppierten Westkirchen, weil die Westkirchen das filioque dem 381 beschlossenen Credo nachträglich (589 in Spanien) eingefügt hatten, was von den Ostkirchen nicht akzeptiert wurde. Vgl. dazu: *Carl Andresen u.a.*: Handbuch der Dogmen- und Theologiegeschichte, Bd. 1: Die Lehrentwicklung im Rahmen der Katholizität, Göttingen [2]1999, 348 ff.

Forum des göttlichen Gerichtes ist das menschliche Gewissen und das seligmachende Werk des Sohnes Gottes wird als das Hervorrufen der Liebe gegen den göttlichen Gesetzgeber und seine moralischen Gesetze bezeichnet: Der Vater liebt seinen Sohn als Urbild der vollkommenen Pflichterfüllung; und in diese Sohnschaft sollen die Menschen (durch das Wirken des Geistes) einbezogen werden.[10] – Damit prägt Kants Ethik seine Deutung der christlichen Dreifaltigkeit und ihrer spezifischen Werke uns Menschen zugute.

Schließlich ist viertens zu beachten, dass Kant die Ausführungen über den dreieinigen Gott unter die Überschrift des Geheimnisses stellt. Am Anfang der Anmerkung definiert er Geheimnis als „etwas Heiliges, was zwar von jedem Einzelnen gekannt, aber doch nicht öffentlich bekannt, d. i. allgemein mitgeteilt werden kann"[11]. Die Beschreibungen Gottes haben nach Kant zwar einen moralischen Gehalt, weil man sonst nicht von Gott als etwas Heiligem sprechen könnte;[12] aber dieser Gehalt ist nicht so aussagbar, dass er von der allgemeinen Vernunft

10 Vgl. Kants Analyse des Satzes „Gott ist die Liebe" (1Joh 4,16), zu der die zitierte Definition des Heiligen Geistes als Fußnote gehört: In Gott „kann man den Liebenden (mit der Liebe des moralischen Wohlgefallens an Menschen, sofern sie seinem heiligen Gesetze adäquat sind), den Vater; ferner in ihm, sofern er sich in seiner alles erhaltenden Idee, dem von ihm selbst gezeugten und geliebten Urbilde der Menschheit darstellt, seinen Sohn; endlich auch, sofern er dieses Wohlgefallen auf die Bedingungen der Übereinstimmung der Menschen mit der Bedingung jener Liebe des Wohlgefallens einschränkt und dadurch als auf Weisheit gegründete Liebe beweist, den heiligen Geist verehren" (Rel B 220; VII, 813 f.).

11 Rel 196; VII, 803. Etwas später präzisiert Kant in einer Anmerkung den Begriff des Geheimnisses, indem er das heilige Geheimnis (mysterium) der Religion abgrenzt von den „Verborgenheiten (arcana) der Natur" (Rel 198; VII, 805) einerseits und der Geheimhaltung (secreta) der Politik (vgl. ebd.) andererseits. Während die beiden anderen Formen von Geheimnis aufgelöst werden können (unbegreifliche Naturphänomene können erklärt, politische Absprachen enttarnt werden), bleiben Aussagen darüber, was Gott uns zugute unternimmt, für die Vernunft unerreichbar, so dass diese religiöse Form von Geheimnissen nicht von der Vernunft aufgedeckt werden kann.

12 Der Begriff der Heiligkeit ist von Kant ebenfalls moralisch interpretiert worden. In der „Kritik der praktischen Vernunft" (Riga 1788) heißt es: „Die völlige Angemessenheit des Willens aber zum moralischen Gesetze ist Heiligkeit" (KpV 220; VI, 252). Etwas später wird Gott beschrieben als „das Ideal der Heiligkeit in Substanz" (KpV 282; VI, 295).

nachvollzogen werden, dass er also allgemeine Zustimmung verlangen kann. Es handelt sich demnach um spezifisch religiöse Aussagen, um Glaubenssätze, die nicht an sich selbst, sondern nur ihrem moralischen Gehalte nach, vernünftig nachvollziehbar sind. – Kant setzt demnach ein bestimmtes Verhältnis von Glauben und Vernunft voraus, wonach Glaubenssätze lediglich für die praktische, auf Moral ausgerichtete Vernunft, nicht hingegen für die reine, auf Wirklichkeitserkenntnis abzielende Vernunft, relevant seien.

Zusammenfassend ist festzuhalten, dass die Definition Kants wichtige Hinweise auf sein Verständnis des Geistes Gottes enthält. Diese Hinweise gilt es zu vertiefen und zu würdigen. Der erste Aspekt, die bewusste Auseinandersetzung Kants mit der christlichen Theologie, führt zum zweiten Hauptabschnitt, in dem diese Auseinandersetzung stattfinden wird. Die folgenden Aspekte markieren hingegen Prämissen der Argumentation Kants, so dass sie zuerst dargelegt werden müssen. Dabei wird in umgekehrter Reihenfolge verfahren, um so dem Aufbau der Kantschen Philosophie zu entsprechen.

1.1 Die Selbstaufklärung der Vernunft und der Gott, der nicht würfelt

Kants „Kritik der reinen Vernunft" soll die Frage nach den Möglichkeiten und Grenzen unserer Vernunft beantworten; sie ist der Frage verpflichtet: „Was kann ich wissen?" (KrV 805; IV, 677). Allerdings zielt Kant nicht darauf ab, Wissensinhalte festzulegen, vielmehr fragt er nach den Bedingungen der Möglichkeit menschlicher Erkenntnis – Kant spricht von einer transzendentalen Fragestellung[13]: Die Vernunft wird also durch eine kritische Selbstanalyse über ihre eigenen Grenzen und Möglichkeiten aufgeklärt.

Erkennen ist das durch den Verstand gesteuerte Systematisieren derjenigen Erfahrungsdaten, welche uns die sinnliche

13 Kant folgend werden in einer transzendentalen Fragestellung „die Möglichkeit der Erkenntnis oder der Gebrauch derselben a priori" (KrV 56; III, 101) erfragt. Dementsprechend ist seine kritische Analyse der reinen Vernunft auf deren Erkenntnismöglichkeiten ausgerichtet, nicht aber auf die reale Erfassung von Gegenständen (vgl. KrV 57; III, 101).

Wahrnehmung vorgibt. Was wir erkennen können, ist bedingt
und begrenzt durch sowohl die Wahrnehmung unserer Sin-
nesorgane[14] wie die Systematisierungsleistung[15] unseres
Verstandes. Doch woher wissen wir um diese prinzipielle Beschaffenheit unseres Erkennens? Hier greift nach Kant das Vernunftvermögen des Menschen. Während der Verstand die Erkenntnis des Wahrgenommenen durch Kategorisierung regelt,
besteht das Vermögen der Vernunft in der „Einheit der Verstandesregeln unter Prinzipien" (KrV 302; IV, 314); es handelt
sich also um eine weitere Systematisierung nunmehr des Verstandes durch die Vernunft – und dieses Systematisierung erfolgt mit Hilfe der transzendentalen Ideen. Die Verstandeser-
kenntnisse werden hierbei geordnet, indem sie auf die drei
unterschiedlichen logischen Vernunftschlüsse zurückgeführt
werden. So gelangt Kant zu den drei Ideen Seele, Welt und
Gott; sie sind Grenzbegriffe der Vernunft zur Systematisierung
der Verstandeserkenntnis. Aber für keine dieser Ideen kann
gelten, dass ihr korrespondierende Gegenstände in der Wirklichkeit erkannt werden könnten. Sie sind als Ideen in der Vernunft „lokalisiert"; über eine mögliche Realität des in ihnen
Gedachten (in Raum und Zeit) sind keine Aussagen möglich.
Jeder Versuch, die Ideen näher begrifflich zu bestimmen, verfälscht sie zu Erscheinungen des Verstandes und verdreht damit ihre erkenntnistheoretische Position: Die Ideen leiten den
Verstand, nicht aber bestimmt der Verstand den Wirklichkeits-
gehalt der Ideen.

Näherhin wird der Gottesgedanke von Kant als das „Ideal
der reinen Vernunft" (KrV 567; IV, 512) vorgestellt; seine Funktion besteht darin, eine alles umfassende Begriffsbestimmung
abzusichern. Die Vernunft zielt darauf ab, möglichst umfassend
die Wirklichkeit zu bestimmen. Hierzu greift sie auf eine Vielzahl von Begriffen und Prädikationen zurück, die dem zu Bestimmenden zu- oder abgesprochen werden. Dabei setzt sie vo-

---

14 Die Grenzen der sinnlichen Wahrnehmung werden von Kant durch
Raum und Zeit bestimmt (vgl. KrV 22; III, 71).

15 Dieses Systematisieren wird von Kant mit Hilfe der Kategorientafel des
Verstandes (vgl. KrV 80; III, 118 f.) erläutert; Systematisieren heißt, die Erfahrungsdaten hinsichtlich Quantität, Qualität, Relation und Modalität zu
bestimmen. Diese Kategorisierungen enthält der menschliche Verstand, sie
geben damit Möglichkeiten und Grenzen unserer Erkenntnis vor.

raus, dass dieser Vielzahl von Begriffen ein „transzendentales Substratum" (KrV 575; IV, 518) zu Grunde liegt – und dafür steht die Gottesidee als „omnitudo realitatis" (KrV 576; IV, 518) ein. Wenn alle Wirklichkeit von dieser einen (göttlichen) Bezugsgröße bestimmt wird, dann fungiert dieser Gott als Ideal für menschliche Erkenntnis, die eben auch möglichst alles möglichst genau ergründen möchte und dazu annimmt, dass alles von Gott durchdacht worden sei: „Gott würfelt nicht" (Albert Einstein).

Blickt man als evangelischer Theologe auf Kants Argumentationsgang zurück, sind mehrere Aspekte zu notieren. Seine Analyse des Vernunftvermögens ist darin weiterführend, dass sie Gott aus dem Bereich der reinen (theoretischen) Vernunft ausgliedert. Weder kann Gottes Existenz bewiesen noch widerlegt werden, denn Existenzaussagen können sich nur auf Wesen in Raum und Zeit beziehen. Damit ist Kants Position mit der theologischen Behauptung vereinbar, dass Gott nicht vom Wissen, sondern nur vom Glauben her erfasst werden kann.[16] Folglich ist die religionsphilosophische Rede von „Gott als Geheimnis der Welt"[17] für evangelische Theologie zumindest anknüpfungsfähig, wenn nicht sogar begrüßenswert. Zugleich wandert so die Vergewisserungsmöglichkeit aus dem Bereich der Wirklichkeitswahrnehmung aus. Weder Natur noch Vernunft noch das Sein sind an sich Bereiche, in denen der Glaubende sich seines Gottes vergewissern könne.[18]

---

16 In der Vorrede zur zweiten Auflage der ersten Kritik notiert Kant selbst: „Ich musste also das Wissen aufheben, um zum Glauben Platz zu bekommen" (KrV B XXX; III, 33) – und die „Gegenstände" dieses Glaubens sind die klassischen Begriffe der Metaphysik, nämlich „Gott, Freiheit und Unsterblichkeit" (ebd.). Allerdings darf nicht verschwiegen werden, dass Kant den Glaubensbegriff zumindest in der „Kritik der reinen Vernunft" nicht als Vertrauen versteht, sondern vielmehr als einen defizienten Modus des Fürwahrhaltens (vgl. KrV 822; IV, 689).

17 Vgl. *Eberhard Jüngel:* Gott als Geheimnis der Welt. Zur Begründung der Theologie des Gekreuzigten im Streit zwischen Theismus und Atheismus, Tübingen ³1978, 340 f.

18 Zwar nennt Kant am Ende der zweiten Kritik zwei Dinge, welche „das Gemüt mit immer neuer und zunehmender Bewunderung und Ehrfurcht [erfüllen], je öfter und anhaltender sich das Nachdenken damit beschäftigt: der bestirnte Himmel über mir und das moralische Gesetz in mir" (KpV 288; VI, 300). Jedoch zielt die erste Ansicht auf den Menschen als „eines tierischen Geschöpfs", während allein das moralische Gesetz den Menschen

Vielmehr wird (wie noch zu zeigen ist) das Gewissen bevorzugter Ort der Gottesbeziehung.[19] – Allerdings darf Kants Analyse der reinen Vernunft nicht dahin gehend verharmlost werden, dass sie einem Nebeneinander von christlichem Glauben und wissenschaftlicher[20] Vernunft das Wort redet, die sich auf unterschiedlichen Feldern (das subjektive Gewissen hier und die Wirklichkeitserfassung dort) bewegen und somit nur bei einer Grenzüberschreitung aneinander geraten. Als „transzendentales Ideal" der reinen Vernunft ist der Gottesgedanke bei Kant blass geblieben; durch die praktische Vernunft wird er eine weitaus präzisere Kontur erhalten, die allerdings auch zu weitaus kritischeren Rückfragen nötigen wird.

in seiner „Persönlichkeit" (KpV 289; VI, 300) in den Blick nimmt. Dazu kommt, dass der hier beschriebene Kosmos in seiner Größe und Ordnung nicht präzise das Gottesideal der reinen Vernunft abbildet, sondern auch Aspekte der zweiten Vernunftidee (Weltgedanke) aufgreift.

19 Die vorrangige Verankerung des Gottesgedankens in der Ethik und die damit verbundene deutlichere Profilierung dieses Vernunftideals lässt sich schon daran ablesen, dass Kant den drei transzendentalen Ideen in der „Kritik der praktischen Vernunft" (Riga 1788) den Status eines notwendigen Vernunftpostulats einräumt (vgl. KpV 22 f.; VI, 117). Gott, Willensfreiheit und unsterbliche Seele sind nicht mehr nur Grenzgedanken der (reinen) Vernunft, sie müssen als gedachte Gegenstände verstanden werden, weil sie nur unter der Bedingung des realen Gegebenseins der praktischen Vernunft die notwendigen Absicherungen für das philosophische Konzept vom guten Handeln vermitteln können. Nur wenn der menschliche Wille als real frei gedacht werden kann, kann dem Menschen moralisches Handeln zugemutet und zugerechnet werden (vgl. KpV 175; VI, 223). Und nur wenn er als mit einer unsterblichen Seele ausgestattet gedacht wird und zudem die Existenz Gottes gesetzt wird, wird der Mensch nach seinem Erdenleben entsprechend seiner Lebensführung auf die Verwirklichung des höchsten Gutes hoffen dürfen (vgl. KpV 225 f.; VI, 255 f.).

20 Der Begriff „wissenschaftlich" soll im Folgenden verstanden werden in Anlehnung an Kants Unterscheidung von Meinen, Glauben und Wissen (vgl. KrV 822; IV, 689). Kennzeichnend für das Wissen ist demnach die subjektive wie objektive Gewissheit. Wissenschaftlich sind daher solche Aussagen, deren Wahrheit nicht nur für den Aussagenden sicher sind, sondern die auch einer allgemein gültigen, auf „reiner Vernunft" basierenden Überprüfung standhalten, so dass auch die subjektiv mögliche Täuschung ausgeschlossen werden kann.

1.2 Die Ethik als Ort des Gottesgedankens
oder die Zurückweisung des Bratenwenders

Um zumindest eine Übersicht zu Kants Ethik zu skizzieren, soll deren Argumentationsstruktur an Hand seiner „Grundlegung zur Metaphysik der Sitten" (Riga, 1785) nachvollzogen werden. Kant beginnt den Text dieser Abhandlung (nach der Vorrede) mit dem berühmt gewordenen Satz: „Es ist überall nichts in der Welt, ja überhaupt auch außer derselben zu denken möglich, was ohne Einschränkung für gut könnte gehalten werden, als allein ein guter Wille" (GMS 1; VI, 18). Dieser Satz enthält schon mehrere Voraussetzungen, die für Kants ethische Konzeption wesentlich sind:

Zunächst entspricht der Verweis auf die Denkmöglichkeit dem transzendentalphilosophischen Ansatz Kants, der demnach in seiner Ethik beibehalten wird. Kant räsoniert nicht, ob es andere (als gut zu bewertende) Sachverhalte geben könne, denn das würde (gerade bei Dingen außerhalb der Welt) unser Erkenntnisvermögen übersteigen, sondern ob solche Sachverhalte mit unserer (praktischen) Vernunft gedacht werden können – was er verneint. Des weiteren wird der umfassende Anspruch seines ethischen Ansatzes unmissverständlich zum Ausdruck gebracht: Selbst für einen himmlischen Bewertungsmaßstab muss die Beschaffenheit des Willens das einzige Kriterium sein – sofern dieser Himmel (samt seinen Bewohnern) von der praktischen Vernunft gedacht werden soll.[21] Vor allem aber setzt Kant

21 Auch im weiteren Verlauf seiner Argumentation hält Kant diesen Anspruch aufrecht. Besonders klar kommt dies in folgender Behauptung zur Geltung: „Selbst der Heilige des Evangelii muß zuvor mit unserem Ideal der sittlichen Vollkommenheit verglichen werden, ehe man ihn dafür erkennt; auch sagt er von sich selbst: Was nennt ihr mich (den ihr sehet) gut, niemand ist gut (das Urbild des Guten) als der einige Gott (den ihr nicht sehet). Woher haben wir aber den Begriff von Gott als dem höchsten Gut? Lediglich aus der Idee, die die Vernunft a priori von sittlicher Vollkommenheit entwirft und mit dem Begriffe eines freien Willens unzertrennlich verknüpft" (GMS 29; VI, 36). Selbst Gott und sein Sohn müssen, sofern sie gedacht werden, ethisch bewertet werden. – Entscheidend für die theologische Bewertung dieser Argumentation wird sein, ob sich die bewusst provokante Bemerkung Kants, dass Jesus ein gutes Exempel (im ethischen Sinne) für uns nicht abgebe, weil er ein Außerirdischer sei, sondern weil er gutes Leben urbildlich verkörpere, auf ihren ethischen Gebrauch restringieren lasse, oder ob sie einen umfassenderen Anspruch stelle.

die philosophische Selbstverständlichkeit voraus, dass Ethik als Lehre von der Moral sich wissenschaftlich mit dem guten Handeln des Menschen beschäftigt. Die Grundfrage der Ethik „Was soll ich tun?" (KrV 805; IV, 677) wird zunächst implizit dahin gehend beantwortet, dass man das Gute tun und das Böse meiden solle. Die eigentliche philosophische Auseinandersetzung beginnt erst mit der folgenden Frage, was denn das Gute sei, welches Handeln als gut bewertet werden solle.

Gut ist allein der gute Wille. Kants Begründung dieses Ansatzes setzt zunächst negativ an: Alle anderen Eigenschaften des Menschen könnten vom Willen missbraucht werden.[22] Die ethische Bewertung hängt vielmehr davon ab, für welches Handeln sie verwendet werden – und der Wille des Menschen ist nach Kant als diejenige Größe zu verstehen, welche zu solchem Einsatz beruft, welche also die anderen Eigenschaften beherrschen kann.[23] Für eine positive Bewertung ist darüber hinaus ausschlaggebend, welchen Handlungsmaximen sich der Wille verpflichtet weiß[24]: Nur ein Wille, der sich in der Steuerung des Handelns ausschließlich nach einem moralischen Gesetz richtet, kann als gut qualifiziert werden. Nun besteht jedoch die Möglichkeit, dass dieses Gesetz mit seinen spezifischen Forderungen den Willen beherrscht – und damit würde der Wille seine Vorrangstellung einbüßen. Demgegenüber hält Kant fest, dass der Wille sich selbst dieses Gesetz geben muss:[25] die Autonomie des Willens muss gewährleistet sein.[26] Nur als eigener Gesetzgeber behält der Wille die Vorrangstellung und wird nicht durch einen fremden Gesetzgeber und dessen Vorschriften beherrscht – der Gegenbegriff lautet entsprechend Heteronomie.[27] Wer auf äußeren Befehl (als Form eines fremd auferlegten Gesetzes) eine bestimmte Handlung vollzieht, ist diesem Befehlsgeber gleichermaßen untergeordnet wie die Tugenden dem Willen. Solcher Befehl (Imperativ) ist bedingt – durch den Gesetzgeber. Nur der selbst (durch den autonomen Willen) gegebene Imperativ ist unbedingt; er gebietet kategorisch.[28]

22 Vgl. GMS 1; VI, 18.
23 Vgl. GMS 2 f.; VI, 18 f.
24 Vgl. GMS 13; VI, 26.
25 Vgl. GMS 70 f.; VI, 64.
26 Vgl. GMS 74; VI, 66.
27 Vgl. KpV 58; VI, 144.
28 Vgl. GMS 72 f.; VI, 64 f.

Die Autonomie des Willens ist also unverzichtbare Grundlage der Kantschen Ethik. Allerdings darf sie nicht dahin führen, dass jede Handlungsbestimmung durch den Willen als moralisch gut bezeichnet wird, sonst wäre der gute Wille von der Willkür, die lediglich „durch sinnliche Antriebe, d. i. pathologisch bestimmt" (KrV 802; IV, 675) ist, nicht mehr zu unterscheiden Der gute Wille ist hingegen der freie Wille, und damit ist nach Kant gemeint, dass er lediglich durch sich selbst und nicht durch fremde Größen bestimmt wird – wobei zu diesen fremden Größen nicht nur menschliche oder göttliche Gesetzgeber, sondern auch die von der Natur gesteuerten Triebe und Instinkte zählen. Aber was ist das „Selbst" bei dieser autonomen Willensbestimmung? Nach Kant kann es sich nur um die Vernunft handeln, nur sie vermag allgemeine Gesetze zu formulieren[29] und ist zugleich mit dem jeweiligen Willensträger untrennbar verbunden.[30] Das Gesetz, welches der gute Wille sich selbst verpflichtend gibt, wird also vernünftig und damit verallgemeinerbar sein.[31] Damit gilt nach Kant: Der Mensch handelt gut, wenn er solche Maxime seines Handelns selbst, durch eigene Vernunft und damit verallgemeinerbar bestimmt sowie sich ausschließlich von ihr bestimmen lässt.

Kant hat mit dieser Grundlegung der Ethik auch für eine evangelische Theologie unhintergehbare Einsichten festgehalten. Dass nur diejenige Größe, welche das Handeln bestimmt und damit die anderen Einflussfaktoren beherrscht, der moralischen Bewertung unterliegen kann, ist evident. Soll der Wille

---

29 Vgl. die bereits vorgestellte Definition der Vernunft in der ersten Kritik: Vernunft ist „das Vermögen der Einheit der Verstandesregeln unter Prinzipien" (KrV 302; IV, 314). Kurz zuvor hatte Kant die „Erkenntnis aus Prinzipien" als dasjenige Verfahren bezeichnet, „da ich das Besondere im allgemeinen durch Begriffe erkenne" (KrV 300; IV, 313).

30 Vgl. GMS 123; VI, 98.

31 Aus genau diesen beiden Bezügen setzt sich der kategorische Imperativ als die Form des moralischen Gesetzes nach Kant zusammen; er enthält zum einen die Verallgemeinerungsfähigkeit und zum anderen die Unbedingtheit: „Denke ich mir aber einen kategorischen Imperativ, so weiß ich sofort, was er enthalte. Denn da der Imperativ außer dem Gesetze nur die Notwendigkeit der Maxime enthält, diesem Gesetze gemäß zu sein, das Gesetz aber keine Bedingung enthält, auf die es eingeschränkt war, so bleibt nichts als die Allgemeinheit eines Gesetzes überhaupt übrig, welchem die Maxime der Handlung gemäß sein soll, und welche Gemäßheit allein der Imperativ als notwendig vorstellt" (GMS 51 f.; VI, 51).

als diese Größe gelten, dann müssen die Handlungen so auf ihn zurückgeführt werden können, dass sie ihm zuzurechnen sind,[32] der Wille muss den Menschen frei zu dieser Handlung bestimmt haben. Wer konzeptionell von dieser Grundlegung abweicht, wer also andere Bestimmungsgrößen über den Willen setzt, reduziert die menschliche Freiheit zur „Freiheit eines Bratenwenders" (KpV 174; VI, 222), der nur diejenigen Handlungen vollziehen kann, zu denen er programmiert worden ist. Doch solche Handlungen können nicht dem sie ausführenden Menschen zugerechnet werden, so dass eine ethische Bewertung nicht den mechanisiert Handelnden, vielmehr dessen Programmierer anvisieren müsste.

Wer die Grundlegung der Ethik heteronom unterläuft, reduziert den Menschen in ethischer Perspektive zum Bratenwender; das gilt auch theologisch. Ein solches Verständnis des Menschen widerspricht nicht nur der biblischen Rede von der Gottebenbildlichkeit, es kann zudem nicht vernünftig erklären, warum die Bibel im Dekalog oder in der Bergpredigt moralische Imperative formuliert in der Erwartungshaltung, dass sie von den Hörenden als Bewertungsmaßstab ihrer Handlungen akzeptiert werden – was eben voraussetzt, dass die geforderten Handlungen tätig vollzogen werden können.[33]

Doch könnte man Heteronomie auch in einem abgeschwächten Sinn verstehen, so dass zwar nicht die Willensfreiheit geleugnet, wohl aber vom Menschen die Unterwerfung unter bestimmte Gebote verlangt wird. Ist nicht dem Menschen von Gott vorgeschrieben worden, was gut ist und was Gott von ihm fordert (Micha 6,8)? Doch hängt in ethischer Perspektive alles daran, wie diese Vorschrift genau zu verstehen ist. Sollte bedingungsloser Gehorsam gegenüber willkürlichen Geboten gemeint sein, dann widersprächen solche fremden Gesetze zwar nicht der Willensfreiheit, wohl aber der Autonomie; solche Gesetze kann der Mensch sich selbst nicht geben noch ihnen aus eigenem Antrieb

---

32 Vgl. KpV 173; VI, 222.

33 Der Deutlichkeit halber sei schon hier angemerkt, dass die faktische Erfüllung der Forderungen keinesfalls notwendig mit der Willensfreiheit mitgedacht werden muss. Vorausgesetzt wird nur das Vermögen des Menschen, diese Handlungen vollbringen zu können, denn nur dann kann er – sei es auf die vollbrachten Werke, sei es auf die Unterlassungen – angesprochen und sein Handeln entsprechend beurteilt werden.

folgen. Seine Handlungsmaxime wäre vielmehr Vermeidung der angedrohten Bestrafung bei Nichtbeachtung. Doch damit wäre nicht nur der Handelnde fremdbestimmt. Vor allem würde Gott als Gesetzgeber zum herrschsüchtigen Tyrannen, der seinen Untertanen keinerlei Eigenständigkeit einzuräumen bereit ist,[34] was dem biblischen Befund ebenfalls widerspricht. – Das Prophetenwort formuliert anders, es spricht davon, dass diese Forderungen dem Menschen gesagt worden sind. Damit setzt es genau das voraus, was auch nach Kant Grundlage der Ethik zu sein hat, nämlich den vernunftbegabten und sein Handeln selbst bestimmenden Menschen. Was ihm durch das Wort des Propheten zugetragen wird, kann ihn innerlich überzeugen, so dass er aus eigener Einsicht die Gebote zu seinen Handlungsmaximen erheben und ihnen folgen wird.[35] Theologische Ethik darf diese Einsicht nicht preisgeben.

Die weiterführende Frage, die sich Kant der transzendentalen Ausrichtung seiner Philosophie entsprechend stellt, lautet: Kann vernünftigerweise davon ausgegangen werden, dass der Mensch über einen solchen freien Willen verfügt; sind Handlungen wirklich durch einen freien Willensentschluss bewirkt worden? Die Problematik hinter diesen Fragen liegt darin, dass nach Kants dritter Antinomie der reinen Vernunft die Annahme eines freien Willens ebenso wie die gegenteilige Behauptung der Determiniertheit des Menschen vernünftig gedacht werden könne.[36] Willensfreiheit markiert einen Grenzbegriff, dessen realer Gehalt mit den Möglichkeiten der reinen Vernunft nicht festgestellt werden kann. Doch in ethischer Perspektive bleibt Kant bei diesem Befund nicht stehen, sondern spricht vom freien Willen als Postulat der praktischen Vernunft,[37] denn er kann zwar in der Wirklichkeit nicht nachgewiesen werden, ist aber für die Grundlegung der Ethik unverzichtbar. Jeder Wirklich-

---

34 Vgl. *Helmut Thielicke:* Der evangelische Glaube. Grundzüge der Dogmatik I. Band: Prolegomena. Die Beziehung der Theologie zu den Denkformen der Neuzeit, Tübingen 1968, 23.

35 Diese Deutung wird nicht zuletzt bestärkt durch die inhaltlichen Forderungen aus Micha 6,8: „Es ist dir gesagt, Mensch, was gut ist und was der HErr von dir fordert, nämlich Gottes Wort halten und Liebe üben und demütig sein vor deinem Gott". Keine dieser Forderungen impliziert eine Fremdbestimmung des Menschen.

36 Vgl. KrV 444 ff.; IV, 426 ff.

37 Vgl. KpV 238; VI, 264.

keitsnachweis könnte sich nur auf die Erkenntnismechanismen der Vernunft gründen und würde damit in ein naturgesetzliches Denken abgleiten und so den freien Willen zu einer Größe in der Sinnenwelt verfälschen. Der so nachgewiesene Wille wäre gerade nicht frei, er wäre in die Erkenntnisstruktur der menschlichen Erfassungsorgane eingespannt und damit kausal determiniert.[38] Der Wille hätte seine Vorrangstellung an den Verstand verloren. Ob der Mensch also wirklich frei ist, ob es jemals eine freie Handlung in der Sinnenwelt gegeben hat, kann mit den Mitteln der reinen Vernunft nicht entschieden werden.[39] Aber festgehalten werden muss, dass nur unter dieser Bedingung die Entwicklung einer Moralität möglich ist; der freie Wille ist die *conditio sine qua non* einer philosophischen Ethik.

Nun darf dieser Befund nicht dahin gehend missverstanden werden, dass die Entwicklung einer Ethik ins wissenschaftliche Belieben gestellt wird. Kant hält vielmehr fest, dass ein Perspektivenwechsel stattfinden muss, um menschliches Handeln ethisch analysieren zu können. In der sinnenweltlichen Perspektive gerät menschliches Handeln als durchgehend bestimmte Größe ins Blickfeld; unter dem Gesichtspunkt der „Verstandeswelt" (GMS 110; VI, 89) hingegen wird der Mensch als intelligibles Wesen betrachtet, das sich selbst bestimmen kann. Dieser Perspektivenwechsel ist notwendig für den Menschen, um „sich selbst als praktisch zu denken, welches, wenn die Einflüsse der Sinnlichkeit für den Menschen bestimmend wäre, nicht möglich sein würde" (GMS 119; VI, 95). Aber noch ist diese Argumentation zirkulär; Kant muss zeigen, warum der Mensch sich als intelligible Person denken können soll. Aber er darf dies nicht in der Form eines Beweises zeigen, weil er sonst die bewiesene Freiheit zugleich zerstört. Daher greift Kant auf die Evidenz des Satzes „du kannst, denn du sollst" zurück: Wer zugesteht, dass ihm eine moralische Forderung als Handlungsanweisung einleuchtet, der wird auch zuzugeben haben, dass er sich damit als eine Person denkt, die einer solchen Umsetzung fähig sein muss.[40] Die Bewusstwerdung des moralischen

---

38 Vgl. KpV 83 f.; VI, 163.

39 Vgl. KpV 177 f.; VI, 224 f.

40 Vgl. KpV 54; VI, 140: „Setzet, daß jemand von seiner wollüstigen Neigung vorgibt, sie sei, wenn ihm der beliebte Gegenstand und die Gelegenheit dazu vorkämen, für ihn ganz unwiderstehlich: ob, wenn ein Galgen

Gesetzes als eines evidenten Sollens führt zum Postulat des freien Willens als dem entsprechenden Können;[41] die beiden verhalten sich als *ratio cognoscendi* (Gesetz) und *ratio essendi* (Freiheit) zueinander.[42]

Die Unterscheidung zweier Perspektiven auf den Menschen, der als Analyseobjekt der Sinnenwelt anders betrachtet wird denn als autonomes Subjekt in der Verstandeswelt, ist weiterführend.[43] Vor allem ist Kants Einsicht, dass man die zweite Perspektive nicht auf der Ebene der ersten Perspektive und mit deren Mitteln beweisen kann, bis heute aktuell.[44] Freiheit ist die Fähigkeit, eine Handlung spontan zu initiieren, und freie Spontaneität kann als „eine sich gänzlich von selbst bestimmende Kausalität" (KpV 83; VI, 163) gerade nicht von der Verstandeskausalität hergeleitet werden. – Entscheidend ist allerdings, ob Kant nur diese beiden Perspektiven auf den Menschen als vernünftige Ansichten zulässt oder noch eine weitere, geistliche Perspektive zu akzeptieren bereit wäre.[45] Diese

vor dem Hause, da er diese Gelegenheit trifft, aufgerichtet wäre, um ihn sogleich nach genossener Wollust daran zu knüpfen, er alsdann nicht seine Neigung bezwingen würde? Man darf nicht lange raten, was er antworten würde. Fragt ihn aber, ob, wenn sein Fürst ihm unter Androhung derselben unverzögerten Todesstrafe zumutete, ein falsches Zeugnis wider einen ehrlichen Mann, den er gerne unter scheinbaren Vorwänden verderben möchte, abzulegen, ob er da, so groß auch seine Liebe zum Leben sein mag, sie wohl zu überwinden für möglich halte? Ob er es tun würde oder nicht, wird er sich vielleicht nicht getrauen zu versichern; daß es ihm aber möglich sei, muß er ohne Bedenken einräumen. Er urteilt also, daß er etwas kann, darum weil er sich bewußt ist, daß er es soll, und erkennt in sich die Freiheit, die ihm sonst ohne das moralische Gesetz unbekannt geblieben wäre" – dieses markante Beispiel verdeutlicht, dass die Willensfreiheit in der Form einer (und sei es contrafaktischen) Zumutung als evidentes Postulat vorgestellt wird. Menschliche Einsichtsfähigkeit wird unmittelbar herausgefordert, ein Umweg über das kausale Beweisverfahren der reinen Vernunft wird nicht eingeschlagen.

41 Vgl. KpV 53; VI, 139.

42 Vgl. KpV 4; VI, 108.

43 Vgl. *Georg Picht:* Kants Religionsphilosophie, (1985) Stuttgart [2]1990, 132 ff.

44 Hierzu kann nur hingewiesen werden auf die gegenwärtige Debatte um Rehabilitierung des (anthropologischen) Naturalismus; vgl. dazu die differenzierte Analyse und pointierte Kritik von *Bernd Goebel:* Probleme eines philosophischen Naturalismus; in: ThPh 78 (2003), 23–37.

45 Hiermit greife ich zustimmend zurück auf den ethischen Ansatz von

auch für das Verständnis des Geistes äußerst relevante Frage soll weiter verfolgt werden, indem nunmehr gezeigt wird, wie der Gottesgedanke von Kant der ethischen Perspektive subsumiert wird:

Grundlegend für die Ethik sind nach Kant „die Autonomie des Willens" (KpV 58; VI, 144) und eine entsprechende Beiordnung von Gottesgedanke und Unsterblichkeitsgedanke. Die beiden letzteren sind Zusatzpostulate, um das übergeordnete Postulat der Willensfreiheit des Menschen konsequent denken zu können;[46] ihre erste Funktion besteht darin, die gedankliche Möglichkeit abzusichern, dass der Mensch seinen freien Willen auch wirklich in der Welt handelnd umsetzen kann. Die damit bestätigte Vorrangstellung des freien Willens innerhalb der Postulatenlehre lässt sich zudem ablesen an der absoluten Unverzichtbarkeit der Willensfreiheit bei nur bedingter Unverzichtbarkeit der beiden anderen Postulate: Selbst wenn es keinen Gott gäbe und der ganze Mensch vergänglich wäre, bliebe das Kennzeichen guten Handelns immer noch die ausschließliche Ausrichtung am moralischen Gesetz aus reinem Pflichtbewusstsein.[47] Als Zusatzpostulate sind sie also nicht für die Begründung der Ethik notwendig, sie erhalten vielmehr die weitere Funktion, das gebotene moralische Handeln vom Verdacht der Sinnlosigkeit freizusprechen.[48] – Mit dieser Unterordnung des Gottesgedankens unter die Willensfreiheit ist natürlich die Gefahr verbunden, dass die theologischen Gehalte verkürzt werden. Dem korrespondiert die Gefahr, dass die ethische Perspektive verabsolutiert wird und damit die theologischen Aussagen ethisiert werden. Um aber beurteilen zu können, wiefern Kant dieser Gefahr erlegen sein könnte, muss zunächst der moralische Gottesgedanke Kants analysiert werden.

Johannes Fischer, den er zunächst in der Monographie „Leben aus dem Geist. Zur Grundlegung christlicher Ethik" (Zürich 1994) vorgestellt und nunmehr in seinem neuen Werk „Theologische Ethik. Grundwissen und Orientierung" (Stuttgart 2002) weiter entwickelt hat.

46 Vgl. KpV 5 f.; VI, 108.

47 Vgl. KpV 233; VI, 261.

48 Vgl. KdU 422; VIII, 579.

1.3 Der moralische Gottesgedanke

Wie soeben aufgezeigt, wird der Gottesgedanke in Kants Ethik eingeführt, um einerseits erläutern zu können, wie ein vom freien Willen initiiertes moralisches Handeln in der Welt denkmöglich ist, und um andererseits abzusichern, dass die Anforderung an den ganzen Menschen, sich moralisch zu verhalten, als sinnvoll gedacht werden kann. Beide Funktionen des Gottesgedankens sollen nunmehr dargestellt werden.[49] Dabei wird zu prüfen sein, inwieweit Kant der genannten Gefahren einer solchen Unterordnung des Gottesgedankens erlegen ist.

Zur Beantwortung der Frage, wie der freie Wille als Postulat der Vernunftwelt umgesetzt werden könnte in ein Handeln, das in der Sinnenwelt stattfindet und dort auch wahrgenommen wird, führt Kant das „Ideal des höchsten Guts" (KrV 804; IV, 676) ein, das die Zielperspektive menschlichen Handelns bezeichnet. Es handelt sich hierbei um eine synthetische Verbindung von zwei Größen,[50] zum einen die Tugend als eine intelligible Größe und zum anderen eine sinnenweltliche Größe, die von Kant zunächst (vor allem in den beiden ersten Kritiken) als Glückseligkeit, später (vor allem in der dritten Kritik und der Religionsschrift) vermittelt über den Zweckgedanken als gesellschaftspolitischer Fortschritt bezeichnet und dann unterschiedlich entfaltet wird. Um die Zielperspektive menschlichen Handelns vollständig zu erfassen, müssen beide Größen vorkommen; auch die sinnliche Natur des Menschen verlangt also Berücksichtigung.[51] Aber der Dualismus zwischen beiden Größen ist eine unüberbrückbare Kluft für die menschliche Vernunft. Der Gottesgedanke wird an dieser Stelle von Kant eingeführt, um das Erreichen des anvisierten Zieles zu verbürgen. Da der Rekurs auf den Gedanken der Glückseligkeit zu immanenten Problemen in Kants Ethik führt, wird hier nur der weiterführende zweite Gedankengang entfaltet.

Das höchste Gut, das durch moralisches Handeln verwirklicht

---

49 Vgl. zum Folgenden *Volker Stümke:* Der Geist als Richter. Ein eschatologischer Impuls aus Kants Religionsphilosophie; in: Jahrbuch für Philosophie des Forschungsinstituts für Philosophie Hannover 17, Wien 2001, 157–184.

50 Vgl. KpV 204; VI, 242.

51 Vgl. KpV 45; VI, 133.

werden soll, ist Kants späten Schriften folgend der kulturelle
Fortschritt; er vollzieht sich in der Sinnenwelt und entspricht
zugleich dem moralischen Wesen des Menschen.[52] Angesichts
der Dualität von Sinnenwelt und Verstandeswelt ist seine Realisierung allerdings unsicher; der Mensch kann nicht garantieren,
dass sein moralisches Handeln diesen Fortschritt bewirkt. Die
Unterscheidung der beiden Welten äußert sich in diesem Kontext
einerseits darin, dass der moralische Mensch zwar über einen
guten Willen verfügt, aber damit nicht zugleich auch über die
Kraft und die geschichtliche Möglichkeit, diesen Willen als intelligible Größe entsprechend sinnenweltlich umzusetzen. Von der
anderen Seite her muss beachtet werden, dass die Welt eben nicht
(nur) vom moralischen Handeln des Menschen gestaltet wird,
sondern auch von den Naturkräften (sowohl im Menschen wie
in dessen Umwelt) und vom Widerstreit der Menschen.[53]

Angesichts dieser Diskrepanz wird Gott von Kant als Schöpfer gedacht. Gott erscheint dabei als diejenige Größe, welche die
Rahmenbedingungen der Natur so eingerichtet hat (und erhält), dass sie das freie Handeln des Menschen nicht unmöglich
machen.[54] Als Schöpfer steht Gott für die Gestaltbarkeit der Natur ein und damit für die Möglichkeit, dass menschliche Freiheit einen Handlungsspielraum hat.[55] Gott ist als „moralische
Welturache" (KdU 420; VIII, 577) das Pendant zum freien Menschen als dem Endzweck der Schöpfung. Der mit freiem Willen
begabte Mensch soll „den durch seine Gesetze aufgegebenen
Zweck in der Sinnenwelt wirklich machen, und die Natur muss
folglich auch so gedacht werden können, dass die Gesetzmäßigkeit ihrer Form wenigstens zur Möglichkeit der in ihr zu bewirkenden Zwecke nach Freiheitsgesetzen zusammenstimme"
(KdU XIX f; VIII, 247 f.). Schöpfung und Erhaltung werden
demnach als ein die Natur zugunsten des moralischen Handelns begrenzendes Wirken Gottes gedacht.

Zudem wird Gott als eschatologischer Richter profiliert, um
ein Folgeproblem des Rekurses auf den kulturellen Fortschritt

---

52 Vgl. KdU 386 f.; VIII, 553 f.
53 Vgl. KdU 379 ff.; VIII, 548 ff.
54 Vgl. KdU 428 f.; VIII, 583.
55 Vgl. *Wilhelm Vossenkuhl:* Die Paradoxie in Kants Religionsschrift und
die Ansprüche des moralischen Glaubens, in: Kant über Religion, 168–180,
hier 171.

aufzufangen: Kultureller Fortschritt ist eine geschichtliche Größe, das Subjekt der Geschichte ist aber die menschliche Gattung.[56] Wie soll nun verhindert werden, dass der Einzelne im
langsamen Prozess des Fortschritts aufgerieben wird?[57] Zwar
kann er nicht erwarten, durch sein moralisches Verhalten, das
den Fortschritt fördert, irdische (noch jenseitige) Glückseligkeit
zu erlangen. Aber wie kann solcher Fortschritt als Forderung
des Sittengesetzes gelten, wenn dabei der Einzelne als „Zweck
an sich selbst" (GMS 69; VI, 63) aus dem Blick gerät? Das
menschliche Leben droht in seiner Moralität sinnlos zu werden[58] – und dagegen wird Gott als eschatologische Größe auf-
geboten. Wenn Sinnlosigkeit das sinnenweltliche Dasein des
Menschen bedroht, ist das höchste Gut kein Aspekt der Ethik
mehr, und damit wäre nicht mehr der ganze Mensch berücksichtigt. Der eschatologische Richter soll verbürgen, dass der
Einzelne „Endzweck"[59] bleibt. Dementsprechend nennt Kant

56 Bereits in seinem ersten Aufsatz zur Geschichtsphilosophie, der „Idee
zu einer allgemeinen Geschichte in weltbürgerlicher Absicht" (1784), erör-
tert Kant die Notwendigkeit, von der Menschengattung und nicht vom Individuum als dem Subjekt der Geschichte auszugehen. Dazu führt er zwei
Argumente an: Erstens ist die Subjektstellung der Gattung erkenntnistheo-
retisch unabdingbar, weil der Fortschritt so viel Zeit beanspruche, dass nur
eine gattungsgeschichtliche Beobachtung einen „regelmäßigen Gang" (Idee
386; IX, 33) der Geschichte entdecken könne. Dem korrespondiert das zweite Argument: Kant begründet die Notwendigkeit zudem geschichtsphilo-
sophisch, indem er darauf verweist, dass eine vollständige Entwicklung der
Vernunftanlagen, die als Zweck der Natur gedacht werden müsse, in einem
Menschen dessen unendliches Leben voraussetzen müsste. Der geschichtliche Fortschritt verlange vielmehr nach einem Subjekt, das mit diesem zeit-
aufwändigen Fortschreiten mithalten könne, und das vermag nicht das
sterbliche Individuum, sondern bestenfalls eine unsterbliche Gattung (vgl.
Idee 388 f.; IX, 35). An dieser Subjektstellung der Gattung hat Kant seither
festgehalten.
57 Vgl. Idee 391; IX, 37.
58 Vgl. KdU B 427 f.; VIII, 579 f.
59 Mit der Rede vom Menschen, der in ethischer Perspektive als Endzweck anzusehen ist (vgl. KdU 393; VIII, 558), will Kant betonen, dass diese
Perspektive nicht noch einmal relativiert werden dürfe: „Von dem Menschen nun (und so jedem vernünftigen Wesen in der Welt) als einem moralischen Wesen kann nicht weiter gefragt werden: wozu (quem in finem) er
existiere. Sein Dasein hat den höchsten Zweck selbst in sich, dem, soviel er
vermag, er die ganze Natur unterwerfen kann, wenigstens welchem zuwider er sich keinem Einflusse der Natur unterworfen halten darf" (KdU

im Aufsatz „Das Ende aller Dinge" (1794) als Grund für die Herausbildung einer eschatologischen Erwartung die vernünftige Einsicht, dass „die Dauer der Welt nur sofern einen Wert hat, als die vernünftigen Wesen in ihr dem Endzweck ihres Daseins gemäß sind, wenn dieser aber nicht erreicht werden sollte, die Schöpfung selbst ihnen zwecklos zu sein scheint; wie ein Schauspiel, das gar keinen Ausgang hat und keine vernünftige Absicht zu erkennen gibt" (Ende 503; IX, 179).

Mit diesen Ausführungen hat Kant den Gottesgedanken in ethischer Perspektive sowohl protologisch wie eschatologisch profiliert. Anders als in der Perspektive der reinen Vernunft muss dieser Gott als existent postuliert werden, um als Schöpfer, der die Natur freiheitskompatibel eingerichtet hat, und als Richter, der den Einzelnen als Endzweck der Schöpfung im Blick behält, gedacht werden zu können. Dass der Philosoph Gott lediglich als Gedanken postuliert, gibt keinen Anlass zur theologischen Kritik; vielmehr entspricht es dem Gesprächsangebot Kants an die Theologie und kann daher nur als Anerkenntnis der eigenen perspektivischen Grenze gewürdigt werden. Den Schöpfer so zu denken, dass er dem Menschen einen Gestaltungsraum in der Welt zuweist und ihn hier auch als Mitarbeiter einsetzt, steht zudem in Übereinstimmung mit der christlichen Gotteslehre. Innerhalb dieses Gestaltungsraumes wird dem Menschen Autonomie zugebilligt, so dass Gott aus dieser Perspektive nur als Grenzgedanke konzipiert werden kann. Sofern deutlich bleibt, dass es sich hierbei nur um eine Perspektive, näherhin um diejenige Blickrichtung, welche auf die Frage „Was soll ich tun?" Antwort zu geben sucht, handelt, erhebe ich als evangelischer Theologe keinen Widerspruch gegen Kants Position. – Die bereits notierte Gefahr der Verabsolutierung dieser ethischen Perspektive erscheint mir an dieser Stelle und in dieser Begrenzung noch nicht als virulent.

Hinsichtlich des eschatologischen Profils Gottes bleiben allerdings Fragen offen. Dass Gott als eschatologischer Richter die

393 f.; VIII, 558 f.). Damit finden sich die zentralen Bestimmungen der Freiheit, welche die praktische Vernunft entworfen hatte, bei der Definition des Endzwecks wieder. Vor allem aber wird mit dieser Unterscheidung die Bedeutung des Fortschritts beschränkt: Die Menschenwürde ist nicht abhängig von kulturellen Verbesserungen, sondern ist im Dasein des Menschen selbst verankert.

Würde des Einzelnen (in Kants Terminologie: als Zweck an sich selbst) davor sichert, von der Geschichte überrollt zu werden, greift die Hochschätzung des Individuums in der christlichen Tradition auf. Auch die Bibel spricht davon, dass jeder Mensch offenbar werden wird vor dem Stuhl des göttlichen Richters (2Kor 5,10). Aber die Rede vom Richter impliziert darüber hinaus zum einen, dass der Einzelne einer Beurteilung würdig ist; hier muss gefragt werden, nach welchem Kriterium Kant zufolge das göttliche Urteil gefällt wird. Zum anderen impliziert diese Rede, dass es ein externer Richter ist, der den Einzelnen in den Blick nimmt. Wie wird diese weitere Perspektive von Kant entfaltet? Ist sie ein Beleg dafür, dass er eben nicht die ethische Sichtweise verabsolutiert, sondern eine weitere (geistliche) Sichtweise zugesteht? – Diese Fragen führen zu Kants philosophischer Pneumatologie; denn es ist der Geist, der vor allem in der Religionsschrift als der (eschatologische) Richter profiliert wird.

2. Kants Grundlinien einer philosophischen Pneumatologie

Wie bereits notiert hat Kant den Geist als Richter bezeichnet; hierin liegt der entscheidende pneumatologische Impuls, der nun zu analysieren ist. Zuerst muss die Einführung des Sündenbegriffs dargestellt werden, weil sich hiermit die religionsphilosophischen Rahmenbedingungen ändern. Daraufhin sind Kants pneumatologische Hinweise in zwei Schritten zu analysieren. Zunächst soll untersucht werden, wie Kant die klassischen Aussagenkomplexe über den Heiligen Geist (nämlich die Vermittlung der Selbsterkenntnis als gerechtfertigter Sünder und die Befreiung zu wahrhaft guten Werken ohne mitgesetzter Selbstrechtfertigungstendenz) ethisch umformuliert. Daran anschließend soll der eschatologische Impuls, den die Rede vom Geist als Richter verspricht, gewürdigt werden.

2.1 Die Sünde oder das Problem der Qualität des Baumes

Wie kann ein böser Baum gute Früchte tragen? Dieser Frage stellt sich Martin Luther unter Rückgriff auf ein Bildwort der

Bergpredigt (Mt 7,17 f.).[60] Luther verbindet dieses Bild mit der Unterscheidung von Person und Werk: Erst muss die Person gut werden, dann kann und wird sie gute Werke vollbringen. Angewandt auf die Rechtfertigungslehre besagt dies, dass der sündige Mensch zunächst das Heilswerk Christi im Glauben ergreifen und durch den „fröhlichen Wechsel"[61] eine neue Person werden muss, bevor er sich um gute Werke bemühen kann. Wer hingegen den zweiten Schritt vor dem ersten gehe, versuche durch eigene Werke vor Gott gerecht zu werden und werde dafür als Sünder verdammt werden. – Kant greift dieses Bild im ersten Hauptstück der Religionsschrift auf: „Wie es nun möglich sei, daß ein natürlicherweise böser Mensch sich selbst zum guten Menschen mache, das übersteigt alle unsere Begriffe; denn wie kann ein böser Baum gute Früchte bringen? Da aber doch nach dem vorher abgelegten Geständnisse ein ursprünglich (der Anlage nach) guter Baum arge Früchte hervorgebracht hat und der Verfall vom Guten ins Böse (wenn man wohl bedenkt, daß dieses aus der Freiheit entspringt) nicht begreiflicher ist als das Wiederaufstehen aus dem Bösen zum Guten, so kann die Möglichkeit des letzteren nicht bestritten werden" (Rel 46; VII, 695). Diese Aussage muss näher untersucht werden:

Zunächst ist festzuhalten, dass Kant sich hier religionsphilosophisch mit dem Sündenbegriff auseinandersetzt. Sehr genau markiert er die beiden Hauptprobleme, nämlich erstens die Übergänge (von gut zu böse und zurück) denken und zweitens diese Qualifikation des Menschen mit dem Postulat der Freiheit verbinden zu können. Der Rückgriff auf das Bildwort dokumentiert darüber hinaus die Ernsthaftigkeit, mit der sich Kant auf die Argumentation der christlichen Dogmatik eingelassen hat. Denn gerade das Bild vom Baum steht für die Grundlegung der Ethik (als Lehre von den guten Früchten) in der Beschaffenheit des Menschen, so dass Kant durch seine Auseinandersetzung mit dem Sündenbegriff auch die Rechtfertigungslehre und indirekt die Pneumatologie zu berücksichtigen hat.

Das Problem, die Übergänge denken zu können, ist gravierend, weil die Adjektive gut und böse nicht einzelne Taten qua-

---

60 Vgl. *Martin Luther:* Von der Freiheit eines Christenmenschen (1520), WA 7, 32 (23. Abschnitt).
61 Vgl. WA 7, 25 f. (12. Abschnitt).

lifizieren, sondern auf die Person als Handlungsträger gerichtet sind. Gerade das Bild vom Baum verleitet dazu, den Handelnden als von Grund auf oder substanziell böse zu denken. Auch Kant spricht vom radikalen (= wurzelhaft) Bösen in der menschlichen Natur[62] und kommt damit der traditionellen Erbsündenlehre entgegen. Allerdings erlaubt seine Unterscheidung von Sinnenwelt und Verstandeswelt, den Ursprung des Bösen nicht zeitlich datieren zu müssen.[63] Der Sündenfall kann nur ein freier und somit spontaner Entschluss der sittlichen Person gewesen sein, der eben mit den Mitteln der reinen Vernunft nicht rekonstruiert werden kann. Schon damit fällt zugleich die traditionelle Erbsündenlehre angesichts ihrer sinnenweltlichen Verankerung – ganz abgesehen davon, dass eine persönliche Schuld nicht vererbt werden kann.[64] Vielmehr muss der Sündenfall so gedacht werden, dass jeder Mensch einen bewussten Wechsel der Handlungsmaxime (vom Gehorsam gegen das Sittengesetz zur Priorisierung der sinnlichen Antriebe) vollzog.[65] Und so mag es zwar nach Kant einen „Hang zum Bösen in der menschlichen Natur" geben (Rel 18; VII, 675), ebenso können unterschiedliche Stufen des Abweichens vom Sittengesetz zugestanden werden[66] – entscheidend bleibt, dass der Schritt des Menschen von der (in der Natur angelegten) Möglichkeit zur Wirklichkeit der Sünde „als ein ursprünglicher Gebrauch seiner Willkür" (Rel 39; VII, 690) konzipiert werden muss.[67]

---

62 Vgl. Rel 25; VII, 680.

63 Vgl. Rel 36 ff.; VII, 689 f.

64 So auch Rel 88; VII, 726, wo Kant in sozinianischer Tradition betont, dass Schuld „keine transmissibele Verbindlichkeit" sei und damit den Gedanken der Stellvertretung Christi kritisiert; vgl. dazu *Gunther Wenz:* Forum internum. Zur Transformation eschatologischer Gerichtsvorstellungen in der Neuzeit; in: Eschatologie und Jüngstes Gericht, hg. von R. Rittner, Hannover 1991, 49–67, bes. 54.

65 Vgl. Rel 36 f.; VII, 689 f.

66 Vgl. Rel 19 ff.; VII, 676 f.

67 Aus diesem Grund schließt Kant die beiden extremen Erklärungsmodelle zur Herkunft des Bösen gleichermaßen aus (vgl. Rel 27 ff.; VII, 683 f.): In der Sinnlichkeit des Menschen kann das Böse nicht gründen, weil es dann unterhalb seiner Entscheidungsfreiheit zu lokalisieren wäre; die Bosheit wäre eine tierische Anlage und nicht zurechnungsfähig. In der moralischen Vernunft kann das Böse ebenfalls nicht fundiert sein, weil dann keine moralische Gegenkraft mehr denkbar wäre und auch damit eine Bewertung entfiele. Der Verweis auf die Willkür verdeutlicht zum einen den Anspruch,

Indem der Sündenfall als Wechsel der Handlungsmaxime gedacht wird, verändern sich die Rahmenbedingungen der Ethik. Der begriffliche Wechsel von Freiheit zu Willkür zur Bezeichnung derjenigen Kraft, die den Wechsel der Handlungsmaxime vollbringt, verdeutlicht, dass das Vermögen des Menschen zur Autonomie modifiziert werden muss. Während bisher zwei Perspektiven auf den handelnden Menschen unterschieden wurden (intelligible Freiheit und sinnenweltliche Bestimmtheit), kommt mit der Willkür eine dritte Größe hinzu, nämlich die Möglichkeit, sich als intelligibles Wesen bewusst gegen das Sittengesetz zu entscheiden. Das hat individuelle wie kulturelle Konsequenzen: Mit Blick auf den Einzelnen bedeutet seine Entscheidung zum sittlichen Handeln nicht mehr nur einen Aufstieg aus der sinnenweltlichen Bestimmtheit hin zum autonomen Leben, sondern auch eine Absage an das Böse; es gibt nunmehr keine ethisch neutralen Handlungen mehr.[68] Damit erhält das moralische Verhalten eine kämpferische Note, sofern es sich gegen das Böse wehrt.[69] Darüber hinaus ist das Konzept des kulturellen Fortschritts betroffen, der nicht mehr einlinig gedacht werden kann, weil die Möglichkeit des bewussten und gewollten Rückschritts einkalkuliert werden muss.[70] Das sittliche Verhalten wird somit einerseits erschwert

über das Sinnenweltliche erhaben und somit im Bereich der Ethik lokalisierbar zu sein und hält andererseits an der Möglichkeit fest, sie moralisch bekämpfen zu können.

68 Vgl. Rel 10; VII, 669.

69 Vgl. Rel 61; VII, 709.

70 Das Böse wird in der Religionsschrift nicht entwicklungsgeschichtlich verharmlost, so wie Kant es noch im Aufsatz „Mutmaßlichen Anfang der Menschengeschichte" von 1786 vorgeschlagen hatte. In diesem Aufsatz wird das Böse in den entwicklungsgeschichtlichen Zusammenhang, der „sich vom Schlechtern zum Bessern allmählich entwickelt" (Anfang 27; IX, 102), eingegliedert. Für die Gattung bedeuten die geschichtlichen Folgen der bösen Tat den kulturellen Fortschritt (vgl. ebd. 13 f.; IX, 92 f.). Als individuelle Folge kommt nur die „Mühseligkeit" in den Blick (23; IX, 99), aber das ist keine sittliche Bestimmung des Menschen, sondern meint die sinnenweltliche Folge, die beim „Ausprobieren" der Freiheit sich ereignen kann. – In der Religionsschrift hingegen ist das Böse die durch Freiheit ermöglichte falsche Wahl, die in einer Vertauschung der Prioritäten der Bestimmungsgründe des Menschen besteht. Der geschichtliche Fortschritt ist dadurch nicht mehr so konzipiert, dass er das Böse mediatisieren und in den Weg zum Besseren integrieren kann, denn er soll weiterhin als sittlicher

und erhält andererseits individuell wie kulturell größere Relevanz für die Verwirklichung des höchsten Guts.

Daraus resultierend stellt sich die Frage, wiefern der freie Wille des Menschen durch das radikal Böse beschädigt wurde. Selbst wenn mit Kant angenommen wird, dass die erste Wahl spontan erfolgte, so sind doch die folgenden Handlungen von dieser grundlegenden Entscheidung betroffen. Kant antwortet (im Baum-Zitat) auf diese Frage durch Rekurs auf den ersten Übergang: So wie dieser nicht vernünftig nachgewiesen, sondern nur mittels der Rahmenbedingungen der philosophischen Denkbarkeit konstruiert werden könne, so müsse dieselbe Unerklärlichkeit auch für den umgekehrten Übergang zugestanden werden. Wie ein der Willkür verfallener Mensch wieder zu seiner Autonomie finden kann, ist nicht zu erklären, weil Autonomie nicht sinnenweltlich hergeleitet werden kann. Auch quantitative Behauptungen über eine eingeschränkte Freiheit sind schon im Ansatz fehl am Platz, weil sie wieder auf die unzureichenden kategorialen Mittel des Verstandes zurückgreifen.[71] Kant erin-

Fortschritt gedacht werden. Eine Mediatisierung des Bösen kann mit dem sittlichen Fortschritt nicht zusammengedacht werden, weil diese Mediatisierung einen überindividuellen Träger als Handlungssubjekt voraussetzt, der die Ernsthaftigkeit der individuellen Entscheidung unterläuft. Weil der einzelne Mensch als freies Wesen als Endzweck gedacht werden muss, kann die Entscheidung des Einzelnen, in der er sich als freies Wesen betätigt, nicht zum Mittel degradiert werden. Der freie Wille als Endzweck darf nicht mediatisiert werden, weil das hieraus resultierende Handeln in jedem Fall nicht mehr die Priorität des freien Willens wahrte und somit keinesfalls gut genannt zu werden verdiente. Auch der letzte Zweck, der dem geschichtlichen Fortschritt ein Ziel vorgibt, muss sich am Endzweck orientieren und demzufolge sittlich sein. Sittlichkeit fußt auf dem guten Willen, daher kann der böse Wille in keinem Fall eine sittliche Folge nach sich ziehen.

71 Zwar findet sich bei Kant die Behauptung, dass „ein Keim des Guten in seiner ganzen Reinigkeit übrig geblieben, nicht vertilgt oder verderbt" (Rel 46; VII, 695) worden sei, doch sollte dieser Keim nicht quantitativ, sondern qualitativ interpretiert werden. Freilich ist auch die Beschaffenheit eine Verstandeskategorie, doch geht es Kant darum, dass dieser Keim als Bild einsteht für die uneingeschränkte Geltung des Evidenzargumentes für die Autonomie: „Denn ungeachtet jenes Abfalls erschallt doch das Gebot: wir sollen bessere Menschen werden, unvermindert in unserer Seele; folglich müssen wir es auch können" (ebd.). Lediglich zur Plausibilierung dieser Argumentation greift Kant auf den kontroverstheologisch belasteten Begriff des Keimes zurück.

nert damit an die Grundannahme seiner Argumentation: Das religionsphilosophische Nachsinnen über die Beschaffenheit des Menschen darf nicht dahin führen, die eigenen Prämissen (Autonomie und Zurechnungsfähigkeit), zu unterlaufen oder zu widerlegen. Sobald die Annahme der Willensfreiheit gestürzt wird, ist der Bereich der ethischen Argumentation und damit die Basis der Kantischen Religionsphilosophie verlassen.

Genau diese Grundannahme soll nunmehr aus theologischer Perspektive diskutiert werden. Dabei sind zwei Gedankengänge zu unterscheiden: Zunächst ist aus der Perspektive evangelischer Ethik noch einmal festzuhalten, dass die Autonomie des Menschen sowohl dem Menschenbild wie dem Gottesgedanken der Bibel entspricht. Als Bundespartner ist der Mensch mit der Herrschaft über die Schöpfung und mit ihrer Bewahrung betraut worden; hier ist er als moralisch Handelnder gefordert, dem ein eigenständiger Verantwortungsbereich zugemutet wird. Dementsprechend ist Gott kein Despot, sondern verlässlicher Bündnispartner. Daher kann Kant nur zugestimmt werden, wenn er präzise notiert, dass Aussagen über die Erbsünde ethisch nicht dahin gehend missverstanden werden dürfen, als ob menschliche Autonomie und Willensfreiheit vernichtet worden seien. Auch für den Sünder gilt unvermindert die Forderung, die moralischen Gebote zu halten, und diese Forderung kann sowohl anthropologisch wie theologisch nur gedacht werden, wenn die Möglichkeit des Menschen dazu weiterhin angenommen wird.[72] Zwar können die Gefährdungen der Autonomie stark gewichtet und die Kräfte des Menschen gering veranschlagt werden,[73] doch darf es sich hierbei lediglich um

---

72 Vgl. *Jörg Baur:* Schuld und Sünde, in *ders.:* Einsicht und Glaube. Aufsätze, Bd. 2, Göttingen 1994, 126–134, hier 127.

73 In diesem Sinn weist Kant auf die begrenzte Verbesserungsfähigkeit des Menschen: „aus so krummem Holze, als woraus der Mensch gemacht ist, kann nichts ganz Gerades gezimmert werden" (Idee 397; IX, 41 – wohl in Anspielung auf Koh 1,15 und 7,13). Darüber hinaus kann mit *Johann Wolfgang von Goethe* auf die prägende Kraft vollbrachter Werke verwiesen werden: „Das erste steht uns frei, beim zweiten sind wir Knechte" (Faust, 1. Teil. Studierzimmer, 1412) aber auch diese Prägung weist nur auf die Schwierigkeit, Gewohnheiten zu ändern, sie gibt den Gewohnheiten aber nicht den Stellenwert von Handlungsdeterminanten. Schließlich muss der Rekurs auf das Theorem vom Urzustand, das Kant im Eingang des dritten Hauptstückes der Religionsschrift von *Thomas Hobbes* aufgreift, obwohl es

empirische Beobachtungen handeln, die keinesfalls eine grundsätzliche Änderung der intelligiblen Perspektive auf den Menschen mit sich führen. Solange dem Menschen die Zurechenbarkeit seiner Handlungen unterstellt wird, darf auch das Postulat der Autonomie nicht zurückgezogen werden.

Davon abgehoben werden muss allerdings eine weitere Perspektive: Kant hat Sünde ausschließlich als moralisches Vergehen interpretiert. Doch Sünde ist für biblisches Verständnis zunächst die Zerstörung der Beziehung zwischen Gott und dem Menschen. Die Übertretung ist nicht nur ein moralischer Verstoß gegen das göttliche Gebot, sondern auch ein Beziehungsbruch. Damit gibt es für christliche Theologie noch eine dritte Perspektive auf den Menschen: Neben der sinnenweltlichen Sichtweise, die ihn als Lebewesen in der Natur wahrnimmt, und der intelligiblen Sichtweise, die ihn als autonomes Wesen ansieht, wird er in theologischer Sichtweise als Geschöpf Gottes angesehen, den Gott zu einer besonderen Beziehung bestimmt hat, was durch den Begriff der Gottebenbildlichkeit ausgedrückt wird. Sowohl die Fähigkeit des Überlebens in der Natur wie die Fähigkeit zum moralisch guten Handeln sind durch die Sünde zwar tangiert worden, aber nicht verloren gegangen. Anders verhält es sich mit der Selbsteinschätzung des Menschen im Verhältnis zu Gott: Indem der Mensch sein will wie Gott (nach Gen 3,5 die Verlockung der Sünde), nimmt er das göttliche Gegenüber nicht mehr wahr und projiziert nunmehr seine eigenen Vorstellungen in Gott. Somit begegnet der sich selbst als Gott setzende Mensch in seiner Gottesbeziehung nur noch sich selbst, die Beziehungsdimension ist durch die Sünde verloren gegangen; der Mensch zum „homo in se incurvatus"[74] degradiert. Zur Wiederherstellung dieser Beziehung ist es nach christlichem Bekenntnis nur dadurch gekommen und konnte

ein Konstrukt ist, als von Kant als empirisches Argument eingesetzt verstanden werden; es soll verdeutlichen, dass allein aus dem Zusammensein der Menschen weitere Gefährdungen und Behinderungen des Fortschritts resultieren (vgl. Rel 120; VII, 751), weil die Menschen miteinander (unter den Bedingungen der Ressourcenknappheit und der Irreversibilität) in Konflikte geraten. Aber als Beobachtungen in der Sinnenwelt können sie die sittliche Forderung an den als frei gedachten Menschen grundsätzlich nicht gefährden.

74 Vgl. *Martin Luther:* Römerbriefvorlesung (1515/16), WA 56, 356, 5 f. (zu Röm 8,3).

es auch nur dadurch kommen, dass Gott selbst die Beziehung wiederhergestellt hat – durch die Werke des Sohnes und des Heiligen Geistes.[75]

Kritisiert wird an Kant nicht das Festhalten an der Autonomie in ethischer Perspektive, sondern die Dominanz der ethischen Perspektive über die der Beziehung des Menschen zu Gott. Zur Gesinnung des Menschen zählt nach christlichem Verständnis nicht nur die moralische Einstellung zum eigenen Handeln, sondern auch die Einstellung zur Bedeutung solcher Handlungen.[76] Und weil die zweite Einstellung die erste dominiert, werden in der christlichen Tradition der gute Baum auf die richtige Gottesbeziehung und die folgenden guten Früchte auf die moralischen Handlungen bezogen. Daher sind gute Werke nicht nur dadurch charakterisiert, dass sie dem moralischen Gesetz entsprechen, sondern zuvor dadurch, dass sie nicht in der Absicht vollbracht werden, damit vor Gott gerecht werden zu können. Während der erstgenannte Aspekt

75 Da der Begriff der Wiederherstellung kontroverstheologisch strittig ist, soll er hier in einem unspezifischen Sinn verstanden werden. Weder soll im Streit zwischen effektiver und forensischer Rechtfertigungslehre Position bezogen werden, noch soll beschrieben werden, inwiefern die Sünde auch im gerechtfertigten Menschen noch mächtig und inwiefern sie endgültig überwunden ist. Ausgesagt werden soll hingegen, dass Gott von sich aus den Beziehungsabbruch überwunden hat, indem er in Jesus Christus die Vergebung der Sünden und die neue Gemeinschaft von Gott und Mensch bewirkt hat. Um eine Wiederherstellung handelt es sich jedenfalls insofern, als diese Gemeinschaft durch die Sünde zerbrochen war und nun wieder als Gemeinschaft möglich und wirklich ist. Wiederhergestellt wird also von Gott her die Gemeinschaft mit Gott, nicht aber wird eine verloren gegangene „Paradiessubstanz" restauriert.

76 Zumindest ansatzweise hat Kant diese doppelte Bedeutung von Gesinnung aufgegriffen, wenn er in der zweiten Kritik die sittliche Gesinnung des urbildlichen Ideals der Heiligkeit dahin gehend beschreibt, dass es nicht nur die Gebote, namentlich das Doppelgebot der Liebe, erfüllt (was in der ethischen Perspektive entscheidend ist), sondern dass sie es zudem „gerne" tut – und nicht „nur aus Achtung fürs Gesetz" (KpV 148; VI, 205). Mit Recht analysiert Kant, dass solche Forderung der Liebe moralisch unsinnig ist: Der ethisch Handelnde befolgt das Gebot aus vernünftiger Überzeugung und aus Achtung vor dem Gesetz. Der Liebende hingegen bedürfe keines Gebots, weil er die entsprechenden Handlungen von sich aus vollziehe. Aber diese Einsicht führt nicht dazu, die Ebene der Beziehung als zusätzliche Perspektive aufzugreifen, denn dort ist es durchaus sinnvoll, dass der Liebende erfährt, welches Verhalten vom Geliebten gewünscht wird.

auf die ethische Perspektive weist, kann die zweite als geistliche Perspektive bezeichnet werden, weil christlicher Tradition folgend sie dem sündigen Menschen durch den Heiligen Geist neu erschlossen wird. – Damit rücken nunmehr die (fehlenden) pneumatologischen Aussagen der Religionsschrift Kants in den Blick.

2.2 Die diesseitige Heimatlosigkeit des Geistes

Auch für den sündigen Menschen gilt die unbedingte Forderung des moralischen Gesetzes, so dass die ethische Autonomie, ihr korrespondierend, weiterhin aufrecht erhalten werden muss. Allerdings bleibt das Ausgangsproblem bestehen: Wie kann der böse Baum wieder gut werden? Evangelische Theologie negiert die Willensfreiheit des Menschen zwar nicht in ethischer, wohl aber in geistlicher Hinsicht: Der Mensch kann aus eigenem Vermögen die durch seine Sünde zerbrochene Beziehung nicht wiederherstellen, und er ist auch außerstande, die von Gott unternommene und bewerkstelligte Wiederherstellung zu erkennen, weil er eben (als *homo in se incurvatus*) auf sich selbst zentriert lebt. Diese Erkenntnis wird ihm vielmehr durch den Heiligen Geist zuteil. Der Geist vermittelt also zum einen das Vertrauen darauf, dass Gott die Beziehung (durch das Werk des Sohnes) wiederhergestellt (und dem Menschen die Sünde vergeben) hat, zum anderen ist darin impliziert, dass der Mensch befreit wird zu solchen guten Werken, die nicht nur autonom konzipiert, sondern zudem nicht mehr zur Selbstrechtfertigung eingesetzt werden.

Wie löst Kant nun das weiterhin bestehende Ausgangsproblem des zweiten Übergangs vom bösen zum guten Baum? Dazu muss er ein Konzept entwickeln, welches die unabdingbare Prämisse der ethischen Willensfreiheit verbindet mit den Werken des Geistes. Dabei geben seine philosophischen Prämissen klare Grenzen für die Denkbarkeit des Geistwirkens vor. Es kann nicht als Wunder in der Sinnenwelt verstanden werden, weil solches Ereignis sowohl die reine wie die praktische Vernunft lähmen würde: Beide könnten sich auf die Grundlagen ihrer Erkenntnis (*omnitudo realitatis* bzw. Sittengesetz) nicht mehr verlassen. Näherhin rechnet der moralisch Handelnde nicht mit Wundern und ist skeptisch, wenn andere ihr Verhalten durch solchen Rekurs zu rechtfertigen suchen,[77] weil damit die Grundlage der Moral unterlaufen wäre: so zu handeln, „als ob alle Sinnesänderung und Besserung lediglich von seiner eigenen angewandten Bearbeitung abhinge" (Rel 113; VII, 745). Diese Bearbeitung wird ebenfalls in moralischen Bezügen gedacht, sie kann nur darin bestehen, dass der Mensch die wahrhaft sittlichen Grundsätze in seine Gesinnung aufnimmt.[78] Keine Besserung sei es hingegen, wenn der Mensch sich auf abergläubische Rituale einlasse oder sich „schwärmerisch" auf eine besondere „Erleuchtung" (Rel 106; VII, 740) berufe.

Kant hält somit an seinem Ansatz fest, eine moralische Religionslehre zu konzipieren. Im Unterschied zu einer kultischen Religion, welche darauf setze, dass sich der Mensch durch Gunsterwerbe bei Gott einschmeichele, könne gemäß der moralischen Religion der Mensch nur dazu aufgefordert werden, dasjenige zu tun, was in seinen Kräften stehe.[79] Die Gunsterschleichung ist heteronom bestimmt (und zeichnet zudem Gott als Despoten), so dass sie der moralischen Prämisse widerspricht. Kant möchte damit den Ausschluss von Spekulationen (darüber, wie man den Despoten gnädig stimmen könne) wie von unmoralischen Handlungen (wozu nicht erst extreme Rituale zählen, sondern schon das Gunsterschleichen selbst) aus der Religion erreichen – und darin soll ihm auch nicht widersprochen werden. Wer die Notwendigkeit solcher Tätigkeiten behauptet, muss auch aus der Perspektive evangelischer Ethik kritisiert werden.[80]

---

77 Vgl. Rel 111 f.; VII, 744. Keineswegs will Kant leugnen, dass es kontingente Ereignisse geben kann, die weder von der theoretischen Vernunft erklärt noch als reine Redensart abgetan werden können. Aber als solche Ereignisse liegen sie nicht im Bereich der praktischen Vernunft, sie unterstehen also nicht dem freien Willen.

78 Vgl. Rel 105; VII, 739.

79 Vgl. Rel 57 f.; VII, 703. Kant fasst diese Einsicht kurz darauf in folgenden „Grundsatz: ‚Es ist nicht wesentlich und also nicht jedermann notwendig zu wissen, was Gott zu seiner Seligkeit tue, oder getan habe'; aber wohl, was er selbst zu tun habe, um dieses Beistandes würdig zu werden" (Rel 58; VII, 704).

80 Der Rekurs auf solches moralisches Eingreifen Gottes würde das sittliche Verhalten des Menschen zu dessen Ungunsten verändern: Entweder würde sich der Mensch überhaupt nicht mehr zum sittlichen Handeln verpflichtet wissen, sondern durch eigenes Nichtstun angesichts des göttlichen

Darüber hinaus kann der Grundsatz Kants, dass der Mensch moralisch gefordert sei, dasjenige zu tun, was in seinen Kräften stehe, auch theologisch im Sinne der Beziehungsgestaltung zwischen Gott und Mensch verstanden werden. Nicht nur falsche Werke würden dann durch Kant zurückgewiesen werden, sondern auch eine Überforderung des Menschen. Versteht man den Bund zwischen Gott und den Menschen als „Partnerschaft"[81], so beinhaltet dies nicht nur die wechselseitige Anerkennung (welche durch den Sünder gerade verweigert wird), sondern auch die voneinander abhebbare Eigenverantwortlichkeit der beiden Partner. Kants Grundsatz steht, sofern er dem Menschen verdeutlicht, worauf seine Zuständigkeit gerichtet und worauf sie zugleich begrenzt sein soll, keinesfalls im Widerspruch zu den Grundlagen evangelischer Ethik. Problematischer ist eine solche Vereinbarkeit allerdings bei seinem anschließenden Zugeständnis, dass eine Ergänzungsleistung Gottes notwendig sein könne, um das beschränkte Vermögen des Menschen auszugleichen. Denn diese Ergänzung wird eben nicht als eigenständiges Handeln Gottes verstanden, sondern an das sittliche Tun des Menschen gebunden: Nur wenn der Mensch „die ursprüngliche Anlage zum Guten benutzt hat, um ein besserer Mensch zu werden, er hoffen könne, was nicht in seinem Vermögen ist, werde durch höhere Mitwirkung ergänzt werden" (Rel 58; VII, 703). Indem so das Handeln Gottes abhängig gemacht wird vom moralischen Verhalten des Menschen, wird nicht nur Gott dem Menschen subsumiert (eine Verkehrung der Hierarchie), sondern wird vor allem nicht mehr berücksichtigt, dass das Handeln Gottes in einer anderen als der ethischen Perspektive zu vergegenwärtigen ist.

Handelns das Gute erreichen wollen – was jedoch ein Widerspruch ist, sofern allein der gute Wille, der um seine Verpflichtung weiß und ihr zu entsprechen sucht, gut genannt zu werden verdient, und genau der wäre nicht mehr vorhanden (vgl. Rel B 64; VII, 705). Oder er würde dieser Verpflichtung nur aus Furcht vor Gott nachkommen und damit nicht mehr aus eigener Einsicht; die Autonomie als Selbstverpflichtung wäre in diesem Fall zerstört (vgl. KdU 471 f.; VIII, 615). Schließlich könnte solches Wissen sogar zur Resignation der eigenen moralischen Kräfte führen, sofern der Mensch um seine erschwerte Ausgangsbedingung und um die irdische Unerreichbarkeit des Zieles weiß.

81 *François Marty:* Die Frage der Religion als Probierstein eines kritischen Denkens; in: Kant über Religion, 52–66, hier 63.

Hinzu tritt, dass mit Kants Grundsatz und der darauf bauenden Argumentation zwar die Prämisse der Willensfreiheit noch einmal verdeutlicht, nicht jedoch das Problem des Übergangs gelöst wird. Der Mensch soll moralisch handeln und muss folglich so gedacht werden, dass er dies auch kann; aber wie kann er gewiss sein, dass sein Handeln nicht durch das radikal Böse der Gesinnung verfälscht wird?[82] Das Problem fehlender Gewissheit bei der Selbsteinschätzung des moralischen und geistlichen Werts der eigenen Handlungen erkennt Kant durchaus. Er verhandelt es im Zusammenhang der drei Schwierigkeiten, welche bei der Verwirklichung der Idee einer Gott wohlgefälligen Menschheit, deren Urbild Jesus Christus ist,

---

82 Zur Verdeutlichung der Problematik aus theologischer Perspektive soll Luthers 13. These der Heidelberger Disputation (1518) herangezogen werden: „Freiheit des Willens gibt es nach dem Sündenfall nur noch dem Namen nach, und sofern der freie Wille tut, was an ihm ist, begeht er [eine] Todsünde" (WA 1, 354, 5 f.). Sie steht im direkten Widerspruch zu der Occamistischen Tradition, der zu Folge demjenigen, der tut, was an ihm ist, Gott die Gnade nicht verweigern werde (vgl. *Heiko A. Oberman:* Spätscholastik und Reformation I: Der Herbst der mittelalterlichen Theologie, Zürich 1965, 126 ff.). Der eigentliche Dissens zwischen den beiden Positionen liegt in der Beantwortung der Frage, ob das auch nach dem Sündenfall geforderte moralische Handeln zugleich die zerstörte Beziehung zwischen Gott und Mensch, jedenfalls soweit es im Bereich des Menschenmöglichen liegt, wiederherstellen könne, oder ob diese beiden Perspektiven des Ethischen und des Geistlichen deutlich voneinander unterschieden werden müssen. Luther plädiert für die zweite Option; daher kann er moralisches Handeln als Todsünde bezeichnen: nicht weil die Tat selbst in ethischer Perspektive schlecht wäre, sondern weil sie geistlich geurteilt mit einer falschen Absicht vollbracht werde, nämlich als Beitrag zur Selbstrechtfertigung. Doch genau diese Absicht verhärtet Luther folgend den Beziehungsbruch, weil der Mensch damit die Rechtfertigung nicht Gott überlässt, sondern selbst unternehmen und damit selbst Gott sein und Gott nicht Gott sein lassen will (vgl. WA 1, 225, 1 f.). Kants moralische Forderung, dass der Mensch das tun solle, was an ihm ist, steht ebenfalls im Widerspruch zur Lutherschen Tradition, weil Kant nicht wie Luther die Beziehungsebene von der moralischen Ebene unterscheidet. Damit erhält das moralische Handeln im Gegensatz zu Luther soteriologische Relevanz, es greift auf die Beziehungsebene über. Indem Kant allerdings das moralische Verhalten als einzigen akzeptablen Ausdruck der Gottesbeziehung des Menschen anerkennt, geht er über die scholastischen Positionen hinaus, die neben dem moralischen Handeln auch das religiöse Verhalten berücksichtigt haben. Vgl. auch den Beitrag von *Werner Thiede* im vorliegenden Buch.

auftreten – also durchaus in Analogie zur theologischen Pneumatologie, in der es ebenfalls um die Aneignung dessen geht, wofür der Sohn Gottes einsteht;[83] und das wird auch von Kant als Gerechtigkeit, die uns mangelt, bezeichnet.[84]

Die erste Schwierigkeit besteht Kant folgend in der unendlichen Entfernung zwischen dem guten Ziel und dem bösen Ausgangspunkt menschlichen Handelns. Eine unendliche Entfernung kann aber nicht innerhalb der menschlichen Lebenszeit überwunden werden.[85] Näherhin handelt es sich um ein Wahrnehmungsproblem: Unser Verstehen ist kategorial gebunden, so dass wir auch eigene Werke nur eingeschränkt beurteilen können, indem wir sie mit vorangegangenen Taten und Zuständen vergleichend verbinden. Solche „komparativische" Herleitung wird aber die Verbindung zur bösen Herkunft niemals überwinden, selbst ein moralischer Fortschritt wird immer bis an den bösen Anfang zurückgeführt werden; für solche Überwindung wäre vielmehr ein „divinatorisches" Verstehen notwendig,[86] das direkt die Gesinnung hinter den Taten zu entdecken vermöchte. Kant setzt also voraus, dass die Gesinnung gut werden kann, dass wir sie aber nicht direkt erkennen können[87] – und bei unserer Erkenntnis vermittelt über die Werkbeurteilung führt das komparativische Verfahren unseres Verstehens zu einer unüberwindbaren Schwierigkeit. Folglich ist eine andere Perspektive notwendig; nur ein „Herzenskündiger" (Rel 79; VII, 720) kann die Gesinnung (von Kant metaphorisch im Herzen lokalisiert) direkt erkennen. Und daher vermag auch nur er die Gewissheit zu vermitteln, dass diese Gesinnung (gegebenenfalls) gut ist.

Verbindet man den Herzenskündiger mit dem Geist Gottes, so lässt sich Kants Argumentation durchaus im Rahmen der

---

83 Dass bei dieser Analogie die schwerwiegenden inhaltlichen Differenzen zwischen der Urbildlichkeit Christi nach Kant und der traditionellen Christologie und deren soteriologischen Implikationen (im Lehrstück insbesondere vom Werk Christi) nicht in Betracht gekommen sind, wird natürlich konzediert.

84 Vgl. Rel 78 ff.; VII, 719 ff.

85 Vgl. Rel 78 f.; VII, 719 f.

86 Die Terminologie lehnt sich bewusst an Schleiermachers Hermeneutik an; vgl. dazu: *Friedrich D.E. Schleiermacher: Hermeneutik und Kritik*, hg. von M. Frank, Frankfurt/M. 1977, 169.

87 Vgl. Ende 501; IX, 178.

Pneumatologie interpretieren. Dass Gott als Herzenskündiger
eine andere Perspektive auf den Menschen einnimmt als der
Mensch bei der ethischen Selbstbeurteilung, könnte besagen,
dass die Beziehungsdimension als eigenständige geistliche Perspektive neben der ethischen und der kausalen von Kant eingeräumt worden sei. Der direkt die Gesinnung beurteilende
Herzenskündiger hätte demnach nicht nur den Handlungsimpuls, sondern auch die Einstellung des Handelnden zur Bedeutung seiner Werke *coram Deo* im Blick; beide Aspekte wären in
der Gesinnung zu lokalisieren und für den richtenden Blick
Gottes relevant. Dass der Blick auf die Gesinnung in ethischer
Perspektive komplementär zu Kants Ablehnung von Gunster-
weisen zu interpretieren und dementsprechend theologisch
übernommen werden sollte, dürfte nach den bisherigen Ausführungen deutlich geworden sein.

Allerdings versteht Kant in diesem Zusammenhang Gesinnung lediglich als ethische Größe, die den Handlungsimpuls
setzt und insofern als Keim zu verstehen ist, aus dem dann „alles Gute entwickelt werden soll" (Rel 78; VII, 720). Damit wird
die bereits aufgewiesene Gefahr einer Ausblendung der Beziehung zwischen Gott und Mensch als eigener Perspektive virulent: Kant hält zwar in Übereinstimmung mit der christlichen
Tradition fest, dass Gewissheit dem Menschen durch den Herzenskündiger vermittelt wird, jedoch bezieht sich diese Gewissheit lediglich auf des Menschen moralische Gesinnung und
nicht auf seine Beziehung zu Gott.[88] Aus Sicht Luthers kann die

---

88 Die gleiche Argumentation findet sich auch in der Auflösung der Antinomie zwischen Genugtuung einerseits und gutem Lebenswandel andererseits im dritten Hauptstück: Die Genugtuung sei notwendig, weil der
Mensch seine bereits geschehenen Handlungen nicht rückgängig machen,
aber angesichts ihres bösen Ursprungs auch vor Gott nicht bestehen könne.
Der gute Lebenswandel sei notwendig, weil mit ihm der Mensch zumindest
fürderhin Gott entsprechend handele und lebe (vgl. Rel 159 f.; VII, 778). Die
Antinomie bestehe nun darin, dass beides zugleich notwendig sei, andererseits aber voneinander abhängig gedacht werden müsse. So sei der gute
Lebenswandel notwendig, um überhaupt Grund zur Hoffnung zu haben,
während die Genugtuung notwendig sei, um einen neuen Lebenswandel
antreten zu können. Kants Lösung der Antinomie besteht darin, ihre praktische Relevanz zu beurteilen. Und weil der Gedanke einer stellvertreten-
den Genugtuung „bloß für den theoretischen Begriff notwendig" sei, während „die Notwendigkeit des zweiten Prinzips praktisch und zwar rein mo-

Sünde so nicht überwunden werden, weil die vermittelte Gewissheit im Rahmen der Moral verbleibt, aber von dort aus weitergehende Ansprüche anmeldet. Der Mensch versucht aus eigener Kraft gerecht zu werden und verbleibt damit in ablehnender Haltung zur neuen Beziehungsstiftung durch Gott. Er will sich lediglich auf die eigene Gesinnung verlassen und benötigt dafür einen Herzenskündiger, so dass Luthers Beschreibung zutrifft: Der Mensch will selber Gott sein und Gott nicht Gott sein lassen.

Ein vergleichbarer Befund stellt sich bei Kants Beschreibung und Auflösung der zweiten Schwierigkeit ein. Hier wird das Problem der mangelnden Gewissheit direkt angegangen: Die aufgezeigte erste Schwierigkeit impliziert für den Handelnden das Folgeproblem, dass er angesichts der mangelnden Gewissheit über die Beschaffenheit seiner Gesinnung unsicher wird in der weiteren Handlungsbestimmung: Ohne „alles Vertrauen zu seiner einmal angenommenen Gesinnung würde kaum eine Beharrlichkeit, in derselben fortzufahren, möglich sein" (Rel 81; VII, 722). Kant betont also die moralische Relevanz des Wahrnehmungsproblems: Nicht die Grundlegung der autonomen Moral, wohl aber die Entwicklung moralischer Tugenden ist auf solche Gewissheit angewiesen. Und auch hier rekurriert Kant auf die „gute und lautere Gesinnung" (Rel 84 f.; VII, 724), welche diese Gewissheit mit sich führe. Nicht die Werke, sondern nur die Gesinnung könne also die nötige Gewissheit vermitteln, die dann ihrerseits ein tugendhaftes Leben erleichtere.

Mit dieser Argumentation wird das Problem nur verlagert zurück auf die Lösung der ersten Schwierigkeit, nämlich die Gesinnung erkennen zu können. Und während Kant zuvor festhielt, dass diese Aufgabe das menschliche Erkenntnisvermögen übersteige, will er die Schwierigkeit nun auf der Zeitlinie überwinden: Je länger die gute Gesinnung währe, desto größer werde die Gewissheit.[89] Denn der Abstand zum bösen Ursprung wachse, so dass die kausale Rekonstruktion immer länger brau-

---

ralisch" sei (Rel 163; VII, 781), wird die Auflösung zu einer Priorisierung des guten Lebenswandels. Auch hier erhält die moralische Perspektive also den Vorzug – aber ohne dass wirklich eine Problemlösung geboten würde, denn die Überwindung des bösen Anfangs wurde nicht einbezogen, sondern als plötzlich irrelevant weggedrängt.

89 Vgl. Rel 81; VII, 722.

che, um zu ihm zu gelangen. Dieses Argument ist allerdings unter Kantischen Prämissen erschlichen. Denn es setzt eine Beobachtbarkeit der Gesinnung voraus, die es doch niemals geben kann. Die Argumentation mit einem immer länger werdenden Regress basiert auf der Behauptung, dass die einzelnen Handlungsbewertungen auf die Gesinnung zurückgeführt werden können; aber genau diese Annahme wurde von Kant bestritten. Vielmehr steht jede Handlungsbeobachtung vor demselben Grundproblem, die dahinter stehende Gesinnung nur vermuten zu können. Damit wird aber der Regress bei jeder neuen Beurteilung wieder auf das Grundproblem zurückgestoßen, so dass sich gerade keine Zeitlinie ergeben kann. Kant gesteht die Schwäche der Argumentation selbst ein, indem er zunächst nur von einer vernünftigen Hoffnung spricht, welche durch solche Beobachtungen gefestigt werden könne,[90] und indem er später zugibt, dass solche Gewissheit auf diesem Wege nicht möglich sei – nunmehr allerdings verbunden mit der unbegründeten Behauptung, dass sie auch nicht zuträglich sei.[91]

Indem die zweite Schwierigkeit keine weiterführenden Einsichten präsentiert, sondern auf das Lösungsmodell der ersten Schwierigkeit rekurriert, bleibt aber auch dessen theologische Schwäche bestehen. Sie lässt sich noch an einer weiteren prominenten Stelle der Religionsschrift aufzeigen: In der Anmerkung über die „Wiederherstellung der ursprünglichen Anlage zum Guten in ihre Kraft" (Rel 45; VII, 694) bringt Kant die Grundproblematik auf folgende Formulierung: Nötig für den zweiten Übergang wäre eine „Revolution in der Gesinnung", menschenmöglich sei aber nur eine „allmähliche Reform" (Rel 50 f.; VII, 698). Nur durch eine Revolution können die Verhältnisse in der Gesinnung umgekehrt, kann der böse Baum gut werden. Kants Einsicht in die Unzulänglichkeit menschlicher Besserungsversuche kann theologisch unterstützt werden: Durch moralische Verbesserungen kann der Gesinnungswechsel nicht vollzogen werden. Jedoch redet evangelische Theologie lieber von „Befreiung" anstelle von „Revolution". Damit wird zum Ausdruck gebracht, dass der Mensch nicht selbst in der Lage ist, diesen zweiten Übergang zu bewerkstelligen. Kants Rede von der Revolution hingegen setzt ausschließlich

90 Vgl. ebd.
91 Vgl. Rel 86 f.; VII, 724.

auf die eigenen Kräfte des Menschen,[92] und damit wird auch an dieser Stelle keine geistliche Perspektive zugelassen, sondern die moralische Sichtweise übernommen.

Zusammenfassend bleibt festzuhalten, dass Kant in der Religionsschrift zwar vom Geist Gottes spricht und auch die Probleme, auf die eine theologische Pneumatologie Antwort zu geben beansprucht, klar erfasst hat, dass jedoch seine eigene Lösung auf eine Dominanz der ethischen Perspektive hinausläuft. Schon bei der Interpretation der Sünde hat Kant lediglich deren moralischen Aspekt bedacht, die zerstörte Beziehung zwischen Gott und Mensch hingegen nicht eigens thematisiert. Und dementsprechend sind auch seine Ausführungen zur Überwindung der Sünde auf ethische Analysen beschränkt. Damit bleibt nicht nur die Beziehungsdimension weiterhin ausgeklammert, es wird auch eine ethikimmanente Lösung vorgeschlagen, welche den eigenen Ansprüchen nicht genügt. Eine wirkliche Gewissheit des Menschen hinsichtlich seiner Gesinnung kann diesem nach Kants Argumentation nicht zukommen, lediglich eine Hoffnung wird zugestanden, die sich jedoch selbst begründen muss. – Daneben stehen andererseits Kants Äußerungen über den Geist als Richter und Herzenskündiger, die augenscheinlich eine eschatologische Bedeutung des Geistes akzentuieren. Ihnen soll abschließend die Aufmerksamkeit gelten: Impliziert Kants Rede vom Geist als (eschatologischer) Richter neue Impulse für die Pneumatologie?

---

92 Vgl. die Fußnote Kants zur politischen Freiheit Rel 275; VII, 862 f.; auch hier hat er lediglich die eigenen Versuche der Menschen im Blick. Sofern er damit reaktionäre oder konservative Gegner widerlegen möchte, die mit dem Hinweis auf die Unmündigkeit und Unreife der Untergebenen zur Freiheit ihre Diktatur stabilisieren wollen, verdient Kant uneingeschränkte Zustimmung. Gerade die politische Realität zeigt aber auch, dass man von manchen Diktatoren nur durch Hilfe von außen befreit werden kann. Dass eine solche Befreiung der Gesinnung selbstverständlich ohne Gewalt und nur durch innere Überzeugung möglich ist, hat gerade Kant betont, indem er vom Geist als Herzenskündiger und Richter spricht – aber das leitet schon zum folgenden Kapitel über.

2.3 Das verinnerlichte Jenseits des Geistes

In der „Allgemeinen Anmerkung" über die Geheimnisse der Religion wird das Richten von Kant wiederholt dem Geist Gottes appropriiert. So führt Kant aus, dass der Geist als der „Richter der Menschen in seiner Gottheit, d. i. wie er zu unserem Gewissen nach dem heiligen von uns anerkannten Gesetze und unserer eigenen Zurechnung spricht" (Rel B 212; VII, 807) vorzustellen sei. Diese Zuschreibung impliziert einen bedenkenswerten Impuls des Religionsphilosophen für die evangelische Theologie. Denn der Begriff „Geist" ist doppeldeutig: Geist meint sowohl den göttlichen Parakleten wie die innere Gewissensstimme[93] – und genau diese Doppeldeutigkeit soll in ihrer theologischen Erschließungskraft nunmehr bedacht werden.

Einerseits wird das forum internum von Kant im Gewissen verankert.[94] Das entscheidende Argument für diese Verankerung hat Kant in den Erörterungen der Religionsschrift über den „Kampf des guten Prinzips mit dem bösen" entfaltet: „Wenn man im Menschen den Richter, der in ihm selbst ist, anfragt, so beurteilt er sich strenge; denn er kann seine Vernunft nicht bestechen; stellt man ihm aber einen anderen Richter vor, so wie man von ihm aus anderweitigen Belehrungen Nachricht haben will, so hat er wider seine Strenge vieles vom Vorwande der menschlichen Gebrechlichkeit Hergenommenes einzuwenden, und überhaupt denkt er ihm beizukommen" (Rel 98; VII, 733). Nur die Verankerung des richtenden Geistes in unserem Gewissen[95] verhindert also eine Gunsterschleichung oder eine

---

93 Vgl. zum Folgenden auch *Richard Schaeffler:* Die Dialektik des praktischen Vernunftgebrauchs und die Ansätze zu einer philosophischen Pneumatologie bei Immanuel Kant, in: Kant über Religion, 124–142.

94 Vgl. *Immanuel Kant:* Metaphysische Anfangsgründe der Tugendlehre. Metaphysik der Sitten zweiter Teil, Königsberg 1797: „Das Bewußtsein eines inneren Gerichtshofes im Menschen (‚vor welchem sich seine Gedanken einander verklagen oder entschuldigen') ist das Gewissen" (Tugendlehre 99; VII, 573).

95 Kant definiert das Gewissen in der Religionsschrift als „ein Bewußtsein, das für sich selbst Pflicht ist" und erläutert diese Definition durch eine zweite: „es ist die sich selbst richtende moralische Urteilskraft" (Rel 270 f.; VII, 859 f.). Diese Definition beschreibt zunächst das Verhältnis des Gewissens zur praktischen Vernunft. Die Wahrnehmung von gut und böse ist eine Aufgabe der Vernunft, die folglich auch beurteilen könne, ob eine Hand-

Unehrlichkeit gegen sich selbst, wie sie gegenüber einem externen Richter an den Tag treten würde. Der Geist als innere Größe des Menschen (Gewissen) steht dafür, dass das Beurteilungskriterium mit demjenigen übereinstimmt, nach dem sich der Mensch selbst beurteilt: das (autonome) Sittengesetz. Dementsprechend wird auch die Freiheit des Menschen als Zurechnungsfähigkeit gewahrt,[96] und damit kommt der Mensch in diesem Gerichtsverfahren als (intelligible) Persönlichkeit in den Blick, denn Zurechnungsfähigkeit ist deren Wesensmerkmal.[97] – Durch diese Zuordnung des Richtens zum menschlichen Gewissen wird der Mensch in ethischer Hinsicht gewürdigt. Die Aufgabenerfüllung innerhalb des Bundes, die dem Menschen zugedacht und zugesprochen war, wird im Jüngsten Gericht beurteilt, so dass an der Berechtigung der ethischen Autonomie selbst eschatologisch kein Zweifel aufkommen kann.

Andererseits ist sich der Mensch dessen bewusst, die eigene Gesinnung nicht selbst beurteilen zu können: „Wir können

lung gut sei oder böse. Das Gewissen setzt diese Beurteilung voraus und wendet sie auf sich selbst an. Zu dieser Selbstanwendung weiß sich der Mensch (im Bewusstsein) verpflichtet, weil er es als Pflicht anerkennt, nur gute Handlungen zu unternehmen. Die Selbstanwendung des von der Vernunft übernommenen Beurteilungsmaßstabes vollzieht sich in zwei Schritten: Zuerst überprüft das Gewissen, ob eine solche vernünftige Beurteilung der geplanten Handlung vorab und in aller Sorgfalt vorgenommen worden ist. Daraufhin richtet sich das Gewissen auf die Durchführung der Handlung, um festzustellen, ob sie sich an die vernünftige Beurteilung gehalten habe. Bedeutsam an dieser Definition ist die Ausrichtung des Gewissens auf die menschlichen Handlungen – und nicht auf die dahinter stehende Persönlichkeit. Das Gewissen kann demnach „wahrhafte moralische Sicherheit" (Rel 277; VII, 864) vermitteln. Aber das lediglich im Glauben zu erhoffende Handeln des Herzenskündigers kann es weder vorwegnehmen noch vorherbestimmen. Somit widerspricht diese Gewissensdefinition nicht der hier intendierten Unterscheidung zwischen dem Handlungsfeld des Geistes und dem des Gewissens, sondern unterstützt sie sogar durch die ausschließliche Beziehung des Gewissens auf die Handlungen.

96 Vgl. *Immanuel Kant:* Metaphysische Anfangsgründe der Rechtslehre. Metaphysik der Sitten erster Teil, Königsberg 1797: „Zurechnung (imputatio) in moralischer Bedeutung ist das Urteil, wodurch jemand als Urheber (causa libera) einer Handlung, die alsdann Tat (factum) heißt und unter Gesetzen steht, angesehen wird [. . .] Diejenige (physische oder moralische) Person, welche rechtskräftig zuzurechnen die Befugnis hat, heißt der Richter oder auch der Gerichtshof (iudex s. forum)" (Rechtslehre 29; VII, 334).

97 Vgl. Rel 14; VII, 673.

nicht um unsre Ecke sehn."[98] Dem Gewissen fehlt sowohl der geschichtliche Überblick über sein eigenes Leben wie der selbstkritische Einblick in die Motive und Maxime, die sein Handeln letztlich bestimmt haben.[99] Das Fehlen eines geschichtlichen Überblicks ist nicht nur biologisch begründet (das Leben ist im Moment der Reflexion keine abgeschlossene Größe), sondern zudem transzendentalphilosophisch fundiert (das Ich ist ein Grenzbegriff der reinen Vernunft). Die Unmöglichkeit eines divinatorischen Verstehens der eigenen Gesinnung wurde bereits ebenfalls transzendentalphilosophisch hergeleitet (ein komparativisches Verstehen überwindet niemals den bösen Ausgangspunkt); sie führte zu Kants Rekurs auf den Herzenskündiger. Soll die Gesinnung eschatologisch beurteilt werden, dann muss dies durch den externen Herzenskündiger gewährleistet werden.[100] Das Gericht ausschließlich im menschlichen Gewissen zu lokalisieren, bedeutete eine Überforderung des Menschen, der seine Gesinnung nicht selbst beurteilen kann. Diese Überforderung wird durch den Geist als externen Richter verhindert.

Diese religionsphilosophische Herleitung des Begriffs eines externen Herzenskündigers als eschatologischer Richter ist aus zwei Gründen theologisch hilfreich. Zum einen markiert sie die Grenze der ethischen Perspektive, zum anderen hält sie die Möglichkeit offen, dass die Prüfung der Gesinnung nicht nur den Handlungsimpuls umfasst, sondern auch die Gewichtung des eigenen Handelns in der Gottesbeziehung betrachtet.[101] Ei-

98 *Friedrich Nietzsche:* Die fröhliche Wissenschaft (1882), Fünftes Buch Nr. 374; zitiert nach: KSA 3, Berlin ²1988, 626.

99 Vgl. KrV B 579; IV, 501: „Die eigentliche Moralität der Handlungen (Verdienst und Schuld) bleibt uns daher, selbst die unseres eigenen Verhaltens, gänzlich verborgen. Unsere Zurechnungen können nur auf den empirischen Charakter bezogen werden. Wie viel aber davon reine Wirkung der Freiheit, wie viel der bloßen Natur und dem unverschuldeten Fehler des Temperaments, oder dessen glücklicher Beschaffenheit (merito fortunae) zuzuschreiben sei, kann niemand ergründen, und daher auch nicht nach völliger Gerechtigkeit richten."

100 Vgl. Rel 89; VII, 727.

101 Dementsprechend findet sich in der Religionsschrift der Hinweis auf eine Unterscheidung zwischen dem Gericht, das sich an der Liebe Gottes orientiert, und dem Richten nach der Gerechtigkeit. Das „Richten kann in zwiefacher Bedeutung genommen werden: entweder als das über Verdienst und Mangel des Verdienstes oder über Schuld und Unschuld" (Rel 207; VII, 814). Während Gott als Liebe auf das Verdienst des Menschen blicke, das in

ne zusätzliche geistliche Perspektive auf den Menschen steht also nicht im Widerspruch zu Kants Religionsphilosophie. Zugleich bleibt dieses eschatologische Wirken aber für den Menschen nachvollziehbar, denn auch dafür steht der Begriff des Geistes ein.[102] Kants Impuls ist aufzugreifen, dass das Gericht auf die dem Menschen einsichtige Wahrheit über sein Leben abzielt, nicht auf dessen Demütigung (obwohl das faktisch koinzidieren kann). Allerdings wird vom Menschen die vernünftige Einsicht gefordert, diese Grenzen zu akzeptieren, sich also darauf zu beschränken, moralisch zu handeln ohne den Anspruch zu erheben, mit diesen Taten die zerstörte Gottesbezie-

der Gesinnung liege, und ihn entweder verdamme oder errette, sei er als Gerechtigkeit auf die Werke des Menschen bezogen, wobei diese Werke für alle Menschen gleichermaßen nur ein Verdammungsurteil nach sich ziehen könnten. Wenn Gott nicht auf die Gesinnung blickte und sie für die Tat nähme, dann könnte niemand der Heiligkeit teilhaftig werden, weil niemand durch seine Werke vor Gott bestünde. – Dieser Hinweis Kants kann so interpretiert werden, dass er theologisch weiterführt. Demnach würde die Liebe Gottes zu einem Urteilsspruch führen, der die Personenwürde des Menschen beachtet, während die Gerechtigkeit Gottes sein moralisches Handeln bewertet. Der Mensch wäre damit nicht identisch mit seinen (moralischen) Werken, sondern darf darauf hoffen, dass seine Personalität (relational) im liebenden Blick Gottes gewahrt ist. Dieser Blick des Herzenskündigers auf das Herz (die Gesinnung) des Menschen ist dem Menschen nicht zugänglich, sondern kann nur geglaubt werden. Zugleich wird aber auch der eschatologische Ernst menschlichen Handelns im Kampf gegen das Böse und für den kulturellen Fortschritt berücksichtigt. Beide Gerichtsakte sind aber nur Aspekte des einen Endgerichts, was bei Kant unmissverständlich in seinem Eintreten für den Dualismus zur Geltung kommt.
102 Besonders deutlich wird dieser Aspekt in § 13 der Tugendlehre, wo Kant das bereits angeführte Argument aus der Religionsschrift, dass man einen externen Richter zu eigenen Gunsten betrügen könnte (vgl. Rel 98; VII, 733) nun umgekehrt als Beleg für einen externen Richter anführt: „Daß aber der durch sein Gewissen Angeklagte mit dem Richter als eine und dieselbe Person vorgestellt werde, ist eine ungereimte Vorstellungsart von einem Gerichtshofe; denn da würde ja der Ankläger jederzeit verlieren" (Tugendlehre 100; VII, 573). Das Gegeneinander dieser beiden Stellen macht deutlich, warum der Geistbegriff von Kant aufgegriffen worden ist: Einerseits muss der Richter im Gewissen zu finden sein, weil nur so ein unwürdiges Feilschen vermieden werden kann. Andererseits darf er aber auch nicht identisch sein mit dem Gewissen, weil sonst das Feilschen im Gewissen (und damit unbemerkt) stattfinden würde. Verhindert das forum internum einen äußeren Betrug, so steht der externe Richter gegen einen Selbstbetrug.

hung von sich aus wiederherzustellen. Der Geist als Richter in seiner Äquivozität markiert demnach sowohl die Nachvollziehbarkeit des Gerichts für den Menschen, der sich folglich nicht verstellen muss, wie die Suffizienz der Beurteilung, die den Menschen umfassend würdigt.

Damit stehen die beiden Momente im Geist nicht im Widerspruch zueinander, sondern ergänzen sich wechselseitig. Trotzdem hat Kant an dieser Konzeption nicht festgehalten, sondern das geforderte Richten einseitig auf das menschliche Gewissen verlagert: „Dieser Geist, durch welchen die Liebe Gottes als Seligmachers (eigentlich unsere dieser gemäße Gegenliebe) mit der Gottesfurcht vor ihm als Gesetzgeber, d. i. das Bedingte mit der Bedingung vereinigt wird, welcher also ,als von beiden ausgehend' vorgestellt werden kann, ist, außerdem daß ,er in alle Wahrheit (Pflichtbeobachtung) leitet', zugleich der eigentliche Richter der Menschen (vor ihrem Gewissen)."[103] Nun soll der Mensch allen aufgewiesenen Schwierigkeiten zum Trotz also doch die eigene Gesinnung aus den Taten extrapolieren können. Damit führt Kants Konzept aber in die bereits aufgewiesene Problematik der Verabsolutierung der ethischen Perspektive, der Ausblendung der geistlichen Perspektive und einer nicht plausiblen Lösung des zweiten Übergangs.

Vor allem die Ausblendung der geistlichen Perspektive muss an dieser Stelle kritisiert werden. Kants Beharren auf der als unmöglich aufgezeigten Möglichkeit, die eigene Gesinnung erkennen zu können, verdankt sich seiner Abweisung des Vertrauens auf den externen Geist. Ein Agieren des Herzenskündigers jenseits der Grenze der Vernunft, auch wenn es aus Gründen der Vernunft postuliert wird, liefert den Menschen einem Urteil aus, über das er nicht verfügt. Trotz der Absicherung, dass der Herzenskündiger sein Urteil an der Gesinnung abliest, bleibt dieses dennoch für den die Gesinnung nicht erkennenden Menschen unsicher – und diese Unsicherheit ist gefährlich, weil das Gesamturteil über den Menschen zur Dispo-

---

103 Rel 207; VII, 814. Vergleichbar formuliert Kant auch im zweiten Stück der Religionsschrift: „Die gute und lautere Gesinnung (die man einen guten uns regierenden Geist nennen kann), deren man sich bewußt ist, führt also auch das Zutrauen zu ihrer Beharrlichkeit und Festigkeit, obzwar nur mittelbar, bei sich, und ist der Tröster (Paraklet), wenn uns unsere Fehltritte wegen ihrer Beharrlichkeit besorgt machen" (Rel 84 ff.; VII, 724).

sition steht. Angesichts der Kampfsituation ist solche Unge-wissheit existenziell bedrängend, denn es handelt sich nicht um graduelle Unterschiede im Gutsein, sondern um die Diskre-panz zwischen gut und böse. Der Mensch müsste dem externen Geist vertrauen können, um die fehlende Gewissheit durch die-ses Vertrauen kompensieren zu können – an dieser Stelle redet die christliche Tradition vom Glauben.

Für Kant ist dies allerdings keine Alternative, weil er sol-chem Glauben, den er als Gefühl versteht, nicht traut: „allein es ist mit solchen vermeinten Gefühlen übersinnlichen Ur-sprungs nur mißlich bestellt; man täuscht sich nirgends leich-ter als in dem, was die gute Meinung von sich selbst begüns-tigt" (Rel 81; VII, 721). Dieser Einwand ist zutreffend, sofern man mit Kant Glauben als ein auf sich selbst gerichtetes Gefühl versteht. Doch damit wird auch der Glaube in die ethische Per-spektive gerückt, denn er wird als menschliches Handeln in-terpretiert. Selbst wenn er dem Glauben einen übersinnlichen Ursprung zugesteht und damit die christliche Rede von der Geistesgabe des Glaubens aufgreift, so bleibt sein Urteil den-noch negativ – eben weil er es aus ethischer Perspektive fällt: Für ein Glaubensgefühl gilt, dass nicht entschieden werden kann, welche anderen inneren Faktoren (Gefühlsmomente) ihm beigemischt sind. Die Gewissheit könnte also letztlich auf einer Suggestion und damit Illusion beruhen. Die Gefahr des Irrtums wird von Kant so stark eingeschätzt, dass er lieber den Weg der überforderten Selbsterkenntnis geht.

Demgegenüber wird evangelische Theologie darauf beharr-ren, dass der Glaube nicht nur in ethischer Perspektive als menschliches Verhalten gewürdigt wird, sondern vor allem in geistlicher Perspektive verstanden wird: als Vertrauen darauf, dass der Beziehungsbruch zwischen Gott und Mensch durch Gottes Eingreifen (in Jesus Christus) überwunden und als neue Beziehungsstiftung dem Menschen (durch den Geist Gottes zugesprochen) wird. Dieser Glaube steht für eine Ge-wissheit des Menschen, dass er im Gericht sicherlich auch nach seinem moralischen Verhalten gefragt und darüber auf-geklärt werden wird, dass aber seine Beziehung zu Gott nicht an diesen moralischen Handlungen hängt. Die Glaubensge-wissheit zeichnet sich dadurch aus, dass der Glaubende sich selbst im Blick des eschatologischen Richters (als Herzenskün-diger) wohl aufgehoben weiß. In dieser geistlichen Perspekti-

ve ist der Glaubende passiv, ihm ist eine neue Beziehung eröffnet worden.

Sicherlich kann und soll solcher gehaltvoller, „positiver"
Glauben einem Religionsphilosophen nicht zugemutet werden;
ein Gespräch käme nicht zustande, wenn der Philosoph nur die
Aussagen der Theologie neu einkleidete. Und damit entfielen
auch die Impulse, die Kant insbesondere in ethischer Hinsicht
der Theologie zu geben vermochte. Der Tendenz Kants, diese
ethischen Einsichten auch auf die religiöse Ebene der Beziehung zwischen Gott und Mensch so auszudehnen, dass sie der
eigentlichen geistlichen Perspektive keinen Platz mehr zubilli-
gen, muss allerdings widersprochen werden. Und daher kann
bei aller Hochschätzung hinsichtlich der Fragestellung dieses
Aufsatzes nur festgehalten werden: Eine Pneumatologie Immanuel Kants gibt es nicht! Das Fehlen einer wissenschaftlichen
Analyse der Beziehung zwischen dem Geist Gottes und der Vernunft des Menschen ist das Manko der Religionsphilosophie
des großen deutschen Philosophen.

Martin Leiner

Überwindung und Reform der gegebenen Kirchen

Zu Kants Rede von der Kirche

Wer über Immanuel Kants Rede von der Kirche arbeitet, sieht sich einer merkwürdig gespaltenen Forschungslage gegenüber. Auf der einen Seite gibt es eine große Anzahl von Studien, die Kant als Kirchenkritiker beschreiben. Kant gilt als „unkirchlich"[1]; sein Verhältnis zur Kirche kann „nur ein sehr kühles sein"[2]. Immer wieder werden die Zeugnisse von Reinhold Bernhard Jachmann und von Christian Friedrich Reusch zitiert, die berichten, dass Kant im Alter nicht mehr zur Kirche ging. „Ob er in seinen früheren Jahren in religiöser Absicht die Kirche besucht habe, ist mir nicht bekannt. In seinem Alter bedurfte er wenigstens keiner äußeren Mittel mehr, um seine innere Moralität zu beleben"[3], schreibt Jachmann, während Reusch immerhin voraussetzt, dass Kant, um seinen Pflichten als Rektor nachzukommen, die Domkirche in Königsberg betrat.[4] Aber auch in dieser Hinsicht hat es Ausnahmen gegeben. So erinnert Karl Vorländer daran, dass Kant als Rektor der Königsberger Universität einen Gottesdienst im Beisein von König Friedrich Wilhelm II. absagte. „Er schickte an diesem Tage (21. September [1786]) schon ‚praecise 7 Uhr Morgends' seinen Lampe mit einem Brief an seinen Amtsvorgänger, den Juristen Holzhauer und bat diesen der drei beifolgenden Eintrittskarten in die

---

1 *Karl Vorländer:* Immanuel Kant. Der Mann und das Werk, 3. Aufl. 1992, Bd. II, 177.

2 Vorländer: Kant, 176.

3 *Reinhold Bernhard Jachmann* in: Immanuel Kant. Ein Leben nach Darstellungen von Zeitgenossen Jachmann, Borowski, Wasianski, hg. von A. Hoffmann, Halle 1902, 119.

4 Vgl. *Christian Friedrich Reusch:* Kant und seine Tischgenossen. Nachdruck Bruxelles 1973, 5. Kant pflegte „an der Kirchentüre vorbeizuschreiten, wenn er nicht selbst Rector geworden war".

Schlosskirche sich nebst zwei anderen Kollegen bedienen zu
wollen; er (Kant) selbst sei ‚unpäßlich' und ‚könne nicht mit'."[5]
    Dieser Sicht, die Kant als Kirchen- und oft auch als Religions-
kritiker beschreibt, steht eine andere, viel schmalere Forschungsrichtung gegenüber, die sich darum bemüht, einen anderen Kant aufzufinden – einen, dessen Systembildung von
religionsphilosophischen Fragen angetrieben wurde und der
von einer eigenen, spezifischen Religiosität getragen war. Martin Heidegger hat dieser Richtung das Stichwort gegeben, indem er in seiner Schrift „Kants These über das Sein" bemerkte:
„Nun wird aber und bleibt für Kant die Frage, ob und wie und
in welchen Grenzen der Satz ‚Gott ist' als absolute Position
möglich sei, der geheime Stachel, der alles Denken der Kritik
der reinen Vernunft und die nachfolgenden Hauptwerke bewegt."[6] Georg Picht führt diese Intuition systematisch aus,[7]
während Autoren wie Aloysius Winter die Auffassung eines in
seiner spezifischen Weise religiös denkenden und empfinden-
den Kant in zahlreichen Einzelstudien zu begründen suchen.[8]

5 Vorländer: Kant, 48.
    6 *Martin Heidegger:* Kants These über das Sein (1961), in: Wegmarken.
Gesamtausgabe Bd. 9, Frankfurt/M. 1976, 455.
    7 Im Anschluss an Heidegger schreibt *Georg Picht:* „Sollte aber wirklich
die Frage nach der Möglichkeit, dem Sinn und den Grenzen des Satzes:
‚Gott ist' für Kant der innerste Antrieb seines Denkens sein, so wäre Kants
Religionsphilosophie nicht, wie man es gemeinhin darstellt, eine Art von
Appendix zur ‚Kritik der praktischen Vernunft', der in der Schrift über die
‚Religion innerhalb der Grenzen der bloßen Vernunft' seine Ausführung
findet, sondern die drei großen Kritiken [...] wären in ihrem Zusammen-
hang als die Religionsphilosophie Kants zu interpretieren. Die Religions-
philosophie wäre dann nicht ein Sonderkapitel neben Erkenntnistheorie,
Moralphilosophie und Ästhetik, sondern Kants Philosophie wäre insgesamt und in jedem seiner einzelnen Teile nichts anderes als Religionsphilosophie" (Kants Religionsphilosophie, Stuttgart 1985, 1).
    8 Vgl. *Aloysius Winter:* Der andere Kant. Zur philosophischen Theologie
Immanuel Kants, Hildesheim 2000. Häufig ist die Argumentation, dass
Kant in anderen Schriften als der „Kritik der reinen Vernunft" und der „Kritik der praktischen Vernunft" Möglichkeiten zu einer religionsfreundliche-
ren Sicht eröffnet, die in der Religionsschrift nicht genutzt wurden. Vgl.
dazu *Heinrich Assel:* Geheimnis und Sakrament. Die Theologie des göttlichen Namens bei Kant, Cohen und Rosenzweig, Göttingen 2001, oder auch
die anders gelagerten Arbeiten von *Karl-Heinz Michel:* Immanuel Kant und
die Frage nach der Erkennbarkeit Gottes. Eine kritische Untersuchung der
‚Transzendentalen Ästhetik' in der ‚Kritik der reinen Vernunft' und ihre

Diese zweite Richtung der Kantinterpretation sieht sich mit einer doppelten Infragestellung konfrontiert. Zum einen können die Interpreten ein eigenes Interesse an einer religiöseren Lektüre Kants nicht leugnen; sie sind also auch in ihrer Wahrnehmung interessengeleitet. Zum andern bestehen Zweifel, ob Kant nicht an einzelnen Stellen aus diplomatischen Gründen eine Ausdrucksweise gewählt hat, die bemüht war, Anstößigkeiten für die bestehenden Kirchen zu vermeiden. Zu solcher Vorsicht hatte Kant allen Grund, wie das von dem preußischen Justizminister und „Chef des geistlichen Departements", Johann Friedrich Wöllner 1788 ausgestellte Religionsedikt und die speziell für Kant verfertigte Kabinettsorder vom 1.10.1794 zeigen.[9] Kant selbst schrieb an Professor Matern Reuß nach Würzburg, er sei in seiner Religionsschrift darauf bedacht gewesen, „keiner Kirche einen Anstoß zu geben"[10]. „Viele Kantianer konnten" nach dem Bericht des Buchhändlers Nicolovius in Königsberg, „aus Kant nicht kommen, wie seine Religionslehre erschienen ist, und auch dessen Rechtslehre, Sie vermuten, er stimme nicht mit sich überein"[11]. Diese Anhaltspunkte scheinen eine gewisse Tendenzkritik zu rechtfertigen, die die eher „religions- und kirchenfreundlichen" Stellen im Werk Kants nicht in demselben Maße ernst nimmt wie die kritischen Äußerungen. Insbesondere könnten bloße *Möglichkeiten*, Sätze Kants *auch* in der Weise zu verstehen, wie sie von der zweiten Forschungsrichtung gelesen werden, absichtliche oder unabsichtliche Abmilderungen einer eigentlich kritischen Haltung sein.

Dennoch ist hermeneutisch mit Vorländer[12] festzuhalten, dass es psychologisch unwahrscheinlich ist, dass Kant an irgendeiner Stelle seiner Religionsschrift etwas geschrieben hat, was nicht seiner aufrichtigen Auffassung entsprochen hätte.

---

theologischen Konsequenzen, Wuppertal 1987. Auch *Friedo Ricken*s Darstellung von Kants Lehre von der Kirche rückt den Gedanken in den Mittelpunkt, dass Kant die Pflicht der Menschheit gegen sich selbst, dass eine Kirche existieren soll, betont (Religionsphilosophie, Stuttgart 2003, 223–232, bes. 224 f.).

9 Der Text findet sich bei Vorländer: Kant, 200.

10 Brief an Reuß vom Mai 1793 in: Kant's gesammelte Schriften, hg. von der Preußischen Akademie der Wissenschaften, Berlin/Leipzig 1922, Bd. 11, 431.

11 Zit. nach Vorländer: Kant, 181.

12 Vgl. Vorländer: Kant, 162.

Dass er die zweite Auflage der „Religion innerhalb der Grenzen
der bloßen Vernunft" abschließt mit einem Apostroph an die
Aufrichtigkeit, auf den gleich noch zurückzukommen sein
wird, bestätigt dies zusätzlich. Kant hat nach eigener Überzeugung in der Religionsschrift, wie dieser Apostroph zeigt, wenngleich nicht alles, was er für wahr hielt, so doch auch nichts in
seinen Augen Unwahres geschrieben.[13] Da schließlich auch Interpreten wie Winter und Picht eine Reihe interessanter Beobachtungen an Kants Texten gemacht haben, an denen man
nicht mehr vorbeigehen kann, und da man umgekehrt auch den
religions- und kirchenkritischen Lektüren nicht selten spezifisch positionierte Interessen in der jahrtausendealten Auseinandersetzung der Philosophie mit der Theologie vorwerfen
kann, so kann der hermeneutische Grundsatz für die künftige
Arbeit nur sein, kirchenkritische wie kirchenfreundliche Vor-
meinungen möglichst zurücktreten zu lassen, um Kants Texte
so genau wie nur irgend möglich zu lesen und seine Gedanken
mit einem neuen Willen zur Präzision zu erfassen.

Diesem Ansatz gilt es im Folgenden so gut wie möglich gerecht zu werden. Die ersten drei Abschnitte werden sich auf den
3. und 4. Teil von Kants Religionsschrift konzentrieren, um das,
was dort über die Kirche gesagt ist, in den Grundentscheidungen
zu rekonstruieren. Der vierte Teil stellt abschließend die Frage,
welche Anregungen von Kants Lehre von der Kirche für eine
gegenwärtige theologische Ekklesiologie in der Zeit der Entstehung eines globalen ethischen Bewusstseins ausgehen können.

1. Kants Suchbewegung: eine Kirche der Aufrichtigkeit

Neben dem berühmten Apostroph an die Pflicht am Anfang der
„Grundlegung zur Metaphysik der Sitten" findet sich in Kants
Werk nur noch eine einzige ähnliche Passage. Es ist die Anru-

---

13 Vgl. *Immanuel Kant:* Die Religion innerhalb der bloßen Vernunft, in:
Immanuel Kant Werkausgabe, hg. v. Wilhelm Weischedel. Bd. VIII, 4. Aufl.
Frankfurt/M. 1982, B 295: „Ich [sc. Kant] kann es einräumen, wiewohl es
sehr zu bedauern ist, dass Offenherzigkeit (die ganze Wahrheit, die man
weiß, zu sagen) in der menschlichen Natur nicht angetroffen wird. Aber
Aufrichtigkeit (dass alles, was man sagt, mit Wahrhaftigkeit gesagt sei)
muss man von jedem Menschen fordern können."

fung der Aufrichtigkeit in der zweiten Auflage der „Religion innerhalb der bloßen Vernunft": „O Aufrichtigkeit! Du Asträa, die du von der Erde zum Himmel entflohen bist, wie zieht man dich (die Grundlage des Gewissens, mithin aller inneren Religion) von da wieder zu uns herab? [. . .] Nun vergleiche man damit unsere Erziehungsart, vornehmlich im Punkte der Religion, oder, besser, der Glaubenslehren, wo die Treue des Gedächtnisses, in Beantwortung der sie betreffenden Fragen, ohne auf die Treue des Bekenntnisses zu sehen (wofür nie eine Prüfung angestellt wird), schon für hinreichend genommen wird, einen Gläubigen zu machen, der das, was er heilig beteuert, nicht einmal versteht, und man wird sich über den Mangel der Aufrichtigkeit, der lauter innere Heuchler macht, nicht mehr wundern." (B 295 f.)

Aus diesem Abschnitt geht – systematisch höchst bedeutsam – hervor, dass für Kant die Aufrichtigkeit die Grundlage aller inneren Religion ist. Dass es dem Menschen in der Kirche schwer gemacht wird, diese Aufrichtigkeit zu leben, ist der entscheidende Schade, ja der Selbstwiderspruch der Kirche. Von Selbstwiderspruch ist deshalb zu reden, weil nur auf der Grundlage von Freiheit der Mensch eine Religion annehmen kann. Kant fragt deshalb: „Wie reimt es sich mit der Gewissenhaftigkeit zusammen, gleichwohl auf eine solche Glaubenserklärung, die keine Einschränkung zulässt, zu dringen, und die Vermessenheit solcher Beteurungen sogar selbst für Pflicht und gottesdienstlich auszugeben, dadurch aber die Freiheit der Menschen, die zu allem, was moralisch ist (dergleichen die Annahme einer Religion), durchaus erfordert wird, gänzlich zu Boden zu schlagen, und nicht einmal dem guten Willen Platz einräumen, der da sagt: ‚Ich glaube, lieber Herr, hilf meinem Unglauben!'" (A 277 f./B 295)

Aufrichtigkeit und Glaube lässt sich nach Kant nur so verbinden, dass alles, was bloß historisch wahrscheinlich oder auch sogar historisch unwahrscheinlich ist, nicht als verpflichtenden Glauben ansieht. Schon 1783 schrieb er an Moses Mendelssohn: „Ich halte dieses Buch [sc. Mendelssohns Buch ‚Jerusalem'] vor [sc. = für] die Verkündigung einer großen, obzwar langsam bevorstehenden und fortrückenden Reform, die nicht allein Ihre Nation, sondern auch andere treffen wird. Sie haben Ihre Religion mit einem solchen Grade von Gewissensfreiheit zu vereinigen gewusst, die man ihr gar nicht zugetraut hätte, und dergleichen sich keine andere rühmen kann. Sie haben zugleich die Notwendigkeit einer unbeschränkten Gewissensfreiheit zu jeder Religion so gründlich und so hell vorgetragen, dass auch endlich die Kirche unsererseits darauf wird denken müssen, wie sie alles, was das Gewissen belästigen und drücken kann, von der ihrigen absondere, welches endlich die Menschen in Ansehung der wesentlichen Religionspunkte vereinigen muss, denn alle das Gewissen belästigenden Religionssätze kommen aus der Geschichte, wenn man den Glauben an deren Wahrheit zur Bedingung der Seligkeit macht."[14]

In diesem Brief wird deutlich, dass Kants Denken über die Kirche bestimmt ist von der Hoffnung auf eine Reform, die die unbeschränkte Gewissensfreiheit in den Mittelpunkt stellt. Man wird von da aus Analogien zur Argumentation anderer Reformbestrebungen (Reformation, Pietismus, Neologie, Rousseaus Zivilreligion) vermuten können. Dabei ist aber schon jetzt ein wesentlicher Unterschied zu bedenken. Hatte Luther die katholische Kirche, hatten Pietismus und Neologie die protestantische Kirche zu reformieren gesucht und hatte Rousseau schließlich sich für eine Zivilreligion innerhalb eines Staates ausgesprochen, so ist Kants Projekt von allen partikularen Beschränkungen befreit, auf die Vereinigung der Menschheit gerichtet. Letzten Endes soll diese Reform zu einer allgemeinen, die Menschheit umfassenden Kirche führen, die auf Übereinstimmung in den wesentlichen Inhalten der Religion beruht. „Von da an, wo der erstere [sc. der Kirchenglaube] seine Abhängigkeit von den einschränkenden Bedingungen des letzteren [sc. des reinen Religionsglaubens], und der Notwendigkeit der Zusammenstimmung mit ihm öffentlich anerkennt, fängt die allgemeine Kirche an, sich zu einem ethischen Staat Gottes zu bilden, und nach einem feststehenden Prinzip, welches für alle Menschen und Zeiten ein und dasselbe ist, zur Vollendung desselben fortzuschreiten." (A 174 f./B 184)

In seinen Ausführungen nähert sich Kant hierbei vielleicht am meisten der Religion des Menschen („religion de l'homme"), die der von ihm hoch geschätzte und durch ein Porträt in Kants Wohnung stets gegenwärtige Rousseau im *Contrat social* beschrieben, dann aber wegen ihrer Überweltlichkeit und ihrer

14 Brief Kants vom 16. August 1783 an Moses Mendelssohn, in: Akademie-Ausgabe (Anm. 10), 347.

mangelnden Unterstützung für die staatlichen Gesetze verworfen hatte. Rousseau formuliert: „La religion considérée par rapport à la société [...] peut aussi se diviser en deux espèces, savoir la religion de l'homme et celle du citoyen. La première, sans temples, sans autels, sans rites, bornée au culte purement intérieur du dieu suprême et aux devoirs éternels de la morale, est la pure et simple religion de l'Évangile."[15]

Kants Bestimmung des reinen Religionsglaubens in der Religionsschrift erinnert in vielen Aspekten an Rousseaus Ausführungen: Der Religionsglaube Kants ist wie die rousseausche Religion des Menschen rein innerlich;[16] er entspricht nach Auffassung beider Autoren dem Evangelium bzw. den Worten Jesu;[17] er hat – wiederum nach Auffassung beider – Moral und Gottesglaube als Inhalt, konkret: „dass wir Gott für alle unsere Pflichten als den allgemein zu verehrenden Gesetzgeber ansehen" (A 139/B 147). Im Gegensatz zu Rousseau überwindet Kant aber die Alternative zwischen einer unsichtbaren Menschheitsreligion und einer staatlich verordneten Zivilreligion, indem er die ethische Menschheitsreligion in eine positive Beziehung zu den real existierenden Kirchen setzt. Die sichtbaren Kirchen, in denen das moralische Prinzip erschienen ist, haben für Kant bei aller Kritik eine notwendige darstellende Funktion im Bezug auf die allgemeine, moralische Menschheitsreligion. Kant weist den „Kirchen trotz aller Dunkelheiten ihrer Geschichte eine Aufgabe zu, die nur sie erfüllen können. Sich zu einer Kirche zusammen zu schließen, ist nicht in das Belieben der Einzelnen gestellt, sondern deren Pflicht"[18], weil die moralische Gemeinschaft der Menschheit einen sichtbaren Ausdruck verlangt. Wie argumentiert Kant für diese These?

Um das Projekt Kants einer Reform der Kirche genauer in den Blick zu bekommen, muss man sich über seine Termino-

---

15 *Jean-Jacques Rousseau*: Du contrat social, (1762) Paris 1992, Buch IV, Kap. 8, 162: „Die Religion kann sich auch in ihrem Verhältnis zur Gesellschaft in zwei Grundformen teilen: die Religion des Menschen und die Religion des Bürger. Die erste, ohne Tempel, ohne Altäre, ohne Riten, beschränkt einzig und allein auf die innerliche Verehrung des höchsten Gottes und auf die ewigen Pflichten der Moral, ist die reine und einfache Religion des Evangeliums."

16 Vgl. Kant: Religion (Anm. 13), A 174/B 183.

17 Vgl. Kant: Religion, A 225 f./B 239 f. und A 239/B 254.

18 Ricken: Religionsphilosophie, 224.

logie im Bezug auf Kirche klar werden. Missverständlich ist, dass Kant den Religionsglauben, der – wie er ausdrücklich sagt – auf eine allgemeine Kirche hinführt, dem Kirchenglauben entgegensetzt. Kirche wird somit in einem doppelten Sinne gebraucht, nämlich einmal im Sinne der allgemeinen Menschheitskirche, die das letzte Ziel der Reformgedanken Kants ist, und zum anderen im Sinne einer Institution, die den zu überwindenden Kirchenglauben vertritt: „Es ist also eine notwendige Folge der Physischen und zugleich der moralischen Anlage in uns, welche letztere die Grundlage und zugleich Auslegerin aller Religion ist, dass diese endlich von allen empirischen Bestimmungsgründen, von allen Statuten, welche auf Geschichte beruhen, und die vermittelst eines Kirchenglaubens provisorisch die Menschen zur Beförderung des Guten vereinigen, allmählich losgemacht werde, und so reine Vernunftreligion zuletzt über alle herrsche, damit Gott sei ‚alles im allem‘." (A 169 f./B 179)

Bei genauer Lektüre wird deutlich, dass es Kant zwar um die Überwindung des Kirchenglaubens, nicht aber um das Ende der Kirche, sondern um deren Ausweitung zu einer „allgemeinen Weltreligion" (A 188/B 197) geht. „Fragt man nun: welche Zeit der ganzen bisher bekannten Kirchengeschichte die beste sei, so trage ich kein Bedenken, zu sagen: es ist die jetzige, und zwar so, dass man den Keim des wahren Religionsglaubens, so wie er jetzt in der Christenheit zwar nur von einigen, aber doch öffentlich gelegt worden, nur unbehindert sich mehr und mehr darf entwickeln lassen, um davon eine kontinuierliche Annäherung zu derjenigen, alle Menschen auf immer vereinigenden Kirche zu erwarten, die die sichtbare Vorstellung (das Schema) eines unsichtbaren Reiches Gottes auf Erden ausmacht." (A 188/B 197 f.)

Kants Terminologie verkompliziert sich zusätzlich dadurch, dass er die Rede von der sichtbaren und von der unsichtbaren Kirche aufnimmt. Er definiert beide Begriffe wie folgt: „eine Kirche, welche, so fern sie kein Gegenstand möglicher Erfahrung ist" (A 134/B 142) heißt *unsichtbare Kirche*. Sie ist „eine bloße Idee von der Vereinigung aller rechtschaffenen unter der göttlichen unmittelbaren, aber moralischen Weltregierung" (A 134/B 142) und dient „jeder von Menschen zu stiftenden zum Urbild" (A 134/B 142). Es ist nicht die unsichtbare, der Kant in seinen Ausführungen das Hauptaugenmerk widmet, sondern es ist die sichtbare Kirche, die über weite Strecken Thema seiner Darstellung ist. „Die sichtbare ist die wirkliche Vereinigung der Menschen zu einem Ganzen, das mit jenem Ideal zusammenstimmt. [...] Die wahre (sichtbare) Kirche ist diejenige, welche das (moralische) Reich Gottes auf Erden, so viel es durch Menschen geschehen kann, darstellt."[19]

Dass die jetzige sichtbare Kirche, in der sich schon der wahre Religionsglaube als Keim gezeigt hat, zur wahren sichtbaren, nach dem Religionsglauben reformierten Kirche werde, ist das Ziel, das zwar Gott allein letztlich realisieren kann, dem sich aber der Mensch so widmen soll, als ob alles von ihm abhinge.

Kant erklärt: „Ein moralisches Volk Gottes zu stiften, ist also ein Werk, dessen Ausführung nicht von Menschen, sondern nur von Gott selbst erwartet werden kann. Deswegen ist aber doch dem Menschen nicht erlaubt, in Ansehung dieses Geschäftes untätig zu sein, und die Vorsehung walten zu lassen, als ob ein jeder nur seiner moralischen Privatangelegenheit nachgehen, das Ganze der Allgemeinheit des menschlichen Geschlechts aber (seiner moralischen Bestimmung nach) einer höhern Weisheit überlassen dürfe. Er muss vielmehr so verfahren, als ob alles auf ihn ankomme, und nur unter dieser Bedingung darf er hoffen, dass höhere Weisheit seiner wohlgemeinten Bemühung die Vollendung werde angedeihen lassen."[20]

Ausgehend von diesen Beobachtungen haben wir folgende Grundlage für unsere Interpretation gewonnen: Kant als Kirchenkritiker zu lesen ist einseitig. Es wird übersehen, dass Kant über die Transformation der bestehenden Kirche, in der die Keime des wahren Religionsglaubens öffentlich hervorgetreten sind, nachdenkt: „Ich wollte die Religion im Felde der Vernunft vorstellig machen, und zwar so, wie solche auch in einem Volke als Kirche errichtet werden könne. Da konnte ich nun solche Formen nicht füglich erdenken, ohne wirklich vorhandene zu benutzen."[21] Umgekehrt wäre es falsch, die Radikalität des Reformprogramms zu unterschätzen oder herunterzuspielen.

19 Kant: Religion, A 134/B 142. Eine gewisse Annäherung an die unsichtbare Kirche findet sich in der Passage A 222 f./B 236 f.; vgl. dazu unten.

20 Kant: Religion, A 133/B 141. Zum eschatologischen Aspekt der Verwirklichung des Volkes Gottes als einer nur von Gott selbst zu erwartenden vgl. *Helmut Hoping:* Freiheit im Widerspruch. Eine Untersuchung zur Erbsündenlehre im Ausgang von Immanuel Kant, Innsbruck 1990, 231 f.

2. Kants Religionsschrift als Programm der Kirchenreform

Zunächst ist eine doppelte Relativierung der Interpretation Kants als eines Kirchenreformers vorzunehmen. Zum einen hat Kant selbst sich in seinem Leben – außer mit seinen Äußerungen in der Religionsschrift – nicht praktisch für eine Kirchenreform engagiert. Er ist also allenfalls ein Autor, der literarisch Reformideen entwickelt. Er tut dies in einem einzigen Buch, der „Religionsschrift", und er tut es im Zusammenhang zahlreicher anderer Reformvorschläge für das Recht oder für die Organisation der Universität, die er in derselben Schaffensperiode entwickelt. Auch in der Religionsschrift steht Kants Behandlung der Kirche im Kontext von Überlegungen zum Verhältnis von staatlichem Recht und Moralität. Die ersten drei Kapitel des 3. Teils der Religionsschrift sind diesem Thema gewidmet. Aus all diesen Gründen kann man schließen, dass Interpretationen, die das religionsphilosophische oder auch das kirchenreformerische Interesse Kants als sein eigentliches und umfassendes ausgeben – man denke etwa an ein weiteres Ausziehen des Ansatzes von Heidegger und Picht – in die Irre gehen. Kant hat ein viel breiteres Interesse. Es geht ihm in der Religionsschrift wie in der „Metaphysik der Sitten" und in den anderen Arbeiten seines späteren Werks um nicht weniger als um eine neue Konzeption der nationalen und internationalen Institutionen, um die große Abhandlung der Frage „Was kann ich hoffen?" im Zusammenhang konkreter Themen wie der Verbesserung des Rechts, der Entwicklung einer weltweiten, dauerhaften Friedensordnung, der Idee einer die Menschheit umspannenden Religion, der persönlichen Realisierung von Tugend, der Rolle einer künftigen Erziehung und der Reform der Universität, der Möglichkeit und den Grenzen einer Überwindung des radikal Bösen usw.

Innerhalb dieses Kontextes erscheint die Kirche als ein Thema unter anderen. Grundlage für ihre Funktion ist die trennscharfe Unterscheidung von staatlichem Recht und Moralität. Der Staat kann sich nur um das Recht und um die Legalität der Handlungen kümmern. „Weh aber einem Gesetzgeber, der eine

---

21 *Immanuel Kant:* L. Bl. G 17 R(eicke) III, 59. Akademie-Ausgabe (Anm. 10) Bd. 23, 93.

auf ethische Zwecke gerichtete Verfassung durch Zwang bewirken wollte! Denn er würde dadurch nicht allein gerade das Gegenteil der ethischen bewirken, sondern auch seine politische
untergraben und unsicher machen." (A 124/B 132) Moralität
hat eine andere soziale Gestalt als staatliche Legalität. Diese soziale Gestalt ist die Kirche. Kirche ist der Zusammenschluss der
Rechtschaffenen zu einem Volk unter Gott als Herrscher; sie ist
„ein ethisches gemeines Wesen [sc. = Gemeinwesen, Republik]
nur als ein Volk unter göttlichen Geboten, d. i. als ein Volk Gottes, und zwar *nach Tugendgesetzen"* (A 131/B 139).

Für die Existenz der Kirche argumentiert Kant dabei einmal
auf der Grundlage einer Analogie zum Staat – das vom Staat
unterschiedene ethische Gemeinwesen muss zur Darstellung
kommen –, zum anderen aber auch auf der Grundlage seiner
Anthropologie: Die den ersten drei Kapiteln vorausgehende
Einleitung greift den Faden der beiden vorangehenden Teile der
Religionsschrift wieder auf und argumentiert dahingehend,
dass die Errichtung eines ethischen Gemeinwesens Pflicht und
einzige Möglichkeit sei, um die Herrschaft des guten Prinzips
über das Böse zu verwirklichen. Aufgrund des radikal Bösen
und der negativen Einwirkungen, die Menschen allein schon
durch ihr bloßes Dasein auf andere haben, fordert Kant: „Die
Herrschaft des guten Prinzips so fern Menschen dazu hinwirken können, ist also, so viel wir ersehen, nicht anders erreichbar,
als durch die Errichtung und Ausbreitung einer Gesellschaft
nach Tugendgesetzen und zum behuf derselben; einer Gesellschaft, die dem ganzen Menschengeschlecht in ihrem Unfange
sie zu beschließen die Vernunft zur Aufgabe und zur Pflicht
gemacht wird." (A 121/B 129)

Ausgehend von dieser doppelten Ableitung der Kirche, postuliert Kant folgende Kennzeichen der „wahre[n] (sichtbaren)
Kirche" (A 135/B 143). Sie sind einerseits ein konkretes, von
Kant als verwirklichbar vorgestelltes Ideal, das nach dem Schema der Urteilstafel der Kritik der reinen Vernunft[22] abgeleitet
ist, andererseits entsprechen die Kennzeichen (teilweise) den
traditionellen notae ecclesiae.

Für die *Quantität* der Kirche folgert Kant, dass sie, da sie die
wahre sichtbare Kirche ist, nur *eine* sein kann. Als Ausdehnung

---

22 Vgl. *Immanuel Kant:* Kritik der reinen Vernunft, B 95. Vgl. zum Folgenden Kant: Religion, A 135/B 143.

muss eine solche Kirche Allgemeinheit beanspruchen. Die wahre Kirche ist in der Sprache des Apostolicums *una et catholica*. Für die *Qualität* der Kirche fordert Kant nun nicht direkt die Heiligkeit, sondern – mit ihr verwandt – die Lauterkeit, „die Verbindung unter keinen anderen, als moralischen Triebfedern. (Gereinigt vom Blödsinn des Aberglaubens und dem Wahnsinn der Schwärmerei.)"[23] Unter der Bestimmung der *Relation* fordert Kant die Freiheit, „eine Art von Demokratie" – wobei allerdings zu beachten ist, dass Kant später ausführt, dass die Kirche als „bloße Repräsentantin eines Staates Gottes[24] [...] keine ihren Grundsätzen nach der politischen ähnliche Verfassung hat. Diese ist in ihm weder monarchisch (unter einem Papst oder Patriarch), noch aristokratisch (unter Bischöfen und Prälaten), noch demokratisch (als sektiererischer Illuminaten). Sie würde noch am ehesten mit einer Hausgenossenschaft (Familie) unter einem gemeinschaftlichen, obzwar unsichtbaren, moralischen Vater verglichen werden können." (A 136/B 144) Als *Modalität* bestimmt Kant die „Unabänderlichkeit ihrer Konstitution [sc. = Verfassung]" (A 135/B 143).

Was in dieser Ableitung geschieht, verdient eine kurze Zwischenreflexion. Im ersten Schritt zur Darlegung der erstrebten Kirchenreform sucht Kant – ganz ähnlich wie die reformatorischen Bekenntnisschriften – den Anschluss an die altkirchlichen Bekenntnisse. Er integriert diesen Anschluss an die Alte Kirche aber in einen Gedankengang, der neu ist. Kant fügt diesem traditionellen Bezug eine transzendentalphilosophische Ableitung des Postulats der wahren sichtbaren Kirche und ihrer sich aus der Urteilstafel ergebenden Eigenschaften hinzu. Diese Kirche erscheint so als ein unausweichliches Ideal, dem alle Menschen verpflichtet sind. Hier zeigt sich hermeneutisch zweierlei:

Zum einen entwickelt Kant eine Konvergenz zwischen dem in der Geschichte der Kirche als Glaubensaussage formulierten Bekenntnis und den von der Vernunft her geforderten und ab-

---

23 Kant: Religion, A 135/B 143. Nächstes Teilzitat ebd.
24 Unverständlich ist, warum *Jürgen Werbick* in seiner Fundamentaltheologie behauptet, bei Kant sei „endgültig mit einer Tradition gebrochen, die seit Papst Gregor dem Großen das Verhältnis von Kirche und Reich Gottes weitgehend so bestimmen ließ, dass die Kirche selbst das Reich Gottes auf Erden ist" oder „repräsentiert" (Den Glauben verantworten, Freiburg 2000, 671).

geleiteten Eigenschaften der wahren Kirche. Transzendentalphilosophie und Glaubensbekenntnis können also zu demselben
Ergebnis gelangen.[25]

Zum andern ist, wie der Bezug auf die Urteilstafel der „Kritik
der reinen Vernunft" und weitere intertextuelle Bezüge zeigen,
ein erweitertes Verständnis der Religionsschrift durch den
Rückgang auf die beiden ersten großen Kritiken möglich.[26] Dies
gilt, obwohl Kant im Vorwort der 2. Auflage der Religionsschrift den Vorwurf eines Rezensenten in den Greifswalder
Neuen Kritischen Nachrichten weit von sich weist, man müsse
die Kritik der reinen und die Kritik der praktischen Vernunft
kennen, um „Die Religion innerhalb der Grenzen der bloßen
Vernunft" zu verstehen.[27] Die Bezüge liegen auf der Hand: Wie
in der „Kritik der praktischen Vernunft" gezeigt, ist Gott der
Gesetzgeber des kategorischen Imperativs: „Auf solche Weise
führt das moralische Gesetz durch den Begriff des höchsten
Guts, als das Objekt und den Endzweck der reinen praktischen
Vernunft, zur Religion, d. i. zur Erkenntnis aller Pflichten als
göttlicher Gebote."[28] Die Notwendigkeit einer Gemeinschaft,
eines Reichs der Zwecke, auf das die menschliche Sittlichkeit
ausgerichtet ist, wird bereits in der „Grundlegung zur Metaphysik der Sitten" entwickelt. Kant leitet aus der Selbstzweck-
formel des kategorischen Imperativs folgende Überlegung ab:
„Nun folgt hieraus unstreitig: dass jedes vernünftige Wesen, als
Zweck an sich selbst, sich in Ansehung aller Gesetze, denen es
nur immer unterworfen sein mag, zugleich allgemein gesetzgebend müsse ansehen können. [...] Nun ist auf solche Weise eine
Welt vernünftiger Wesen (mundus intelligibilis) als ein Reich
der Zwecke möglich, und zwar durch die eigene Gesetzgebung

25 Die gesamte Überlegung zeigt in ihrer Struktur und durch Kants Rezeption des „Schema"-Begriffs, dass im Hintergrund dieser Ausführungen
die durch die Kritiken *Salomon Maimons* und *Johann Heinrich Tieftrunks* an-
gestoßenen Überlegungen Kants zur Revision der Schematismuslehre stehen. Vgl. dazu zur ersten Information *Stefan Schulze:* Kants Verteidigung
der Metaphysik. Eine Untersuchung zur Problemgeschichte des Opus Postumum, Marburg 1994.

26 Mit Recht betont Assel (Geheimnis, 8), dass Einsichten der „Kritik der
Urteilskraft" in der Religionsschrift keine rechte Aufnahme finden.

27 Vgl. Kant: Religion, B XXV.

28 Vgl. *Immanuel Kant:* Kritik der praktischen Vernunft (= KpV), A 223 ff.,
Zitat A 233.

aller Personen als Glieder. Demnach muss ein jedes vernünftiges Wesen so handeln, als ob es durch seine Maximen jederzeit ein gesetzgebendes Glied im allgemeinen Reich der Zwecke wäre." (AB 83)

Mit dieser transzendentalphilosophischen Überlegung verbindet sich in den Spätschriften der geschichtlich-politische Realismus Kants, der davon ausgeht, dass dieses Reich der Zwecke auch eine Darstellung benötigt. Die sichtbare Kirche und ihr Gottes-„Dienst" gehören somit ganz entscheidend zum darstellenden Handeln des moralischen Subjekts.[29] Transzendentalphilosophische Ableitung, geschichtlich-politischer Realismus und logische Bestimmungen nach der Urteilstafel verbinden sich zu einem fast zwingenden Gedankengang. Es legt sich nahe, dass Kirche ist, und wenn sie ist, so muss sie so sein, wie Kant sie bestimmt hat.

Nach diesen hermeneutischen Zwischenbemerkungen, lohnt es sich, weiter der konkreten Ausführung des Programms der Kirchenreform zu folgen. Gegenstand und Ansatzpunkt für die Reform ist der historische Offenbarungsglaube, den Kant als eine Form des Kirchenglauben bezeichnet, am besten auf einer Heiligen Schrift beruht und viele „statutarische" Inhalte hat. Das Wort „statutarisch" bezeichnet eigentlich im rechtlichen Kontext das, was den Statuten entspricht und somit satzungsgemäß ist. Kant greift mit diesem Wort auf eine Tradition zurück, die von der griechischen Philosophie inauguriert wurde. Von den Sophisten über Plato und die Stoa war der Gegensatz zwischen dem, was von Natur (physei) und dem, was bloß menschliche Setzung (thesei) ein entscheidendes Argument in der Kritik bestehender Gesetze und Gebräuche. Dieselbe Argumentationsfigur wurde von der Reformation gegenüber der katholischen Kirche aufgenommen. Die Schmalkaldischen Artikel argumentieren beispielsweise durchgängig gegen all das, was

---

29 Von hier aus lässt sich vermuten, dass Schleiermachers Auffassung vom vorwiegend darstellenden Handeln als Aufgabe der Kirche von Kant beeinflusst ist. Vgl. z. B. Kants Aussage, dass „äußerer Gottesdienst [...] eine sinnliche Darstellung der Gemeinschaft der Gläubigen" (Religion, A 290/B 308) sei, mit *Friedrich Schleiermacher*: Die christliche Sitte nach den Grundsätzen der evangelischen Kirche im Zusammenhang dargestellt, neu hg. von W.E. Müller, Teil II, Waltrop 1999, 525, wo Schleiermacher betont, dass „alles darstellende Handeln insgesamt wesentlich dasjenige ist, was wir Gottesdienst nennen".

„lauter Menschenfundlin, von Gott nicht geboten", ein „unnötig Ding"[30] ist. Tendenziell vorsichtiger, aber ohne sachlichen
Widerspruch setzt sich die *Confessio Augustana* (Art. 15) von allem ab, was von Menschen gemachte Ordnungen und Zeremo-
nien sind. Man kann sie zwar, wenn sie ohne Sünde vollzogen
werden können, als menschliche Setzung um des Friedens willen einhalten; eine göttliche Anordnung kann man in ihnen aber
nicht finden. Was *iure humano* ist, muss vielmehr scharf von
dem, was *iure divino* gilt, abgegrenzt werden.

Kant argumentiert zunächst mehr, im Endeffekt aber weniger tolerant. Die statutarischen Elemente mögen zwar sogar als
göttliche Gesetze angenommen werden,[31] sie sind aber keine
unumgänglichen Bedingungen der wahren Religion. Es ist vielmehr lediglich so, dass sie, wenn sie mit der wahren moralischen Religion übereinstimmen, als „Mittel ihrer Beförderung
und Ausbreitung" (A 140/B 148) ein zeitlich begrenztes Da-
seinsrecht haben.

Den Unterschied zwischen statutarischem und wahrem, reinen Religionsglauben bestimmt Kant dahingehend, dass der
reine Religionsglaube „allein eine allgemeine Kirche gründen
kann; weil er ein bloßer Vernunftglaube ist, der sich jedermann
zur Überzeugung mitteilen lässt" (A 137/B 145). Allein der bloße Vernunftglaube soll deshalb in den Transformationen der
Kirche übrig bleiben. Offenbarungsglaube kann zwar und wird
normalerweise in sich Vernunftreligion begreifen,[32] er enthält
aber regelmäßig so viel historisch Kontingentes und willkürlich
Gesetztes, dass er nicht für jeden Menschen verbindlich sein
kann. Nur die Vernunftreligion, die Kant im 4. Teil der Religionsschrift auch als natürliche Religion bezeichnet, kann allgemeine Verbindlichkeit beanspruchen.

Auch an dieser Stelle bietet sich wieder ein historischer Kommentar an. Ideengeschichtlich zieht Kant hier die ekklesiologi-
schen Konsequenzen aus Lessings bekannter Unterscheidung
von zufälligen Geschichtswahrheiten und notwendigen Ver-
nunftwahrheiten. Kant formuliert in ähnlicher Weise: „Das
Kennzeichen der wahren Kirche ist ihre Allgemeinheit; hievon
aber ist wiederum das Merkmal die Notwendigkeit und ihre

---

30 Schmalkaldische Artikel Art. 2 (BSLK 416, 20 f. 4).
31 Vgl. Kant: Religion, A 140/B148.
32 Vgl. Kant: Religion, B XXI.

auf eine einzige Art mögliche Bestimmbarkeit. Nun hat der historische Glaube (der auf Offenbarung, als Erfahrung gegründet ist) nur partikuläre Gültigkeit, für die nämlich, an welche die Geschichte gelangt ist, worauf er beruht, und enthält, wie alle Erfahrungserkenntnis, nicht das Bewusstsein, dass der geglaubte Gegenstand so und nicht anders sein *müsse*, sondern nur, dass er so sei, in sich; mithin enthält er zugleich das Bewusstsein seiner Zufälligkeit. Also kann er zwar zum Kirchenglauben (deren es mehrere geben kann) zulangen, aber nur der reine Religionsglaube, der sich gänzlich auf Vernunft gründet kann notwendig, mithin für den einzigen erkannt werden, der die wahre Kirche auszeichnet." (A 157 f./B 167)

Man sieht hier neben dem Erbe der Lessingschen Aufklärung auch Folgendes: Anders als die „Kritik der reinen Vernunft", die durch die Kritik der Metaphysik als Wissenschaft den Platz frei macht für Metaphysik als Naturanlage und für den moralischen Glauben, schließt die Religionsschrift das Terrain ab. Religion und Kirche soll es nur noch „innerhalb der Grenzen der bloßen Vernunft" als von Gottesdienst und von allem Statutarischen freie moralische Vernunftreligion geben.

Die weitere Argumentation sagt zunächst recht lakonisch, was die Vernunftreligion sei: „Die natürliche Religion als Moral (in Beziehung auf die Freiheit des Subjekts), verbunden mit dem Begriffe desjenigen, was ihrem letzten Zwecke Effekte verschaffen kann (dem Begriffe von Gott als moralischem Welturheber), und bezogen auf die Dauer des Menschen, die diesem ganzen Zwecke angemessen ist (auf Unsterblichkeit), ist ein reiner praktischer Vernunftbegriff, der ungeachtet seiner unendlichen Fruchtbarkeit doch nur so wenig theoretisches Vernunftvermögen voraussetzt: dass man jeden Menschen von ihr praktisch hinreichend überzeugen, und wenigstens die Wirkung derselben jedermann als Pflicht zumuten kann." (A 222/B 236) Kant fordert aber umso entschiedener den Einsatz für ihr Zustandekommen. „Wir haben gesehen, dass zu einem ethischen gemeinen Wesen sich zu vereinigen eine Pflicht von besonderer Art (officium sui generis) sei, und dass, wenn gleich ein jeder seiner Privatpflicht gehorcht, man daraus wohl eine zufällige Zusammenstimmung aller zu einem gemeinschaftlichen Guten, auch ohne dass dazu noch besondere Veranstaltung nötig wäre, folgern könne, dass aber doch jene Zusammenstimmung aller nicht gehofft werden darf, wenn nicht aus der Vereinigung derselben mit einander zu eben demselben Zwecke und Errichtung eines gemeinen Wesens unter moralischen Gesetzen, als vereinigter und darum stärkerer Kraft, den Anfechtungen des bösen Prinzips (welchem Menschen zu Werkzeugen zu dienen sonst von einander selbst versucht werden) sich zu widersetzen, ein besonderes Geschäfte gemacht wird." (A 211 f./B 225 f.)

Von der kirchlichen Organisation nähert die wahre Kirche sich einer bloß unsichtbaren Kirche an, hält aber die Sichtbarkeit als Notwendigkeit fest: „Sie [sc. die wahre Kirche] ist in diesem Sinne als Weltreligion auszubreiten und zu erhalten, bedarf sie freilich zwar einer Dienerschaft (ministerium) der bloß unsichtbaren Kirche, aber keine Beamten (officiales), d. i. Lehrer, aber nicht Vorsteher". Kant fährt fort: „Da aber eine solche Einhelligkeit nicht von selbst erhalten, mithin, ohne eine sichtbare Kirche zu werden, in ihrer Allgemeinheit nicht fortpflanzen dürfte, sondern nur, wenn eine kollektive Allgemeinheit, d. i. Vereinigung der Gläubigen in eine (sichtbare) Kirche nach Prinzipien einer reinen Vernunftreligion dazu kömmt, diese aber aus jener Einhelligkeit nicht von selbst entspringt, oder auch, wenn sie errichtet worden wäre, von ihren [...] in einen beharrlichen Zustand, als eine Gemeinschaft der Gläubigen gebracht werden würde." (A 222 f./B 236 f.) So bleibt die Sichtbarkeit der Kirche letztlich doch vor allem wegen der menschlichen Schwäche gerechtfertigt.

Wie die wahre sichtbare Kirche dann aber auszusehen habe, dies entwickelt Kant vor allem negativ. Seine Ausführungen in dieser Frage konzentrieren sich zunächst ganz auf die Kritik dessen, was seiner Auffassung nach abzuschaffen ist. Um dieses Abzuschaffende näher zu bezeichnen, führt Kant einen Begriff ein, den er möglicherweise selbst geschaffen hat: *Afterdienst* der Religion.[33] Dieses Wort ist – trotz des auch zu Kants

---

33 Dafür, dass Kant den Begriff selbst gebildet hat, spricht zum einen, dass die Lexika zur Sprache des 18. und 19. Jh. entweder diesen Begriff überhaupt nicht bringen (z. B. Duden, Meyers Konversations-Lexikon), oder aber dass sie nur Belege von Kant nennen (z. B. das Grimm'sche Wörterbuch. In der Ausgabe Leipzig 1856, Bd. 1, 186). Weiter spricht für eine Kantsche Bildung, dass er an der Stelle, an der er ihn zum ersten Mal in der Religionsschrift gebraucht (A 215/B 229), durch eine lateinische Übersetzung (cultus spurius) und eine Begriffserklärung erläutert.

Zeiten wahrnehmbaren Anklangs[34] – nicht von dem Körperteil her, sondern durch das altdeutsche Verhältniswort after (niederdeutsch *achter*), das die Bedeutung „nach, hinter" hat, zu erklären. Meyers Konversationslexikon erklärt weiter: „seit dem 15. und 16. Jahrh[undert] nur noch in Zusammensetzungen vorkommend, oft mit dem Nebenbegriff des Falschen, Schlechten, Unechten, z. B. Afterkind, soviel wie uneheliches Kind"[35]. Kant selbst erklärt den Begriff wie folgt: „Unter einem Afterdienst (cultus spurius) wird die Überredung, jemanden durch solche Handlungen zu dienen, verstanden, die in der Tat dieses seine Absicht rückgängig machen. Das geschieht aber in einem gemeinen Wesen dadurch, dass, was nur den Wert eines Mittels hat, um dem Willen eines Oberen genüge zu tun, für dasjenige ausgegeben, und an die Stelle gesetzt wird, was uns ihm unmittelbar wohlgefällig macht; wodurch dann die Absicht des letzteren vereitelt wird." (A 215/B 229) *Cultus spurius*, die lateinische Übersetzung, die Kant zur Erläuterung von „Afterdienst" gebraucht, bezeichnet, wenn man *spurius* im allgemeinen Sinne als „unecht" versteht, einen unechten Gottesdienst. Bei der Bedeutung, die das Prostitutionsbild („Hure Babylon") in der Kirchengeschichte hatte,[36] ist es auch möglich, dass bei Kant auch noch der eigentliche, engere Sinn von „spurius" mitschwingt. Als „spurius" bezeichnet man nämlich ein „von einem unbekannten Vater mit einer gemeinen Buhldirne erzeugt[es], unehelich[es]"[37] Kind. Eine Ausdeutung des Bildes ist möglich, etwa in dem Sinne, dass nicht der wahre Gott selbst Erzeuger dieses Kultes ist; eine solche Ausdeutung wird aber

---

34 Das genannte Grimm'sche Wörterbuch (564) weist ausdrücklich darauf hin, dass das derbe Wort „Arsch" in gehobener Sprache durch „abgezogene", d. h. abstraktere Begriffe wie After ersetzt wird. Auf der anderen Seite ist aber bemerkenswert, dass gegenwärtige Worte, die das so benannte Körperteil mit einem Dienen verbinden (wie „Arschkriecherei" und „Arschdienerei"), keine Entsprechungen in den Wörterbüchern des frühen 19. Jh. haben. Sie fehlen im Grimm'schen Wörterbuch ebenso wie in dem den Dialekt Ostpreußens wiedergebenden Werk von *Hermann Frischbier:* Preussisches Wörterbuch. (Bd. 1. EA 1882), Hildesheim/New York 1971.

35 Meyers Konversations-Lexikon, 5. Auflage, Bd. 1, Leipzig/Wien 1897, 187.

36 Vgl. z. B. die Übersicht bei Werbick: Glauben, 659 f.

37 *Karl Ernst Georges:* Lateinisch-deutsches Handwörterbuch, Nachdruck Hannover 1995, 2778.

von Kant nicht vorgenommen. Dennoch betont Kant an späterer Stelle, dass Urheber des Afterdienstes nicht Gott selbst sei, sondern „da machen wir uns einen Gott, wie wir ihn am leichtesten zu unserem Vorteil gewinnen zu können, und der beschwerlichen ununterbrochenen Bemühung, auf das Innerste unserer moralischen Gesinnung zu wirken, überhoben zu werden glauben" (A 242 f./B 257).[38] In der zweiten Auflage macht Kant deutlich, dass nicht das Sich-einen-Gott-Machen das Problem darstellt, sondern, dass in aller Religion Bilder von dem, der uns geschaffen hat, vom Menschen gemacht werden. Problematisch ist nur, dass in der statutarischen Offenbarungsreligion dieses Bild von Gott nicht mit dem Ideal der Vernunft übereinstimmt.[39] Ursache des Afterdienstes ist darum die menschliche Schwäche. Hauptgestalt des Afterdienstes ist eine „gottesdienstliche Religion" im engeren Sinne, das heißt eine Religion, die statt Gott durch ethisches Verhalten zu dienen, diese eigentlich gebotene Orientierung zunichte macht, indem Gottes Gunst ohne ethisches Handeln oder an diesem vorbei etwa durch Schmeicheleien versucht wird zu erreichen. In dieser Form der Religion wird unzulässig der „Dienst" an den moralischen Gesetzen Gottes vereitelt. Dieser Dienst ist aber kein Dienen im eigentlichen Sinne, sondern ein Befolgen der Selbstgesetzgebung der Vernunft, die auch ohne Religion gültig wäre. „Die Moral, so fern sie auf dem Begriffe des Menschen, als eines freien, eben darum aber auch sich selbst durch seine Vernunft an unbedingte Gesetze bindenden Wesens, gegründet ist, bedarf weder der Idee eines andern Wesens über ihm, um seine Pflicht zu erkennen, noch einer andern Triebfeder als des Gesetzes selbst, um sie zu beobachten." (BA III)

Neben dem Wort „Afterdienst" dient noch ein anderes Kampfwort der allgemeinen Auseinandersetzung mit der bloß statutarischen Religion: *Religionswahn*. Statuten, ja auch statutarischer Glaube können sich innerhalb einer auf ein Volk eingeschränkten Kirche als menschliche Form, *iure humano*, rechtfertigen. Wird das Statutarische aber als etwas zum eigentlichen, universalen Glauben gehöriges behauptet, so entsteht Religions-

---

38 Bis in die Begrifflichkeit (wie z. B. die sonst fast nicht belegte Rede vom Afterdienst der Religion) hinein führt hier ein Weg von Kants Religionsschrift zu Feuerbach.

39 Vgl. Kant: Religion, B 257 f.

wahn. „Wahn ist die Täuschung, die bloße Vorstellung einer Sache mit der Sache selbst für gleichgeltend zu halten." (A 242/B 256) Religionswahn führt notwendig zu Afterdienst. „Statutarischen Glauben nun (der allenfalls auf ein Volk eingeschränkt ist, und nicht die allgemeine Weltreligion enthalten kann) für wesentlich zum Dienste Gottes überhaupt zu halten, und ihn zur obersten Bedingung des göttlichen Wohlgefallens zu machen, ist Religionswahn, dessen Befolgung ein Afterdienst, d. i. eine vermeintliche Verehrung Gottes ist, wodurch dem wahren, von ihm selbst geforderten Dienste gerade entgegen gehandelt wird." (A 240 f./B 255 f.) Afterdienst und Religionswahn sind also koextensiv, während andere Kampfworte wie Fetischdienst und Pfaffentum speziellere Realitäten bezeichnen, über die noch zu reden sein wird.

Konkret unterscheidet Kant drei Formen des Wahnglaubens: den Glauben an Wunder, den Glauben an Geheimnisse und den Glauben an Gnadenmittel. Grundlage der Ansicht, dass diese Formen Wahnglaube sind, ist das Ergebnis der Kritik der theoretischen und der praktischen Vernunft.[40]

Illustration für seine Auffassung von statutarischem, auf ein Volk und auf historische Inhalte bezogenem Glauben ist Kants Behandlung des *Judentums*. Das Judentum ist Beispiel einer statutarischen Religion. „Der jüdische Glaube ist, seiner ursprünglichen Einrichtung nach, ein Inbegriff bloß statutarischer Gesetze [...], denn welche moralischen Zusätze entweder damals schon, oder auch in der Folge ihm angehängt worden sind, die sind schlechterdings nicht zum Judentum als einem solchen, gehörig." (A 176/B 186) Aus diesem ursprünglich statutarischen Charakter zieht Kant drei Folgerungen:

a) Alle Gebote der jüdischen Religion respektieren nicht die grundlegende Unterscheidung von Moral und staatlichem Recht. „Alle Gebote" seien „von der Art, dass auch eine politische Verfassung auf sie halten, und sie als Zwangsgesetze auferlegen kann, weil sie bloß äußere Handlungen betreffen" (A 177/B 187). Dies gelte auch ausdrücklich für die zehn Gebote, die nach Kant zwar als ethische vor der Vernunft rangieren, im Judentum aber als staatliche Gesetze gegeben worden seien.

---

40 Vgl. Kant: Religion, A 283/B 301.

b) Wegen der Äußerlichkeit und Rechtsförmigkeit der Gebote des Judentums sei alle Belohnung und Bestrafung auf diese Welt eingeschränkt und keine Hoffnung auf Unsterblichkeit am Platze.

c) Das Judentum sei eine auf ein Volk eingeschränkte Religion. Es sei „weit gefehlt, dass das Judentum eine zum Zustande der allgemeinen Kirche gehörige Epoche" (A 179/B 188) gewesen sei.

Diese negative Einschätzung des Judentums, die in traditionelle christliche Argumentationsmuster des Antijudaismus einstimmt, schließt nicht aus, dass Kant jüdische Menschen, allen voran Moses Mendelssohn mit seiner Schrift „Jerusalem", ganz positiv als moralisch Gläubige würdigen kann. Es ist „nicht zu zweifeln, dass die Juden sich [...] jeder für sich selbst, einen gewissen Religionsglauben werden gemacht haben" (A 176/B 188).

Die christliche Religion hat nach Kants Meinung gegenüber dem Judentum „den großen Vorzug, dass sie aus dem Munde des ersten Lehrers als eine nicht statutarische, sondern moralische Religion hervorgegangen ist" (A 239/B 254). Wenn das Judentum aus dem Christentum entfernt würde, „bliebe alsdann wohl keine andere als rein-moralische von Statuten unbemengte Religion übrig" (B 252). Das Judentum steht deshalb auch in „ganz und gar keiner wesentlichen Verbindung" (A 176/B 185 f.) zum Christentum; die hebräische Bibel hat keine religiöse Bedeutung für Christen, sondern dient als „ältester Urkunde der Menschheit" (Herder) zu Zwecken der Gelehrsamkeit.[41] Religiös kann die Forderung Kants nur die Schaffung eines reinen, nicht mehr jüdischen Glaubens sein, wie auch aus folgender Notiz im Nachlass hervorgeht: „Mosaisch-Messianischer Glaube, 2. Messianisch evangelischer 3. rein evangelischer oder christlicher Glaube fängt jetzt erst an/der Evangelische Glaube war der daß die Opfer erfüllt sind und wir vom Joch frey."[42] Anstatt das Judentum als „Religion der Vernunft" (Cohen) und der Ethik zu begreifen, interpretiert Kant – gegen das viele Jahrhunderte prägende Selbstverständnis der Christentums als Religion der Gnade, der Erlösung, der Rechtfertigung allein aus

---

41 Vgl. Kant: Religion, B 253.
42 Kant: Akademie-Ausg. (Anm. 10), Bd. 23, 448.

Glaube – die Religion Jesu als moralische Religion. Durch diese Abwandlung der sich aus der lutherischen Reformation nahe legenden Einschätzungen (Judentum – Religion des Gesetzes; Christentum – Religion der Gnade), beteiligt sich Kant an der Entstehung einer eigenen, aufklärerischen antijüdischen Argumentation.

Nach diesem – nach heutiger Sicht – ihm nicht zur Ehre gereichenden Exkurs über das Judentum gelangt Kant immer mehr zur Beurteilung konkreter Vollzüge kirchlichen Handelns. Auch hier wendet er zwei Kampfbegriffe an: Fetischglaube und Pfaffentum. „Alles Beginnen in Religionssachen, wenn man es nicht bloß moralisch nimmt, und doch für ein an sich Gott wohlgefällig machendes, mithin durch ihn alle unsere Wünsche befriedigendes Mittel ergreift, ist ein Fetischglaube, welcher eine Überredung ist: dass, was weder nach Natur- noch nach moralischen Vernunftgesetzen irgend etwas wirken kann, doch dadurch allein schon das Gewünschte wirken werde, wenn man nur festiglich glaubt, es werde dergleichen wirken, und dann mit diesem Glauben gewisse Förmlichkeiten verbindet." (A 282/B 300) „Pfaffentum ist [...] die Verfassung einer Kirche, sofern in ihr ein *Fetischdienst* regiert." (A 260/B 276) Ausgehend von dieser Bestimmung des *Pfaffentums* kann Kant mit diesem Begriff auch an protestantische Kritikmuster gegenüber der römisch-katholischen Kirche anknüpfen: „Pfaffentum also würde überhaupt die usurpierte Herrschaft der Geistlichkeit über die Gemüter sein, dadurch, dass sie, im ausschließlichen Besitz der Gnadenmittel zu sein, sich das Ansehn gäbe." (A 293/B 312)

Erst nach all diesen kritischen Ausführungen, kommt Kant auf die konkrete Gestaltung einer sichtbaren Kirche, die seine Zustimmung finden könnte, zu sprechen. Anders als bei den Eigenschaften der wahren Kirche ist in diesem Falle keine transzendentale Ableitung möglich. Auf der Grundlage des moralischen Glaubens als alleiniger Richtschnur zur Beurteilung kirchlicher und religiöser Praxis und unter Voraussetzung der Kritiken am Afterdienst, am Religionswahn, am Fetischglaube und am Pfaffentum behandelt Kant vier Pflichten, denen „gewisse Förmlichkeiten, die mit jenen nicht in notwendiger Verbindung stehen, korrespondierend beigeordnet sind" (A 282 f./B 299 f.). Diese vier Pflichten sind:

1. Das Sittlichgute in uns selbst fest zu gründen
2. Die äußere Ausbreitung des Sittlichguten
3. Die Fortpflanzung des Sittlichguten auf die Nachkommenschaft
4. Die Erhaltung der Gemeinschaft im Sittlichguten

Als Förmlichkeiten entsprechen diesen Pflichten: 1. Das Gebet als innerer Gottesdienst[43], 2. der Kirchgang als äußerer Gottesdienst, 3. die Taufe und 4. die Kommunion.

Das Gebet deutet Kant als inneren förmlichen Gottesdienst, beruhend auf dem Wunsch, „Gott in allem unserem Tun und Lassen wohlgefällig zu sein" (A 284/B 302).

Das Kirchgehen ist „eine sinnliche Darstellung der Gemeinschaft der Gläubigen [...], nicht allein ein für jeden einzelnen zu seiner Erbauung anzupreisendes Mittel, sondern auch ihnen als Bürgern eines hier auf Erden vorzustellenden göttlichen Staats, für das Ganze unmittelbar obliegende Pflicht" (A290 f./B308 f.). Dieser Satz wird wohl auch den eingangs erwähnten, von Buchhändler Nicolovius kolportierten Eindruck der Königsberger Studenten hervorgerufen haben, Kant stimme mit sich selbst nicht überein. Bedenklich und bedenkenswert ist an dieser Stelle nun folgendes. Kant setzt den Satz von der jedem obliegenden Pflicht zum Kirchgang fort mit einem einschränkenden Nebensatz: „vorausgesetzt, dass diese Kirche nicht Förmlichkeiten enthalte, die auf Idolatrie führen, und so das Gewissen belästigen können, z. B. gewissen Anbetungen Gottes in der Persönlichkeit seiner unendlichen Güte unter dem Namen eines Menschen, da die sinnliche Darstellung desselben dem Vernunftverbote: ‚Du sollst dir kein Bildnis machen, u.s.w.' zuwider ist" (A291/B309). Dieser Zusatz und Kants geradezu als Verweigerung des Kirchgangs zu bezeichnende Haltung lassen nur einen Schluss zu: Der Königsberger Philosoph war davon überzeugt, dass die Einschränkung gegeben war. Das heißt nicht weniger als dies: Im christlichen Gottesdienst liegen nach seiner Auffassung das Gewissen belästigende Förmlichkeiten vor, die auf Idolatrie

---

43 Eine interessante Deutung des Gebets bei Kant gibt Winter: Kant, 115–161, unter dem die zentrale These wiedergebenden Titel: „Gebet und Gottesdienst bei Kant: nicht ‚Gunstbewerbung', sondern ‚Form aller Handlungen'." Dort auch Belege für Kants persönliches Verständnis des Gebets.

führen. Kant nennt auch, was er als eine solche Förmlichkeit versteht: die Anbetung Gottes unter dem Namen eines Menschen. Geht man davon aus, dass Kant den „Heiligen des Evangeliums", den er in der Religionsschrift an keiner Stelle mit Namen nennt, immer nur als Mensch und nicht als Gott anspricht,[44] so legt sich der Schluss fast zwingend nahe, dass Kant auf Grund der Anrufung Christi im Gebet den Gottesdienst in seiner Vaterstadt mied. Hinzu kommen möglicherweise auch andere Gewissensprobleme – auf Grund dessen, was er als statutarischen historischen Glauben, Religionswahn und gottesdienstlichem Afterdienst kritisiert hat. Ausdrücklich abgelehnt wird von Kant jedenfalls die Auffassung, der Gottesdienst würde irgendwelche besondere göttliche Gnaden vermitteln. Dasselbe gilt auch für die beiden Sakramente, die er in der Religionsschrift behandelt: Es handelt sich um – wie in der lutherischen Kirche üblich – Taufe und Abendmahl.

Die Taufe ist für Kant eine „vielbedeutende Festlichkeit" (A292/B310), durch die ein neuer Mensch in die Gemeinschaft des moralischen Gemeinwesens aufgenommen wird. Die „Erneuerung, Fortdauer und Fortpflanzung dieser Kirchengemeinschaft nach Gesetzen der Gleichheit" (A 292/B 310) geschieht in der Kommunion. Sie ist als Darstellung der „weltbürgerlichen moralischen Gemeinschaft" (A 293/B 311) und zur Belebung der brüderlichen Liebe ein gutes sinnliches Mittel. Scharf grenzt sich Kant ab gegen jede Vorstellung, sie sei ein Gnadenmittel.

Alle genannten vier Formen sind also, richtig verstanden, gute sinnliche Mittel, um das Sittlichgute, auf dem sie in ihrem wahren Verständnis gründen, zu befördern. Nach dieser Interpretation von Kants Lehre von der Kirche, soll nun kurz das Verhältnis von Kants Programm der Kirchenreform mit der Reformation Martin Luthers verglichen werden.

---

44 Vgl. Vorländer: Kant, 173: „Jesus ist ihm nichts mehr als der hochgesinnte Mensch", sowie den Beitrag von *Werner Thiede* im vorliegenden Band.

3. Kants Programm der Kirchenreform und die Reformation Martin Luthers

Immanuel Kant hat bei der Abfassung seiner Religionsschrift die Glaubenslehre der preußischen lutherischen Landeskirche „beständig ins Auge gefasst"[45]. In der Tat konnten wir feststellen, dass sein Reformprogramm viele reformatorische Argumentationsmuster wieder aufnimmt. Zunächst zu den Gemeinsamkeiten: Ihren tiefsten Grund haben die Gemeinsamkeiten zwischen Kant und Luther in der Beharrung auf der Gewissensfreiheit. Religion muss gewissenhaft sein, und zum Gewissen gehört „Freiheit"[46].

Aus diesem grundlegenden Ansatz folgt eine Kritik aller Formen von Kirchenglauben, die willkürlich festgesetzte Inhalte als notwendigen Inhalt des Glaubens behauptet und sie anderen auferlegt. Ganz ähnlich wie die Reformatoren kritisiert Kant von Menschen festgesetzte Formen der Religion wie päpstliche Gesetze[47] oder auch die jüdische Judizial- und Zeremonialgesetzgebung und politische Gesetze der hebräischen Bibel als nicht zum universalen Glauben gehörig.[48] Ähnlich wie die Reformatoren wendet er sich gegen seiner Meinung nach praktisch unnütze Formen der Religionsausübung wie das Mönchsleben und Formen des Aberglaubens und der Anmaßungen der kirchlichen Hierarchie. Kant klagt, „wie mystische Schwärmereien im Eremiten- und Mönchsleben und Hochpreisung der Heiligkeit des ehelosen Standes eine große Menschenzahl für die Welt unnütz machten; wie damit zusammenhängende vorgebliche Wunder das Volk unter einem blinden Aberglauben mit schweren Fesseln drückte; wie mit einer sich freien Men-

---

45 Entwurf zur „Religion innerhalb der Grenzen der bloßen Vernunft", zit. nach Vorländer: Kant, 186.

46 Vgl. Akademie-Ausg. (Anm. 10), Bd. 18, 603 f.

47 Vgl. *Martin Luther:* Schmalkaldische Artikel. Siehe auch *Thorleif Austad* in: Horst Georg Pöhlmann u. a., Theologie der lutherischen Bekenntnisschriften, Gütersloh 1996, z. B. 182: „Die Bekenntnisschriften machen eine scharfe Unterscheidung zwischen dem ‚göttlichen Recht' (ius divinum) und dem ‚menschlichen Recht' (ius humanum)."

48 Über die reformatorischen Unterscheidungen vgl. als frühe systematische Übersicht *Philipp Melanchthon:* Loci communes 1521 (bearbeitet von H.G. Pöhlmann), Gütersloh 1993, 98–157.

schen aufdringenden Hierarchie sich die schreckliche Stimme der Rechtgläubigkeit aus dem Munde anmaßender, allein berufener Schriftausleger erhob" (A 185 f./B 195 f.). Er wendet sich gegen ein „Pfaffentum", das sich als Verwalter der Gnadenmittel versteht, und er fordert eine klare Trennung der beiden Reiche von weltlicher Herrschaft, die mit Zwangsmitteln vorgeht, und dem moralischen Reich Gottes. Kant klagt über die römische Kirche, wenn er schreibt, „wie der Okzident, wo der Glaube seinen eigenen, von der weltlichen Macht unabhängigen Thron errichtet hat, von einem angemaßten Statthalter Gottes die bürgerliche Ordnung samt den Wissenschaften (welche jene erhalten) zerrüttet und kraftlos gemacht hat" (A 186/B 196). Schließlich gelangt er zu einer Reihe praktischer Folgerungen, die auch der Reformation entsprechen. Die eigentliche Kirche ist unsichtbar und verborgen, benötigt aber zeitweise ihre sichtbare Darstellung;[49] der „Dienst der Herzen" (A 282/B 299) steht über allem äußeren Gehorsam; gottesdienstliche Handlungen sind keine Mittel, um sich Gott gewogen zu machen, nur Taufe und Abendmahl werden als zur Pflicht der Kirche gehörige förmliche Handlungen anerkannt. Aus diesem Grunde konnte Kant in gewisser Weise den Eindruck einer größeren Verwandtschaft seines Programms mit dem Protestantismus haben. Selbst beruft er sich auf „Menschen, die nur den mindesten Anfang in der Freiheit zu denken gemacht haben, da sie vorher unter dem Sklavenjoche des Glaubens waren (z. B. die Protestanten), sich sofort gleichsam für veredelt halten, je weniger sie (Positives und zur Priesterschaft gehöriges) zu glauben nötig haben" (A 274 f./B 291 f.).

Trotz diesen Gemeinsamkeiten, die die Reformation als Anfang des kantischen Programms der Kirchenreform erscheinen lassen, sind jedoch die Unterschiede gravierend. Luther berief sich zwar in Worms auch auf Vernunftgründe[50] – damals schon, später aber war ihm umso mehr die Aussage der Schrift auch in ihren statutarischen Elementen entscheidend. Berühmtes Beispiel dafür ist seine Haltung im Marburger Religionsgespräch. Martin Brecht fasst Luthers Argumentationsweise fol-

---

49 Vgl. die sehr differenzierte und klärende Darstellung von *Gunther Wenz:* Theologie der Bekenntnisschriften der evangelisch-lutherischen Kirche, Bd. 2, Berlin 1997, 260–276.
50 Vgl. WA 7, 832–838.

gendermaßen zusammen: Er konnte „die Einsetzungsworte nicht anders als wörtlich verstehen. Das Gegenteil musste man ihm aus der Bibel beweisen; Vernunftgründe lies er nicht zu."[51]

Tiefster Grund des Gegensatzes ist dabei, dass Luther das Zentrum der Religion anders bestimmt als Kant. Das Zentrum des reformatorischen Glaubens ist die Botschaft von der Rechtfertigung des Sünders um Christi willen, allein aus Gnade durch den Glauben.[52] Diese Lehre steht in betontem und scharfem Widerspruch zur kantischen Vorstellung einer Gottesbeziehung, die auf Moral und Gesetzeserfüllung beruht.

Einer Übernahme des kantischen Programms einer Kirchenreform innerhalb der evangelischen Kirche stehen darum Einwände und Bedenken gegenüber, die als unüberwindlich einzuschätzen sind. Dies ändert aber nicht den Umstand, dass Kants Ekklesiologie eine beschreibende und orientierende Kraft in der Beschreibung der gegenwärtigen Situation der christlichen Kirchen hat.

4. Kants Anregungen für eine gegenwärtige Ekklesiologie

Unsere Ausführungen führten auf einen grundlegenden Gegensatz zwischen Kants Programm der Kirchenreform im Sinne einer universalen Vernunftreligion und dem Ansatz des reformatorischen Glaubens bei der historisch kontingenten Offenbarung Gottes, die auf geschichtliche Vermittlung durch die Kirche angewiesen ist – ein Gegensatz, der seinen tiefsten Grund darin hat, dass bei Luther Gewissenserfahrung durch Gottes Freispruch bestimmt war, während Kant von der Gewissenserfahrung der unbedingten Forderung ausgeht und bei ihr als entscheidendem Sachverhalt stehen bleibt.[53] Obwohl deshalb einer Rezeption von Kants Lehre von der Kirche starke Gegengründe entgegenstehen, eröffnet die Situation des Zusammen-

---

51 *Martin Brecht:* Martin Luther, Bd. 2, Stuttgart 1986, 320.

52 Vgl. für viele andere *Eberhard Jüngel:* Das Evangelium von der Rechtfertigung des Gottlosen als Zentrum des christlichen Glaubens, 2. Aufl. Tübingen 1999.

53 Für eine detaillierte Darstellung *Volker Stümkes* Beitrag im vorliegenden Band.

wachsens der Menschheit, in der wir heute leben, neue Möglichkeiten, Kants Spätschriften in ihrer Aktualität wahrzuneh-
men. Was für seine Gedanken „Zum ewigen Frieden" und zum
Völkerrecht gilt, das gilt nämlich auch von seiner Religionsschrift. Sie hat einen utopischen Gehalt im Blick auf eine Weltgemeinschaft, der seine deskriptiven und orientierenden Poten-
ziale heute erst richtig zu entfalten beginnt.

Kants Ekklesiologie gibt zu denken in einer Situation, in der
die ethischen Grundsätze der Religionen – und auch die Ethik
vieler der Religion skeptisch gegenüberstehender Zeitgenossen
– heute soweit konvergieren, dass unbeschadet aller bleibender
dogmatischen und rituellen Unterschiede eine Gemeinschaft der
Menschheit in einem einheitlichen ethischen Bewusstsein zu einer realen Möglichkeit geworden ist. Vielleicht ist diese Gemeinschaft schon auf dem Weg, eine „unsichtbare Kirche" zu bilden,
die begleitet wird von einigen wenigen Formen weltumspan-
nender zivilreligiöser sichtbarer Handlungen. Die vom Papst initiierten interreligiösen Gebete mit ihren ethischen Inhalten, Bot-
schaften, die der Dalai Lama über das Internet verschickt, die
Erklärungen der Menschenrechte durch die UNO, die Grundsätze der Arbeit internationaler Hilfsorganisationen, weltweite Ak-
tionstage für Afrika, die Texte des Weltparlaments der Religionen
zu einem allgemeinen Weltethos oder auch die weltweite Reaktion auf den 11. September könnten Indizien für das Entstehen
einer moralischen Weltgemeinschaft sein. Eine moralische Weltreligion im Sinne Kants ist deshalb heute näher gekommen als in
jeder früheren Epoche. Diese Entwicklung bringt einen Prozess
seinem Abschluss näher: die relative Autonomisierung der Ethik
gegenüber der Religion seit der europäischen, in ihren ersten
Anfängen schon seit der griechischen Aufklärung. Universalis-
tische Ethik ist eine Ausgründung der Religion, die ihre eigene
Dynamik entfaltet. Sie ist in der Gegenwart näher an dem Ziel,
die Menschheit zu vereinen, als es je eine der Weltreligionen war.
De facto hat man es deshalb heute – unbeschadet der Zusammenhänge von Ethik und Religion – mit der Situation zu tun, die
folgendes Schaubild veranschaulichen soll.

Neben die zweifache Realität der Kirchen und Religionsgemeinschaften in ihrer wahren und in ihrer empirischen Gestalt
tritt die moralische Weltgemeinschaft. Diese bildet eine wahre
„Gestalt" im Sinne des kantischen Reichs der Zwecke und eine
empirisch sichtbare Gestalt in Form der Aktivitäten der genann-

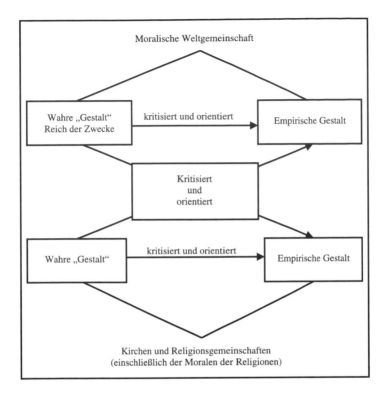

ten Institutionen und Aktivitäten: Weltparlament der Religionen, bestimmte Aktivitäten der UNO und der NGOs, auf weltweite ethische Gemeinschaft ausgerichtete Auftritte von Rockgruppen zur Hilfe für Hungernde in Afrika usw. Das Reich der Zwecke hat seinen hermeneutischen Ort heute in der Kritik und Orientierung dieser Institutionen und Aktivitäten. Ein Beispiel dafür, wie dies geschieht, ist die Erklärung des Parlaments der Weltreligionen in Chicago 1993. Das erklärte Selbstbewusstsein der Erklärung ist konsenstheoretisch: „Ein Weltethos will das, was den Religionen der Welt trotz aller Verschiedenheiten jetzt schon gemeinsam ist, herausarbeiten und zwar in Bezug auf menschliches Verhalten, sittliche Werte und moralische Grundüberzeugungen."[54] Problematisch ist dabei folgendes: Konsense

54 Erklärung zum Weltethos, hg. von H. Küng und K.-J. Kuschel, München 1993, 9 f.

zwischen einer Anzahl von Vertretern der Weltreligionen ließen sich sehr unterschiedliche finden. Man findet in allen Weltreligionen beispielsweise Vertreter und auch Belegstellen in den jeweiligen Heiligen Schriften, die sich aussprechen gegen die Toleranz im Blick auf Häresien innerhalb der eigenen Religion, für den gottgewollten Vorrang von Männern vor Frauen, für die Verteidigung autokratischer Staatsformen, oder auch für die Rechtfertigung von kriegerischer Gewalt. Das Konsensprinzip allein reicht also keineswegs aus, um zu einer Erklärung zu gelangen, wie sie vorgelegt wurde mit ihren „vier unverrückbaren Weisungen": Gewaltlosigkeit und Ehrfurcht vor allem Leben, Solidarität und gerechte Wirtschaftsordnung, Toleranz und Wahrhaftigkeit und Gleichberechtigung und Partnerschaft von Frau und Mann. Zu diesem Ergebnis gelangt man nur, indem entweder von der inneren wahren Gestalt einer Religionsgemeinschaft kritische Impulse ausgehen, die zu einer Veränderung der traditionellen Ethik in dem beschriebenen Sinne führen. Oder solche Impulse kommen – und so ist es *de facto* – aus der Idee einer moralischen Weltgemeinschaft, wie Kant sie klassisch gedacht und wie sie in den Religionen jene kritische Entwicklung (mit)ausgelöst hat. Der Text der Erklärung zum Weltethos zeigt deutlich an Kant erinnernde Argumentationen. Dazu gehört vor allem die Rede von der einen Grundforderung, die an den kategorischen Imperativ erinnert: „Wir bekräftigen, dass es eine unwiderrufbare, unbedingte Norm für alle Bereiche des Lebens gibt."[55] Diese Norm wird erläutert durch die Grundforderung: „Jeder Mensch muss menschlich behandelt werden."[56] Küngs Kommentar, der auf Varianten der Goldenen Regel in den Weltreligionen verweist,[57] macht richtig auf die religiöse Herkunft der universalistischen Ethik aufmerksam, er zeigt aber auch, dass die Rede von einer unbedingten Norm, die alle Bereiche des Lebens bestimmt, über das, was in vielen Religionen mit den Parallelen zur Goldenen Regel gemeint war, hinaus geht.[58]

---

55 Erklärung, 16.
56 Erklärung, 25.
57 Vgl. Erklärung, 81 f.
58 Küng zitiert beispielsweise für den Islam den Hadithvers: „Keiner von euch ist ein Gläubiger, solange er nicht seinem Bruder wünscht, was er sich selber wünscht" (Erklärung, 82). Es ist nicht zu sehen, wie aus diesem Vers ein direkter und logisch notwendiger Weg zur Gleichberechtigung von

Geht man nun davon aus, dass Kants Ekklesiologie einen Beitrag zur Theorie und zur Gestaltung ethischer Weltgemeinschaft ist, dann kann sie auch kritisch gegenüber gewissen Formen der „zivilreligiösen" Darstellung der moralischen Weltgemeinschaft ins Gespräch gebracht werden. Zu kritisieren sind Formen der Darstellung des Weltethos, die statutarische, z. B. national-amerikanische oder früher national-sowjetische Elemente zu notwendigen Bestandteilen des Weltethos machen – Formen, die sich im bloß ästhetischen, medienwirksamen Eintagsereignis erschöpfen, oder Formen, die im Grunde ökonomischen oder anderen Zwecken dienen.[59]

Heikel und für die Religionsgemeinschaften bedenklich ist ein dritter Vorgang: Die ethischen Grundsätze der sich bildenden Weltgemeinschaft erheben die Forderung an die bestehenden Religionen und Kirchen nach einem Transformationsprozess, der darauf hinausläuft, dass – ganz, wie Kant es beschrieben hat – statutarische Gesetze der Religionsgemeinschaften, die nicht mit dem moralischen Glauben einer weltumspannenden Religion vereinbar sind (wie z. B. die Beschneidung in Islam und Judentum oder der Umgang der römisch-katholischen Kirche mit Geschiedenen und Nichtkatholiken, usw.), unter Rechtfertigungsdruck geraten. Innerhalb der Religionen führt dieser Prozess zu einer gewissen Verlagerung der Gewichte von dogmatischen Themen auf ethische Thematiken.[60] Eine Schicksalsfrage

Mann und Frau führt. Die auf *Albert Schweitzer* zurückgehende Forderung einer Kultur der Ehrfurcht vor allem Leben, damit auch vor nichtmenschlichem Leben, geht im übrigen sogar noch über die mehr an Kant erinnernde Grundnorm der Menschlichkeit hinaus.

59 Zu denken wäre etwa an die Werbung der Firma „Benetton" oder gar von Zigarettenmarken.

60 Dieser Prozess ist überbestimmt, wenn man davon ausgeht, dogmatische Fragen würden ganz in den Hintergrund treten. Die Handlungssituation endlicher Subjekte ist durch vielfache religiöse Hintergründe bestimmt, wie sie in der Dogmatik thematisiert werden. Fragen des letzten Sinns der menschlichen Existenz, der letzten Ursache ethischer Verbindlichkeit, des Umgangs mit Schuld und mit den Grenzen der Freiheit führen unvermeidlich in das thematische Gebiet, das traditioneller Weise von den Religionen in ihrer „Dogmatik" behandelt wird. Atheistische oder agnostische Antworten sind dabei möglich; aber ohne eine Klärung dieser Hintergründe, die Kant durch die Annahmen von Gott als Gesetzgeber und Richter und von der Unsterblichkeit der Seele vornimmt, lässt sich überhaupt keine Ethik zu einer einigermaßen umfassenden und überzeugenden Gestalt ausbauen.

für die Religionen wie für die Gemeinschaft der Menschheit wird deshalb sein, ob es gelingt, dass die bestehenden Religionen in der weltumspannenden Moral ihre besten ethischen Traditionen und ihre eigene Aufgabe wiedererkennen können und in ihre Praxis einbeziehen können.

Umgekehrt stellt sich für die Religionen die Frage, wie und an welcher Stelle sie ihr kritisches Potenzial gegenüber der moralischen Weltgemeinschaft und ihren Institutionalisierungen zur Geltung bringen.[61] Weiter stehen alle Religionen vor dem Problem, wie sie auf das Zurückdrängen ihrer partikularen und von Kant als „statutarisch" kritisierten Elemente reagieren sollen. Die christlichen Kirchen zumindest sind definitiv und unwiderruflich in ihrem Wesen gebunden an die singuläre Offenbarung von Jesus als dem Christus und an die partikulare Geschichte Israels und der späteren Kirche. Kant erinnert daran, dass diese Partikularität unmöglich zu einer Tribalisierung des Christentums führen kann und statt dessen die Menschheitsbedeutung des Glaubens und die Universalität der Kirche zu behaupten ist. Möglich ist eine solche Argumentation nur, wenn Theologie von etwas ausgeht, was „absolut konkret und zugleich absolut universal ist"[62]. Ob dies transzendentalphilosophisch, durch eine Theorie des Absoluten, anthropologisch-religionstheoretisch, christologisch oder auf anderen Wegen aufzuzeigen ist, würde jeweils eigene Ausführungen verlangen. Deutlich wird durch Kants Philosophie, dass dieses Universale dem Menschen nicht als ein heteronomes, fremdes Gesetz auferlegt werden kann, sondern dass es den Menschen zu seiner Wahrheit und zu seiner Freiheit bringen muss.

---

61 Diese Kritik kann von einer Auseinandersetzung mit einer bloß negativ gedachten Religionsfreiheit bis hin zu einer Widerstandspflicht gegen sich nicht selbst begrenzende Institutionen der Weltgemeinschaft gehen.

62 *Paul Tillich:* Systematische Theologie, Bd. 1, Stuttgart 1958, 24.

Hans Schwarz

Ende und Erfüllung

Teleologie und Eschatologie bei Kant

Immanuel Kant hat sich in seiner Philosophie durchgängig auch mit theologischen Themen beschäftigt. Und dies trifft besonders für die Eschatologie, d. h. für die Lehre von den letzten Dingen zu – sowie für die Konstellationen, die auf die letzten Dinge hinführen. Die Auferstehung Jesu Christi, Auferstehung der Toten, Endgericht, ein zweifacher Ausgang der Geschichte, ewiges Leben, Unsterblichkeit und Reich Gottes sind Themen[1], die von Kant ausführlich bedacht werden. Zwei seiner Schriften haben explizit eschatologischen Charakter, *Das Ende aller Dinge* und *Vom ewigen Frieden* (1795), wenn auch letztere weitgehend moralisch-politischen Inhaltes ist. Die Beschäftigung mit der Eschatologie kommt nicht überraschend, denn Kants Denken ist weitgehend teleologisch ausgerichtet.

1. Teleologische Ausrichtung

In seiner vorkritischen Phase schrieb Kant noch im Sinne der Physikotheologie in seiner *Allgemeinen Naturgeschichte und Theorie des Himmels* (1755), dass er den ganzen Wert derjenigen Beweise erkennt, „die man aus der Schönheit und vollkommenen Anordnung des Weltbaues zur Bestätigung eines höchstweisen Urhebers ziehet"[2]. Obwohl er hier den kosmologischen Gottesbeweis vertritt, den er in der kritischen Periode aufgegeben hat, kommt er gleichzeitig auf etwas zu sprechen, das sich

---

1 Theologisch dazu *Hans Schwarz:* Die christliche Hoffnung. Grundkurs Eschatologie, Göttingen 2002.

2 *Immanuel Kant:* Allgemeine Naturgeschichte und Theorie des Himmels (A XIII), in: Immanuel Kant. Werke in zehn Bänden, hg. von Wilhelm Weischedel, Darmstadt 1968, Bd. 1, 228, für dieses und das nachfolgende Zitat.

durch seine ganze Schaffensperiode durchzieht, wenn er schreibt: „Man ist gewohnt, die Übereinstimmungen, die Schönheit, die Zwecke, und eine vollkommene Beziehung der Mittel auf dieselbe in der Natur zu bemerken und herauszustreichen." Kant denkt und argumentiert nicht nur kosmologisch, sondern auch teleologisch.

Obwohl Kant seit seiner kritischen Phase Gottesbeweise nicht mehr zulässt, behält er teleologisches Denken und Argumentieren bei. So schreibt er in der *Kritik der Urteilskraft*: „Was beweiset nun aber am Ende auch die allervollständigste Teleologie? Beweist sie etwa, dass ein solches verständiges Wesen da sei? Nein; *nichts* weiter, als dass wir nach Beschaffenheit unserer Erkenntnisvermögen, also in Verbindung der Erfahrung mit den obersten Prinzipien der Vernunft, uns schlechterdings keinen Begriff von der Möglichkeit einer solchen Welt machen können, als so, dass wir uns eine *absichtlich-wirkende* oberste Ursache derselben denken."[3] Wie Klaus Düsing in seiner Untersuchung von Kants Teleologie schreibt, wird in der Zuordnung der Ideen „der Organisation der Welt eine allmächtige und zugleich sittliche Persönlichkeit als zugrunde liegend vorgestellt, wenngleich niemals von uns entschieden werden kann, ob es an sich und wirklich so ist."[4]

Nachdem Gott insofern als Grundlage oder Urheber der Teleologie angesehen werden kann, erhebt sich die Frage, was der Endzweck der Schöpfung, also das Ziel der Teleologie ist. Hier kommt Kant auf den Menschen zu sprechen, denn „ohne diesen wäre die Kette der einander untergeordneten Zwecke nicht vollständig gegründet"[5]. Kant argumentiert hier ähnlich, wie es heute wieder mit dem anthropischen Prinzip versucht wird, indem man behauptet, dass die Evolution von jeher auf den Menschen hinausgelaufen sei.[6] Wie die Vertreter des anthropischen Prinzips bleibt aber auch Kant nicht bei der Argumentation stehen, dass die ganze Welt oder die Schöpfung im Menschen ihren Endzweck habe. Vielmehr fragt er wie Barrow und Tipler: Was darf der Mensch hoffen?

---

3 *Immanuel Kant:* Kritik der Urteilskraft (B 336), Werke Bd. 8, 515.
4 *Klaus Düsing*: Die Teleologie in Kants Weltbegriff, Bonn ²1986, 192.
5 Kant: Kritik der Urteilskraft (B 398), Werke Bd. 8, 559.
6 Vgl. *John D. Barrow/Frank J. Tipler:* The Anthropic Cosmological Principle, Oxford ²1988.

Kant ist ein Kenner der Heiligen Schrift und dem biblischen Erbe verbunden. Aber er ist auch ein Vertreter der Spätaufklärung[7]. Als letzterer ist er vom menschlichen Fortschritt überzeugt. Zugleich weiß er von der tiefen Sündhaftigkeit des Menschen. So hat er die Leibnizsche Idee von der Welt als der besten aller möglichen Welten aufgegeben; er beweist ein tiefes Verständnis für die Verderbnis der Welt. In seiner Schrift *Die Religion innerhalb der Grenzen der bloßen Vernunft* (1793) nennt er das Böse bekanntlich „radikal", und zwar „weil es den Grund aller Maximen verdirbt"[8].

Kant rekonstruiert die biblische Geschichte vom Fall, einschließlich des Hervortretens zweier entgegengesetzter Prinzipien mit dem Fürsten dieser Welt als dem Anführer des Reichs des Bösen.[9] Durch Christus werde das böse Prinzip nicht überwunden, dessen Reich weiterhin bestehen bleibe. Bevor es beseitigt werde, müsse eine neue Epoche beginnen. Doch sei seine Kraft gebrochen, so dass das Böse die Menschen, die ihm so lange unterworfen waren, nicht mehr gegen ihren Willen halten könne. Ein anderes Reich, ein moralisches, werde ihnen als Asyl angeboten, wo sie für ihre Moral Schutz finden könnten, wenn sie den früheren Einflussbereich verlassen wollten. Der Mensch müsse nämlich unter irgendeiner Herrschaft stehen.

So gibt es für den Menschen nach Kant kein Heil, wenn er nicht echte sittliche Grundsätze ganz fest in seine Gesinnung aufnimmt. Doch Kant hat Zweifel, dass der Mensch sich richtig verhält – nicht wegen seiner sinnlichen Natur, sondern wegen einer gewissen, sich selbst zugefügten Verkehrtheit, oder wie immer man diese Bösartigkeit bezeichnen mag, die die Menschheit sich selbst zugezogen hat und durch die das Böse in die Welt kam.

---

7 Deshalb unterscheidet sich seine Hermeneutik „sowohl von der biblischen Hermeneutik der lutherischen Orthodoxie bzw. des Pietismus als auch von derjenigen radikaler Deisten und Neologen. [...] Dieses hermeneutische Prinzip der Schriftinterpretation schließt es nicht aus, daß in die Schrift ein Sinn hineingetragen wird, der in ihr unmittelbar gar nicht enthalten ist" (*Helmut Hoping*: Freiheit im Widerspruch. Eine Untersuchung zur Erbsündenlehre im Ausgang von Immanuel Kant, Innsbruck 1990, 213 f.).

8 *Immanuel Kant:* Die Religion innerhalb der Grenzen der bloßen Vernunft (B 36), Werke Bd. 7, 686.

9 Zum Folgenden Kant: Religion, B 106–115/A99–106, Werke Bd. 7, 734–739.

Die Hoffnung gilt nach Kant nicht allein einem Fortschrittsglauben, der eine Entwicklung von der Natur über die Kultur
zum Reich Gottes auf Erden vertritt, sondern sie richtet sich auf
„eine nachgeschichtliche Vollendung"[10], die sich dem aktiv für-
sorgenden und erlösenden Gott verdankt.[11] Natürlich ist Kant
zufolge die Hoffnung auch im Menschen begründet: Der
Mensch muss sich moralisch so verhalten, als hinge alles von
ihm ab. Gleichzeitig weiß Kant aber auch, dass der Mensch den
„Endzweck" nicht selbst verwirklichen kann, und so findet er
sich „zum Glauben an die Mitwirkung oder Veranstaltung eines
moralischen Weltherrschers hingezogen, wodurch dieser
‚Zweck' allein möglich ist"[12]. Bei aller Wertschätzung und Betonung der Vernunft und der sittlichen Bewährung des Menschen stellt Kant besonders in seiner Religionsschrift fest, dass
„nur Gott sein Reich stiften und erhalten kann"[13]. Obwohl der
Vernunft bei Kant in ihrer kritischen Funktion große Bedeutung
zukommt, ist er sehr darauf bedacht, dem Glauben einen angemessenen Platz einzuräumen, da sich die Vernunft nur unzureichend über die Sinnenwelt hinaus erstrecken kann.

2. Vernunft und Glaube

In der Vorrede zur 2. Auflage seiner *Kritik der reinen Vernunft*
(1787) schreibt Kant: „Ich musste also das *Wissen* aufheben, um
zum *Glauben* Platz zu bekommen."[14] Gott, Freiheit und Unsterblichkeit könnte er nicht einmal in der praktischen Vernunft
annehmen, wenn die spekulative Vernunft nicht auf das beschränkt würde, was allein Gegenstand der Erfahrung sein
kann. Freiheit, Unsterblichkeit und das Dasein Gottes können
nach Kant nicht Gegenstand einer bloßen Meinung sein; das
wäre zu wenig. Sie sind aber auch nicht Gegenstand unseres

10 Vgl. Hoping: Freiheit, 232.
11 So *Michel Despland:* Kant on History and Religion, Montreal 1973, 277,
der die verschiedenen Hoffnungslehren Kants deutlich herausstellt.
12 So *Josef Bohatec*: Die Religionsphilosophie Kants in der ‚Religion innerhalb der Grenzen der bloßen Vernunft' mit besonderer Berücksichtigung
ihrer theologisch-dogmatischen Quellen, (1938) Hildesheim 1966, 631.
13 So überzeugend Bohatec: Religionsphilosophie, 630.
14 *Immanuel Kant:* Kritik der reinen Vernunft (B XXX), Werke Bd. 3, 33.

Wissens, da sie nicht Teil unserer Gegenstandswelt sind. Sie gehören vielmehr dem Glauben zu, aber nicht dem „bloß doktrinalen Glauben", der etwas Wankendes an sich hat, sondern dem moralischen Glauben.[15] Dieser Glaube an Gott und eine zukünftige Welt hat praktische Gültigkeit, d. h. er ist die Grundlage für unser moralisches Handeln. Deshalb bekennt Kant: „So werde ich unausbleiblich ein Dasein Gottes und ein künftiges Leben glauben, und bin sicher, dass diesen Glauben nichts wankend machen könne."[16] Folglich betont Immanuel Kant in seiner *Kritik der praktischen Vernunft* (1788) die Unsterblichkeit der Seele als „ein *Postulat* der reinen praktischen Vernunft."[17] Da Kant weiß, dass der Mensch das moralische Gesetz in dieser Welt niemals völlig erfüllen kann, obwohl solch eine Erfüllung praktisch notwendig gefordert wird, muss es einen ins Unendliche gehenden Fortschritt geben, damit diesem moralischen Gesetz Genüge getan wird. Dies ist aber nur unter Voraussetzung einer „ins *Unendliche* fortdauernde *Existenz* und Persönlichkeit desselben vernünftigen Wesens (welche man die Unsterblichkeit der Seele nennt) möglich". Während die theoretische Vernunft die menschliche Unsterblichkeit nur ungerechtfertigt postulieren kann, wird ihr von der praktischen Vernunft objektive Realität zuerkannt.

Obwohl Kant dem Glauben Raum schaffen will, ordnet er letztendlich doch den Glauben der Vernunft unter. Kant fühlt sich dabei durch die Theologie selbst bestätigt. Er schreibt in *Der Streit der Fakultäten* (1798): „In der Auslegung der Schriftstellen, in welchen der Ausdruck unsrem Vernunftbegriff von der göttlichen Natur und seinem Willen widerstreitet, haben biblische Theologen sich längst zur Regel gemacht, das, was menschlicherweise *(anthropopathos)* ausgedrückt ist, nach einem gottwürdigen Sinne *(theoprepos)* müsse *ausgelegt* werden; wodurch sie dann ganz deutlich das Bekenntnis ablegten, die Vernunft sei in Religionssachen die oberste Auslegerin der Schrift."[18] So kann Kant dann etwa behaupten: „Des Apostels

---

15 Kant: Reine Vernunft (B 855), Werke Bd. 4, 692.
16 Kant: Reine Vernunft (B 856), Werke Bd. 4, 693.
17 *Immanuel Kant:* Kritik der praktischen Vernunft (A 220), Werke Bd. 6, 252, für dieses und das folgende Zitat. Vgl. näherhin *Rainer Noske:* Zu Kants Vorstellung von Unsterblichkeit, in: NZSTh 37 (1995), 238–241.
18 *Immanuel Kant:* Der Streit der Fakultäten (A 54), Werke Bd. 9, 306.

Schluß also ‚ist Christus nicht auferstanden (dem Körper nach lebendig geworden), so werden wir auch nicht auferstehen (nach dem Tode gar nicht mehr leben)' ist nicht bündig."[19] Kant braucht keine theologische Begründung für ein Leben über den Tod hinaus, denn er versteht den christlichen Glauben als eine Religion, „zu welcher der Glaube in praktischer Beziehung, den die Vernunft uns einflößt, schon für sich hinreichend ist."[20] Der christliche Glaube ist nach Kant im Kern eine Vernunftreligion. Während Kant an der Identität der Person festhält, kann er die Auferweckung „des Fleisches" als belanglos hinstellen, „denn wem ist wohl sein Körper so lieb, dass er ihn gern in Ewigkeit mit sich schleppen möchte."[21] Von einer Neuschaffung, einer neuen Schöpfung, ist hier nicht die Rede. Dies ist für Kant auch deswegen schwierig, da er im Sinne der Neuzeit vom ewigen, d. h. kontinuierlichen Fortschritt überzeugt ist.

3. Ewiger Fortschritt

Kant führte in der *Kritik der praktischen Vernunft* die Unsterblichkeit als Postulat ein, damit dem moralischen Gesetz durch einen ins Unendliche gehenden Fortschritt völlig entsprochen werden könnte. Auch in seiner Schrift *Zum ewigen Frieden* spricht er am Schluss der 2. Auflage von 1796 von ewigem Fortschritt, wenn er schreibt: „Wenn zugleich gegründete Hoffnung da ist, den Zustand eines öffentlichen Rechts, obgleich nur in einer ins Unendliche fortschreitenden Annäherung wirklich zu machen, so ist der *ewige Friede*, [...] keine leere Idee, sondern eine Aufgabe, die, nach und nach aufgelöst, ihrem Ziele [...] beständig näher kommt."[22] Wir scheinen also den ewigen Frieden immer mehr zu verwirklichen, da Kant darauf hofft, dass der Fortschritt daraufhin an Intensität zunimmt.

Auch in seiner Schrift *Die Religion innerhalb der Grenzen der bloßen Vernunft* (1793) vertritt Kant einen Fortschrittsglauben. Während Revolutionen den Fortschritt abkürzen können, aber,

19 Kant: Streit (A 53), Werke Bd. 9, 305.

20 Kant: Streit (A 54), Werke Bd. 9, 306.

21 Kant: Streit (A 53), Werke Bd. 9, 305. Vgl. *Werner Thiede*: Auferstehung der Toten – Hoffnung ohne Attraktivität? FsöTh 65, Göttingen 1991, 110 ff.

22 *Immanuel Kant*: Zum ewigen Frieden (B 112), Werke Bd. 9, 251.

da sie nicht planmäßig sind, letztendlich der göttlichen Vorsehung überlassen bleiben, ist eine allgemein fortgehende Reform ein menschliches Werk. Kant stellt fest: Man kann zu Recht sagen, „‚daß das Reich Gottes zu uns gekommen sei', wenn auch nur das Prinzip des allmählichen Übergangs des Kirchenglaubens zur allgemeinen Vernunftreligion, und so zu einem (göttlichen) ethischen Staat auf Erden, allgemein, und irgendwo auch *öffentlich* Wurzel gefasst hat: obwohl die wirkliche Errichtung desselben noch in unendlicher Weite von uns entfernt liegt."[23] Kant spricht hier von einer kontinuierlichen Annäherung an diese Vollkommenheit, denn das Wahre und Gute ist im Menschen angelegt. Wenn Kant so von der allmählichen Durchsetzung der reinen Vernunftreligion überzeugt ist und der Verwirklichung eines ethischen Staates auf Erden, so könnte man meinen, dass das göttliche Wirken zu Gunsten des menschlichen aufgegeben wurde.

4. Göttliches und menschliches Wirken

In der *Kritik der praktischen Vernunft* wird das Dasein Gottes als Postulat der reinen praktischen Vernunft eingeführt, jedoch nicht in dem Sinne, dass das Dasein Gottes Grund aller Verbindlichkeit überhaupt sei, denn dazu ist die Vernunft selbst hinreichend. Vielmehr ist Gott „die oberste Ursache der Natur, sofern sie zum höchsten Gute vorausgesetzt werden muss, ein Wesen, das durch *Verstand* und *Willen* die Ursache (folglich der Urheber) der Natur ist."[24] Gott ist somit nicht der moralische Zeigefinger in der Welt, sondern Grundvoraussetzung, dass diese Welt überhaupt ist. Dies schließt die Möglichkeit der besten Welt ein und damit das höchste Gut, also die Erreichung der Glückseligkeit für den Menschen. Somit ist Gott der, der sowohl unsere Existenz begründet als auch deren Ziel. Allerdings gibt Kant zu verstehen, dass wegen des unendlichen Fortschritts von einem Geschöpf dieses Ende „niemals völlig erreicht wird"[25].

Kant ist aber davon überzeugt, dass der Mensch die „Triebfeder zum Guten [...], die in der Achtung fürs moralische Ge-

23 Kant: Religion (Λ 171), Werke Bd. 7, 786.
24 Kant: Praktische Vernunft (A 226), Werke Bd. 6, 256.
25 Kant: Praktische Vernunft (A 223), Werke Bd. 6, 254 Anm.

setz besteht," nicht verloren hat.[26] Der Mensch besitzt also eine Intention zum Guten. Deshalb ist es „allgemeine Menschenpflicht", sich zum Ideal der moralischen Vollkommenheit zu erheben.[27] Das Urbild dieses Ideals ist jedoch nicht unsere eigene Idee, sondern es ist „vom Himmel zu uns *herabgekommen*". Das Ideal der Gott wohlgefälligen Menschheit ist uns in Jesus von Nazareth nahegebracht worden. So stellt Kant fest: „Im *praktischen Glauben an diesen Sohn Gottes* (sofern er vorgestellt wird, als habe er die menschliche Natur angenommen), kann nun der Mensch hoffen, Gott wohlgefällig (dadurch auch selig) zu werden."[28] Jesus ist das Vorbild für unser moralisches Verhalten.

Kant redet keinem Individualismus das Wort, sondern das Streben des Einzelnen ist eingebunden in die Errichtung einer tugendhaften Gesellschaft, die die ganze Menschheit umfasst. Kant schreibt dazu: „Die Herrschaft des guten Prinzips, so fern Menschen dazu hinwirken können, ist also, so viel wir einsehen, nicht anders erreichbar, als durch Errichtung und Ausbreitung einer Gesellschaft nach Tugendgesetzen und zum Behuf derselben; eine Gesellschaft, die dem ganzen Menschengeschlecht in ihrem Umfang sie zu beschließen durch die Vernunft zur Aufgabe und zur Pflicht gemacht wird."[29] Hier klingen ähnliche Motive an, wie sie schon in der Schrift *Zum ewigen Frieden* angesprochen wurden. Oberster Gesetzgeber solch einer Weltgemeinschaft ist aber nicht mehr die Menschheit selbst, denn „soll das gemeine Wesen aber ein *ethisches* sein, so kann das Volk als ein solches nicht selbst für gesetzgebend angesehen werden"[30]. Vielmehr redet Kant „von Gott als einem moralischen Weltherrscher," so dass ein Volk unter göttlichen Geboten, also „ein *Volk Gottes*" unter dessen Leitung lebt.[31]

Kant sieht in dieser Gottesgemeinschaft, die an das alttestamentliche Ideal des Volkes Israels erinnert, keine diktatorischen oder patriarchalischen Züge, sondern vergleicht dieses Arran-

---

26 Kant: Religion (B 52, 53), Werke Bd. 7, 696.
27 Vgl. Kant: Religion (B 74, 75), Werke Bd. 7, 713, für dieses und das nachfolgende Zitat.
28 Kant: Religion (B 76), Werke Bd. 7, 714.
29 Kant: Religion (B 129), Werke Bd. 7, 752.
30 Kant: Religion (B 137), Werke Bd. 7, 757.
31 Kant: Religion (B 139), Werke Bd. 7, 758.

gement mit einer Hausgenossenschaft. So schreibt Kant: „Sie
würde noch am besten mit der einer Hausgenossenschaft (Familie) unter einem gemeinschaftlichen, obzwar unsichtbaren,
moralischen Vater verglichen werden können, sofern sein heiliger Sohn, der seinen Willen weiß, und zugleich mit allen ihren
Gliedern in Blutsverwandtschaft steht, die Stelle desselben darin vertritt, dass er seinen Willen diesen näher bekannt macht,
welcher daher in ihm den Vater ehren, und so untereinander in
eine freiwillige, allgemeine und fortdauernde Herzensvereini-
gung treten."[32] Jesus vertritt hier Gott und macht dessen Willen
den Menschen kund, die untereinander freiwillig eines Herzens
und eines Sinnes sind. In diesen Aussagen könnte man fast einen Anklang an die urchristliche Gemeinschaft hören (vgl. Apg
2,43–47) oder noch eher an die Brüdergemeine Zinzendorfs.
Kant weist darauf hin, dass diese Gemeinschaft weder monarchisch noch aristokratisch noch demokratisch strukturiert ist.

Der allein seligmachende reine Religionsglaube, der diesem
Arrangement der Gemeinschaft zugrunde liegt, enthält nach
Kant zwei Bedingungen bezüglich der Hoffnung auf Seligkeit:
„Die eine in Ansehung dessen, was er selbst nicht tun kann,
nämlich seine geschehenen Handlungen rechtlich (vor einem
göttlichen Richter) ungeschehen zu machen, die andere in Ansehung dessen, was er selbst tun kann und soll, nämlich in einem neuen, seiner Pflicht gemäßen Leben wandeln."[33] Beide
Bedingungen gehören nach Kant zusammen: die Vergebung
durch einen göttlichen Richter und der Wandel in einem neuen
Leben. Entscheidend ist nun, wie beide miteinander verbunden
werden. Während der Glaube an eine stellvertretende Genugtuung (Sündenvergebung) für Kant allenfalls theoretischer Natur ist, wird unserem eigenen Tun rein moralische Qualität zuerkannt. So muss nach Kant „die Maxime des *Tuns*, den Anfang
machen, und die des *Wissens*, oder theoretischen Glaubens, nur
die Befestigung und Vollendung der ersteren bewirken."[34]

Kant weiß, dass er sich mit der Verhältnisbestimmung von
menschlichem zu göttlichem Tun aufs Glatteis begibt. Der Vorzug menschlichen Tuns vor der göttlichen Genugtuung wird

---

32 Kant: Religion (B 145), Werke Bd. 7, 762.
33 Kant: Religion (B 169), Werke Bd. 7, 778.
34 Kant: Religion (B 173), Werke Bd. 7, 781. Vgl. dazu näherhin den Beitrag
von *Werner Thiede* im vorliegenden Band.

nach Kant oftmals als naturalistischer Unglaube bezeichnet, während er einwendet, dass der Vorordnung des göttlichen Tuns vor das menschliche – oft nicht zu Unrecht – der Vorwurf gottesdienstlichen Aberglaubens gemacht wird. Kant versucht nun, das Dilemma des menschlichen oder göttlichen Prae so zu lösen, dass er von der Überzeugung ausgeht, dass der Kirchenglaube allmählich durch die reine Vernunftreligion ersetzt wird. „Es ist also eine notwendige Folge der physischen und zugleich der moralischen Anlage in uns, welche letztere die Grundlage und zugleich Auslegerin aller Religion ist, dass diese endlich von allen empirischen Bestimmungsgründen, von allen Statuten, welche auf Geschichte beruhen, und die vermittelst eines Kirchenglaubens provisorisch die Menschen zur Beförderung des Guten vereinigen, allmählich losgemacht werde, und so reine Vernunftreligion zuletzt über alle herrsche, ‚damit Gott sei alles in allem'."[35] Wenn sich die reine Vernunftreligion universal durchgesetzt hat, gibt es diesen Gegensatz von Menschlichem und Göttlichem nicht mehr, da das Göttliche Grundlage und Bestimmung unseres Lebens ist. Letztlich ist auch unser Tun ohne die moralische Anlage in uns, die wir nicht selbst gesetzt haben, unmöglich. Wir sind deshalb von und zu Gott. Der Mensch schafft nicht das Reich Gottes auf Erden durch Erfüllung des moralischen Gesetzes und lebt darin in ewiger Seligkeit. Am Ende unserer Zeit und dieser Welt steht der Gerichtstag, der einen zweifachen Ausgang der Geschichte mit sich bringt.

5. Zweifacher Ausgang der Geschichte

Kant beschreibt sehr drastisch: „Der jüngste Tag gehört also annoch zur Zeit; denn es *geschieht* an ihm noch irgend etwas (nicht zur Ewigkeit, wo nichts mehr geschieht, weil das Zeitfortsetzung sein würde, Gehöriges): nämlich Ablegung der Rechnung der Menschen von ihrem Verhalten in ihrer ganzen Lebenszeit. Es ist ein *Gerichtstag*; das Begnadigungs- oder Verdammungs-Urteil des Weltrichters ist also das eigentliche Ende aller Dinge in der Zeit, und zugleich der Anfang der (seligen oder unseli-

---

35 Kant: Religion (B 179), Werke Bd. 7, 785 f.

gen) Ewigkeit, in welcher das jedem zugefallne Los so bleibt,
wie es in dem Augenblick des Ausspruchs (der Sentenz) ihm
zu Teil ward."[36] Der Jüngste Tag gehört somit einerseits zu unserer Zeit, ist aber zugleich, da er auch Gerichtstag ist, der Beginn der Ewigkeit.

Was nach dem Jüngsten Tag und dem Gericht kommen soll,
ist theoretisch nicht begreiflich und somit für Kant uninteres-
sant. Er ist allerdings davon überzeugt, dass wir zwar von unserem Schicksal in einer zukünftigen Welt jetzt noch nichts wissen können, dass aber das Urteil unseres eigenen Gewissens
uns schon einen gewissen Aufschluss darüber gibt. Er ist gewiss, „dass nämlich, welche Prinzipien unsers Lebenswandels
wir bis zu dessen Ende in uns herrschend gefunden haben (sie
seien die des Guten oder des Bösen), auch nach dem Tote fort-
fahren werden, es zu sein"[37]. Das Jüngste Gericht hat kein Über-
raschungsmoment, sondern es ist Fortschreibung dessen, was
wir jetzt schon leben.

Natürlich fragt sich Kant, ob wir es bezüglich des Endes aller
Dinge nicht mit bloßen Ideen zu tun haben, die die Vernunft
sich selbst schafft, und deren Inhalte unsere Vorstellungskraft
weit übersteigen, also inhaltslose Spekulationen sind. Er wendet dagegen ein, dass man zwar in einer widernatürlichen, d. h.
verkehrten Weise, über das Ende aller Dinge nachdenken kann,
wenn man den Endzweck missversteht. Doch gibt es darüber
hinaus das natürliche Ende aller Dinge, nach der Ordnung moralischer Zwecke göttlicher Weisheit, welches wir in praktischer
Absicht wohl verstehen können. Schließlich gibt es nach Kant
noch „das *mystische* (übernatürliche) Ende derselben, in der
Ordnung der wirkenden Ursachen, von welchen wir *nichts verstehen*", wozu etwa bestimmte Aussagen der Johannes-Apoka-
lypse gehören.[38] Nach Kant wird hier „nun ein Ende aller Dinge, als Gegenstände der Sinne, vorgestellt, wovon wir uns gar
keinen Begriff machen können: weil wir uns selbst unvermeidlich in Widersprüche verfangen, wenn wir einen einzigen
Schritt aus der Sinnenwelt in die intelligible tun wollen."[39]
Wenn auch diese Ideen unsere Fassungskraft übersteigen, so

36 *Immanuel Kant:* Das Ende aller Dinge (A 497 f.), Werke Bd. 9, 176.
37 Kant: Ende (A 503), Werke Bd. 9, 179.
38 Kant: Ende (A 509), Werke Bd. 9, 182.
39 Kant: Ende (A 509 f.), Werke Bd. 9, 182 f.

sind sie doch – laut Kant – mit der Vernunft in praktischer Beziehung nahe verwandt, denn wir bemerken hier ein beständiges Fortschreiben oder Annähern an ein höchstes Ziel, das wir nicht erreichen. Aber ein ewiges Fortschreiten bringt auch keine Zufriedenheit. So sollte man darüber nachdenken, ob es nicht einmal wirklich erreicht wird. Allerdings muss man immer eingestehen, dass man nicht direkt von dem reden kann, wovon uns jegliche Anschauung fehlt. „Man kann es nun als eine bloß zur größern Belebung der Hoffnung des Muts und Nachstrebung zu demselben abgezweckte symbolische Vorstellung auslegen"[40]. Letztendlich, so gibt Kant zu, ist das Ende aller Dinge „ein Begriff, mit dem ihnen [den Menschen] zugleich der Verstand ausgeht und alles Denken selbst ein Ende hat"[41].

Allerdings trifft uns diese Unwissenheit schon viel früher, denn auch über die Frage, warum es sittlich Gutes und Böses in der Welt gibt und warum der eine diesem anhängt und der andere jenem, davon „hat uns Gott nichts offenbart, und kann uns auch nichts offenbaren, weil wir es doch nicht *verstehen*"[42]. Obwohl Kant, soweit es ihm möglich ist, mit dem Verstand zumindest die phänomenale Welt verstehen will, kommt er hier an Grenzen, die eine rationale Interpretation überschreiten.

6. Das ewige Leben – letztendlich zeitlos

Wie ist das ewige Leben nach Kant zu verstehen? In seiner *Kritik der praktischen Vernunft* stellt Kant fest, dass die völlige Angemessenheit des Willens zum moralischen Gesetz die Heiligkeit ist, „eine Vollkommenheit, deren kein vernünftiges Wesen der Sinnenwelt, in keinem Zeitpunkte seines Daseins fähig ist. Da sie indessen gleichwohl als praktisch notwendig gefordert wird, kann sie nur in einem ins *Unendliche* gehenden *Progressus* zu jener völligen Angemessenheit angetroffen werden, und es ist, nach Prinzipien der reinen praktischen Vernunft, notwendig, eine solche praktische Fortschreitung als das reale Objekt unseres Willens anzunehmen."[43] Somit ergeben sich zwei Not-

---

40 Kant: Religion (B 202), Werke Bd. 7, 800.
41 Kant: Ende (A 515), Werke Bd. 9, 185.
42 Kant: Religion (B 218), Werke Bd. 7, 811.
43 Kant: Praktische Vernunft (A 220), Werke Bd. 6, 252.

wendigkeiten für Kant: 1. Es muss einen ins Unendliche gehenden Fortschritt der moralischen Verbesserung geben, damit der Mensch die Heiligkeit erreicht. 2. Dieser Fortschritt, da er als unendlich gedacht wird, kann nicht im zeitlichen Dasein liegen, sondern jenseits unserer Zeitlichkeit. Wie verhält sich nun dieser Fortschritt, der nach Kant ja die Unsterblichkeit der Seele voraussetzt, zum ewigen Leben?

Interessanterweise spricht Kant in der *Kritik der praktischen Vernunft* auch von dem *„Unendlichen"*. Für dieses ist die Zeitbedingung nichts, und er fordert unerbittlich „in dieser für uns endlosen Reihe, das Ganze der Angemessenheit mit dem moralischen Gesetz, und die Heiligkeit", um seiner Gerechtigkeit Genüge zu tun.[44] Der Unendliche, mit dem Kant Gott meint, ist ohne Zeitbedingung: Er stellt das ewige Leben bereit. Wenn wir vom Ende aller Zeit reden, „bei ununterbrochener Fortdauer des Menschen", so kann diese Dauer nur eine mit der Zeit ganz unvergleichbare Größe sein, „von der wir uns freilich keinen (als bloß negativen) Begriff machen können" – so Kant in seiner kleinen Schrift *Das Ende aller Dinge*[45]. Bei dem Übergang von der Zeit in die Ewigkeit stoßen wir auf das Ende aller Dinge und damit auch auf etwas, was nicht mehr Gegenstand möglicher Erfahrung für uns Zeitwesen sein kann. Es gibt aber eine Fortdauer, die allerdings, wie Kant betont, *„übersinnlich"* ist, „folglich nicht unter Zeitbedingungen stehend"[46].

Da das ewige Leben zeitlos ist, kann es nicht mehr als Abfolge verstanden werden, weder als Abfolge böser noch guter Dinge. Deswegen gibt es dann keine Möglichkeit mehr, unsere moralische Qualität zu verändern.[47] Wir haben unsere letztendliche Bestimmung erreicht. Also müssen wir mit Kant zwischen dem natürlichen und dem übernatürlichen Ende aller Dinge unterscheiden; denn während ersteres einen Endpunkt

44 Vgl. Kant: Praktische Vernunft (A 221), Werke Bd. 6, 253.

45 Kant: Ende (A 496), Werke Bd. 9, 175.

46 Kant: Ende (A 495), Werke Bd. 9, 176. „Himmel und Hölle betrachtet Kant aber nur als unendliche Prolongation der sittlichen Praxis in unserem irdischen Leben in eine von Zeit und Geschichte qualitativ unterschiedene Ewigkeit" (Hoping: Freiheit, 219).

47 Vgl. dazu *Anthon N. Perovich, Jr.*: „‚For reason [...] also has its mysteries‘: Immortality, Religion, and ‚The End of All Things‘", in: *Philip J. Rossi/Michael Wreen*: Kant's Philosophy of Religion Reconsidered, Bloomington/Indianapolis 1991, 169, in seinen wichtigen Ausführungen.

bedeutet, weist das zweite auf eine Dauer hin, allerdings auf eine unveränderbare Dauer. Unser zeitliches Selbst und unser zeitliches Leben sind vergänglich, während unser ewiges Selbst und unser ewiges Leben „fortdauern"[48]. Beständiges Fortschreiten gibt es nur, bis der Endzweck aller Dinge erreicht sein wird.

Obwohl Kant zugibt, dass sowohl das System des Unitariers „als des Dualisten, beides als Dogma betrachtet, das spekulative Vermögen der menschlichen Vernunft gänzlich übersteigen", ist er überzeugt, dass in praktischer Hinsicht das dualistische System anzunehmen ist.[49] Die Prinzipien, die unser Leben hier bestimmen, die des Guten oder die des Bösen, werden uns auch in die Ewigkeit begleiten. Der Mensch ist also nicht in der Weise verbesserungsfähig, dass letztendlich jeder den positiven Endzweck der völligen Übereinstimmung mit dem moralischen Gesetz erreichen wird. Trotzdem ist für Kant klar, dass es einen Fortschritt geben muss, der über das hinausgeht, was wir hier in der zeitlichen Welt erreicht haben. Doch ist es mit einer unendlichen, in der Zeit fortgehenden Veränderung und einem beständigen Fortschreiten nicht getan. Am Schluss muss der Endzweck stehen, der keine weitere Veränderung zulässt und nötig macht. Doch wie kann es jenseits unserer „Zeitlichkeit" einen Fortschritt geben? Kant meint, man müsse annehmen, dass „bei allen ins Unendliche gehenden Veränderungen vom Guten zum Bessern, unser moralische Zustand, der Gesinnung nach, (der homo noumenon, ‚dessen Wandel im Himmel ist'), gar keinem Zeitwechsel unterworfen wäre"[50]. Erst danach tritt ein „Zeitpunkt" ein, wo alle Veränderung und mit ihr selbst die Zeit aufhören. Kant kommt hier an einen Punkt, wo er auch an der Grenze dessen steht, was mit der Vernunft zu erfassen ist.

Im Sinne der Aufklärung ist Kant von dem moralischen Fortschritt der Menschheit überzeugt. Hier sind wir inzwischen wesentlich vorsichtiger geworden. Immerhin weiß er sich so sehr der christlichen Tradition verpflichtet, dass er eine Verwirklichung des Reiches Gottes auf Erden ablehnt. Hierdurch unterscheidet er sich wohltuend von den Utopisten und Revolutionären des 19. Jahrhunderts. Es ist allerdings zu einfach, wenn

48 So auch Perovich, Jr.: For reason, 176.
49 Kant: Ende (A 502), Werke Bd. 9, 178.
50 Kant: Ende (A 511), Werke Bd. 9, 183.

man behauptet, Kant übernehme „zentrale Elemente der biblischen Eschatologie" und deute sie moralisch um.[51] Kants Programm, dem Glauben Raum zu schaffen, ist ein Hauptziel seiner kritischen Philosophie. Allerdings hat er dabei keinen Glauben im Blick, der aus Zustimmung zu gewissen Lehrsätzen besteht bzw. aus dogmatischem Wissen, sondern einen, der sich an der Praxis orientiert, oder pointierter formuliert: eine *praxis pietatis*, die er mit dem Pietismus eines Speners teilt.[52]

Auch die Eschatologie reduziert er nicht auf einen moralischen Anspruch, sondern Grundlage und Ziel seiner Ausführungen ist das Wirken Gottes, dem sich allerdings menschliches Wirken unterordnen muss. Selbst in seiner dritten großen Kritik, der *Kritik der Urteilskraft*, betont Kant, dass wir „eine moralische Welturssache (einen Welturheber) annehmen [müssen], um uns, gemäß dem moralischen Gesetze, einen Endzweck vorzusetzen; und, so weit als das letztere notwendig ist, so weit [. . .] ist auch das erstere notwendig anzunehmen: nämlich es sei ein Gott"[53]. Diese hier postulierte „metaphysische" und „theologische" Transzendenz im weiteren Sinn „lässt sich nun als Leitmotiv des kantischen Denkens bis in das *Opus postumum* hineinverfolgen"[54]. Einfaches Dasein und Genießen, so Kant, „kann die Vernunft nicht befriedigen."[55] Deshalb muss es einen Endzweck über unser In-der-Welt-sein geben, auf den wir uns auch dann in gewisser Weise zubewegen können, selbst wenn der Endzweck niemals völlig erreicht werden kann. Wenn Kant immer wieder von der moralischen Begründung statt von der theoretischen spricht, dann auch deswegen, weil er jeglichem Dafürhalten von Glaubensgegenständen abhold ist. Kant intendiert vielmehr einen Glauben, der sich in der Liebe bewährt[56].

---

51 Gegen *Ulrich Asendorf*: Art. Eschatologie VII., TRE 10 (1982) 320.

52 Dazu die verdienstvolle Untersuchung von *Kazuya Yamashita*: Kant und der Pietismus. Ein Vergleich der Philosophie Kants mit der Theologie Speners, Berlin 2000, bes. 312 f.

53 Kant: Kritik der Urteilskraft (B 425), Werke Bd. 8, 577.

54 So zu Recht *Aloysius Winter*: Der andere Kant. Zur philosophischen Theologie Immanuel Kants, Hildesheim 2000, 488 f., der betont, „dass das Gesamtwerk Kants religionsphilosophisch orientiert ist" (429).

55 Vgl. Kant: Urteilskraft (B 472), Werke Bd. 8, 610.

56 Dazu näherhin Hoping: Freiheit, 229. „Den Nächsten lieben heißt für Kant ‚alle Pflichten gegen ihn *gerne* ausüben'" (ebd.).

Matthias Heesch

Kants Wirkung auf Schleiermacher

Eine Studie zur Nachwirkung Kants
im frühen 19. Jahrhundert

1. Einleitung

Die Frage nach Kants Wirkung auf F.D.E. Schleiermacher ist deswegen schwierig, weil sie nicht einsinnig beantwortbar ist und falsche Antworten nahe liegen. Solche Antworten folgen insbesondere aus einem möglichen direkten Vergleich von Kants *Religionsschrift* mit Schleiermachers *Glaubenslehre*. Hier mögen sich dann Thesen aufdrängen wie die, Kants „rationalistische" Christentumsdeutung sei bei Schleiermacher um eine mehr „subjektivistische" Tendenz ergänzt und somit verschlimmert fortgesetzt worden. Ein solcher, wie mir scheint: verfehlter, Vergleich beider Autoren, der beide in eine als Verfallsgeschichte gedeutete theologische Moderne einordnet, kann sich zwar auf literale Befunde bei beiden Autoren stützen. Gleichwohl verfehlt er das Wesentliche. Bei Kant und Schleiermacher muss deren Rekonstruktion dogmatischer Sätze im Kontext einer sie ermöglichenden und begrenzenden Erkenntnistheorie verstanden werden. Natürlich kann man fragen, was für eine Art theologischer bzw. dogmatischer Rede es denn sei, die erkenntnistheoretische Fundierung und Limitierung überhaupt ertrage. Es ist zu antworten: Hieraus erhellt, dass für beide Autoren die Substanz des christlichen Glaubens nicht im Dogma oder gar seinem intellektuellen Nachvollzug als Fürwahrhalten besteht. Nicht die Substanz, sehr wohl aber deren Reflexion in dogmatischen und anderen theoretischen Sätzen, unterliegt also der Limitierung. Das schließt aber nicht aus, sondern – jedenfalls in Schleiermachers Fall – ausdrücklich ein, dass die üblicherweise in der Dogmatik verhandelte christliche Lehrbildung als Beschreibung des geschichtsmächtigen christlichen Glaubens in jeder Gegen-

wart christliches Leben neu ermöglicht. Denn die Kommuni-
kabilität und damit die Weitergabe solcher Geschichtsmächtig-
keit hängt an ihrer Benennbarkeit. Das leistet aber die von
Schleiermacher als *Glaubenslehre* neu gefasste Dogmatik.[1]

So kann man also einleitend sagen, dass Schleiermachers
Bezugnahme auf Kant wesentlich den Theoriehintergrund betrifft und sich an der Oberfläche der ausdrücklich vertretenen
theologischen und philosophischen Positionen nicht ausdrücklich bzw. so darstellt, dass allzu direkte Schlüsse in die
Irre führen. Das gilt auch für die ausdrücklich oder implizit
negativen Bezugnahmen Schleiermachers auf Kant. Man geht
etwa nicht fehl, die Rede von den „übel zusammengenähten
Bruchstücken von Metaphysik und Moral, die man vernünftiges Christentum nennt"[2] als Polemik gegen die Synthese aus
autonomem Ethos und abstützender positiver Religion zu verstehen, wie Kant sie in seiner *Religionsschrift*[3] ausgearbeitet
hat. In derselben Linie liegt die Jahre später an der „rationa-
le(n) Ethik in der kantischen Form" geäußerte Kritik, diese
„sezt vorschwebende Gedanken zur Handlung und kann also

---

1 Die ebenfalls verbreitete Ansicht, Schleiermacher „deduziere" das
Christentum aus einem – von nicht wenigen Interpreten auch noch subjek-
tivistisch fehlgedeuteten – „unmittelbaren Selbstbewusstsein", trifft das
von Schleiermacher Gemeinte in keiner Weise. Denn die *Glaubenslehre* orientiert sich ja gerade an den zu kommunizierenden Inhalten, deren Auswahl-
prinzip die mit wissenschaftlichen Mitteln zu unternehmende Selbstrefle-
xion des in der Geschichte sich erstreckenden christlich-religiösen Lebens
ist. Die unten zu behandelnden Überlegungen Schleiermachers über das
„unmittelbare Selbstbewusstsein" reflektieren das materiale christliche
Glaubensbewusstsein von einer transzendentalen Position her. Gott ist ermöglichende Voraussetzung und richtunggebender Zielpunkt christlichen
Lebens, aber nicht unmittelbarer objektiver Inhalt der christlichen Lehrbildung, die es vielmehr mit der Reflexion des Gottesgedankens im Medium
geschichtlich aufgetretener religiöser Vorstellungen über Gott zu tun hat.
Freilich haben diese Vorstellungen entscheidende Bedeutung für das hand-
lungsleitende Wissen um den theonomen Ausgangs- und Zielpunkt geschichtlichen Existierens.
2 *Friedrich Daniel Ernst Schleiermacher:* Über die Religion. Reden an die
Gebildeten unter ihren Verächtern, Nachwort von Carl-Heinz Ratschow,
Stuttgart 1969, 18 (Berlin 1799, 25).
3 *Immanuel Kant:* Die Religion innerhalb der Grenzen der bloßen Vernunft, in: Werke, hg. v. Wilhelm Weischedel, 10 Bände, Darmstadt 1983,
Bd. 7, 645–879.

nur berichtigen", nicht aber „construiren"[4]. „Construiren",
d. h. extrapolierend aufweisen, kann man nur, was in gewisser
Weise vorfindlich ist, nämlich die immer schon in einer gewissen Indifferenz befindlichen Faktoren der organischen „Natur" und der handelnden „Vernunft"[5]. Kants Ethik hat nun
aber die Pointe, dass die Realisierung ihres im Kategorischen
Imperativ formulierten Vernunftpostulats für dieses selbst
ganz gleichgültig ist, dass also die Ethik gerade nicht von etwas Realisiertem, sondern von etwas Gefordertem ausgeht. In
gewisser Weise ist es ja nach Kant die Aufgabe der Religion,
die Vermittlung zu leisten. Schleiermacher, der Kants Dualismus ablehnt, sieht hier eine Schwierigkeit: Man kann im Bereich normativer Argumentationen nicht in der Weise von
Phänomenalität absehen, wie Kant es tut (jedenfalls in den
praktisch-philosophischen Schriften *vor* der *Religionsschrift*),
ohne die von demselben Kant erhobenen erkenntnistheoretischen Prämissen willkürlich für einen zentralen Bereich
menschlichen Erkennens für ungültig zu erklären. Schon solche Andeutungen machen also deutlich, dass Schleiermacher
mit Kant gegen Kant argumentiert. Das geschieht oft ohne Na-
mensnennung und nicht in der Form einer geschichtlich akzentuierten interpretierenden Auseinandersetzung, sondern
es zeigt sich in der Art, wie von bestimmten Theoremen Gebrauch gemacht wird.
    Leider ist es in diesem Rahmen nicht möglich, die geschicht-
liche Genese und die systemstrukturierende Wirkung von
Schleiermachers Umgang mit Kant aufzuzeigen[6] und die –
existierenden, aber m. E. nicht durchgreifenden – inner-werk-
geschichtlichen Differenzen seiner Kant-Rezeption hier zu be-

4 *Friedrich Daniel Ernst Schleiermacher:* Ethik (1812/13), hg. v. Hans-Joachim Birkner, Hamburg 1981, 6.
    5 Schleiermacher: Ethik, 9.
    6 Vgl. jedoch *Eilert Herms:* Herkunft, Entfaltung und erste Gestalt des
Systems der Wissenschaften bei Schleiermacher, Gütersloh 1974, 88–98 u. ö.
Zur Bildungsgeschichte Schleiermachers jetzt auch: *Kurt Novak:* Schleiermacher, Göttingen 2001, 32–68 u. ö. Für die Darstellung des Schleiermacher-
schen Systems der Wissenschaften und damit für die letztendlichen Resul-
tate jener komplexen Rezeptionsvorgänge beim reifen Schleiermacher
bleibt im übrigen weiterhin unentbehrlich *Hans-Joachim Birkner:* Schleiermachers Christliche Sittenlehre im Zusammenhang seines philosophisch-theo-
logischen Systems, Berlin 1964, bes. 30–64.

handeln. Das schließt die Möglichkeit ein, dass Schleiermacher in seinem Zugang zu Kant dessen Wahrnehmung mit der Wahrnehmung anderer Autoren vermengt. Insbesondere ist mit der Möglichkeit zu rechnen, dass Schleiermacher Kants Ethik und Religionsphilosophie geprägt durch seine Auseinandersetzung mit Fichte[7] wahrnimmt. Insofern setzt die hier zu behandelnde Fragestellung die Frühgeschichte des deutschen Idealismus mit voraus, ohne sie skizzieren oder gar im einzelnen darstellen zu können.[8] Vielmehr ist ein systematischer Zugang zu wählen, der zwei sachliche Komplexe umfasst: a) Die philosophische Gotteslehre Kants, die Theorie vom sg. transzendentalen Ideal; b) die Auflösung der rein postulatorischen Ethik Kants zugunsten einer geschichtlich orientierten und deutungsfähigen Ethik schon beim späten Kant der *Religionsschrift* und später dann bei Schleiermacher. Diese Aspekte sollen im Anschluss an diese Einleitung (1.) in jeweils einem Kapitel (2. und 3.) abgehandelt werden, woran sich eine Schlussbetrachtung (4.) anschließen soll.

2. Kants philosophische Theologie und ihre Rezeption bei Schleiermacher

Kants philosophische Theologie ist einerseits durch die praktisch-philosophische Umdeutung der überkommenen *theologia rationalis* geprägt, wobei sich die *Religionsschrift* darum bemüht, zusätzlich noch Anschluss zu gewinnen an die dogmatische Re-

7 Vgl. *Christian Seysen:* Die Rezeption des Atheismusstreits bei F. Schleiermacher, in: Klaus-M. Kodalle/Martin Ohst (Hg.), Fichtes Entlassung. Der Atheismusstreit vor 200 Jahren, Würzburg 1999, 175–190 (Lit.).

8 Vgl. jedoch die klassischen Darstellungen von Kroner und Hirsch: *Richard Kroner:* Von Kant zu Hegel, 2 Bände, Tübingen [3]1977; *Emanuel Hirsch:* Geschichte der neuern evangelischen Theologie, 5 Bände, Gütersloh [3]1964 (ND Münster 1984), bes. Bd. 3, 271–582. Neuerdings zum Thema auch *Manfred Frank:* „Unendliche Annäherung". Die Anfänge der philosophischen Frühromantik, Frankfurt/M. [2]1998, 48–151 u. ö. (über die Fortwirkungen Kants im Frühidealismus); schließlich: *Matthias Heesch:* Transzendentale Theorie und religiöse Erfahrung, Frankfurt/M. 1990, 25–80 (Kant, Schelling, Steffens und Schleiermacher in ihrer Bedeutung für den Schleiermacher-Schüler Richard Rothe).

flexion der Kirchenlehre, die als faktisch unhintergehbare Reali-
sationsgestalt der Vernunftreligion gesehen wird, die wiederum
die Sinnmitte jener von Kant so genannten statutarischen Religion bildet.[9]

Gleichwohl ist Kants philosophische Theologie nicht nur Be-
standteil der praktischen Philosophie, sondern spielt in seiner
Erkenntnistheorie eine zentrale Rolle. Kant schreibt: „Ein jedes
Ding aber, seiner Möglichkeit nach, steht noch unter dem
Grundsatze der durchgängigen Bestimmung, nach welchem
ihm von allen möglichen Prädikaten der Dinge, sofern sie mit
ihren Gegenteilen verglichen werden, eines zukommen muß.
[...] Das Principium der durchgängigen Bestimmung betrifft
also den Inhalt und nicht bloß die logische Form. Es ist der
Grundsatz der Synthesis aller Prädikate, die den vollständigen
Begriff von einem Dinge machen sollen."[10] Um einen Sachverhalt zutreffend zu bestimmen, ist es also erforderlich, eine „Idee
von dem Inbegriff aller Möglichkeiten" vorauszusetzen, die
Kant auch das „Ideal der reinen Vernunft"[11] nennt. Kant geht
dabei davon aus, dass Defizienzphänomene sich auf positive
Phänomene zurückführen lassen,[12] deren Inbegriff sich als eine
Ur-Synthesis von Realität überhaupt darstellt: „Es ist aber auch
durch diesen Allbesitz der Realität der Begriff eines Dinges an
sich selbst, als durchgängig bestimmt, vorgestellt, und der Begriff eines entis realissimi ist der Begriff eines einzelnen Wesens,
weil von allen möglichen entgegengesetzten Prädikaten eines,
nämlich das, was zum Sein schlechthin gehört, in seiner Bestimmung angetroffen wird, zum Grunde liegt, und die oberste und
vollständige materiale Bedingung seiner Möglichkeit aus-

---

9 Vgl. z. B. Kant: Religion, 821, u. ö.; hierzu ferner die präzise und ausführliche Darstellung von Kants diesbezüglicher Position bei Hirsch: Geschichte, Bd. 4, 320–329.

10 *Immanuel Kant:* Kritik der reinen Vernunft (= KrV), Werke Bd. 4, 515 f.

11 KrV, Werke Bd. 4, 516.

12 KrV, 517 (Hervorhebung M.H.): „Eine transzendentale Verneinung bedeutet dagegen das Nichtsein an sich selbst, dem die transzendentale Beja-
hung entgegengesetzt wird, welche ein Etwas ist, dessen Begriff an sich
selbst schon ein Sein ausdrückt, und daher Realität (Sachheit) genannt wird,
weil durch sie allein, *und so weit sie reichen, Gegenstände Etwas (Dinge) sind,*
die entgegenstehende Negation hingegen einen bloßen Mangel bedeutet,
und wo diese allein gedacht wird, die Aufhebung alles Dinges vorgestellt
wird."

macht, auf welcher alles Denken der Gegenstände überhaupt ihrem Inhalte nach zurückgeführt werden muß."[13]

Ferner heißt es: „So wird denn alle Möglichkeit der Dinge (der Synthesis des Mannigfaltigen ihrem Inhalte nach) als abgeleitet und nur allein die desjenigen, was alle Realität in sich schließt, als ursprünglich angesehen."[14] Es gilt jedoch die Restriktion: „Alles dieses bedeutet nicht das objektive Verhältnis eines wirklichen Gegenstandes zu anderen Dingen, sondern der Idee zu Begriffen, und läßt uns wegen der Existenz eines Wesens von so ausnehmendem Vorzuge in völliger Unwissenheit."[15] Nun ist zu berücksichtigen, was Kant unter „Existenz" versteht. Existent heißt für Kant gegenständlich, und diesbezüglich gilt: „Wir können uns keinen Gegenstand denken, ohne durch Kategorien; wir können keinen gedachten Gegenstand erkennen, ohne durch Anschauungen, die jenen Begriffen entsprechen. Nun sind alle unsere Anschauungen sinnlich, und diese Erkenntnis, so fern der Gegenstand derselben gegeben ist, ist empirisch. Empirische Erkenntnis aber ist Erfahrung."[16] Erkenntnis ist also „auf Gegenstände der Erfahrung eingeschränkt"[17], aber es gibt daneben auch eine „Erkenntnis, die in uns apriori angetroffen (wird)"[18]; diese freilich ist „Darstellung der reinen Verstandesbegriffe", d. h. eine Reflexion, die es letztlich mit nichts anderem zu tun hat, als dem Aufweis der Möglichkeitsbedingungen von Erfahrung.[19] Nun haben wir gesehen, dass die Synthesis aller positiven Prädikate vorausgesetzt werden muss, wenn endliche Positivitäten durchgängig bestimmt werden sollen.[20] Somit wird wiederum klar, dass die

13 KrV, 518.

14 KrV, 519.

15 KrV, 520; zum scholastischen Hintergrund, den Kant – in erheblich modifizierter Form – aufnimmt, vgl. *Josef de Vries:* Grundbegriffe der Scholastik, Darmstadt 1983, 102–113.

16 KrV, Werke Bd. 3, 157 (KrV).

17 KrV, 158.

18 Ebd.

19 KrV, 159; hierzu vgl. *Walter Bröcker:* Kant über Metaphysik und Erfahrung, Frankfurt/M. 1970, 77–86, bes. 79, wo es u. a. heißt: „Alle Erkenntnis a priori, die es wirklich gibt und die allein möglich ist, steht immer nur im Dienste der Erfahrung."

20 Dass die durchgängige Bestimmung ihrerseits ein synthetischer Prozess ist, wird dabei vorausgesetzt.

Idee Gottes – die Synthesis aller positiven Prädikate (Seinsvoll-
kommenheiten im Sinne Anselms v. Canterbury) – im Hintergrund jeder Gegenstandserkenntnis steht. Anders ausgedrückt:
*Es gibt kein endliches Wissen ohne die Implikation eines höchsten
Wissens um Gott* – das sich freilich, schon um der Wahrung der
kategorialen Differenz zu allem endlichen Wissen willen, nicht
objektivieren lässt. Objektiv ist etwas in bestimmter Weise Beschaffenes und in anderer Weise nicht Beschaffenes, das in dieser definierten Qualität sinnlich (raumzeitlich) erscheint und in
kategorialer Struktur zur Gegebenheit kommt.[21] Kant setzt also
Objektivität und Endlichkeit gleich, denn Objektivität setzt
Raumzeitlichkeit, Kategorialität und durchgängige Bestimmbarkeit voraus, die drei Strukturmerkmale von Gegenständlich-
keit (Endlichkeit). Endlichkeit ist dadurch definiert, dass etwas
bestimmte erscheinende Qualitäten aufweist und somit im Gegensatz zu etwas anderem steht. Das vorausgesetzte, freilich
weder „realisierbare" noch „personalisierbare"[22], Wissen ist
Wissen jenseits jeder Entgegensetzung. Denn Entgegensetzung
beruht auf der Setzung und dem komplementären Ausschluss
von Prädikaten, was aber im Rahmen eines grenzwertig vor-
ausgesetzten Wissens um die Synthesis aller Prädikate gerade
ausgeschlossen ist.

Jahrzehnte später formuliert Schleiermacher in Aufnahme
dieser Überlegungen: „Jedes besondere Wissen, also auch die
Systeme desselben, d. h. die realen Wissenschaften, stehn unter der Form des Gegensazes."[23] Entsprechend gilt: „Das absolute Wissen ist der Ausdruck gar keines Gegensazes."[24] Hin-

<hr>

21 Kants Auffassungen über Raum und Zeit als Anschauungsformen, die
so genannte „transzendentale Ästhetik", findet sich in Werke Bd. 3, 69–96,
die Herleitung der „reinen Verstandesbegriffe" (Kategorien) ebd. 109–181.
Beide Gedankengänge sind zu bekannt, als dass sie hier referiert werden
müssten; ausführliche Darstellungen und Interpretationen finden sich in
der gesamten Kant-Literatur, z. B. Bröcker: Kant, 21–18 (Raum und Zeit),
38–64 (Kategorien).
22 Vgl. KrV, Werke Bd. 4, 523, Anm.
23 Schleiermacher: Ethik, 8 (Schreibungen „stehn", „Gegensaz" im Original; im folgenden werden die orthographischen Besonderheiten Schleiermachers kommentarlos übernommen).
24 Schleiermacher: Ethik, 7; eine spätere Variante dieses Textes formuliert:
„Das höchste Wissen, welches wir suchen, ist gar nicht durch Gegensäze
bestimmt, sondern der schlechthin einfache Ausdruck des ihm gleichen

zugefügt wird: „Als solches ist es im endlichen Bewusstsein kein bestimmtes Wissen, d. h. kein solches, welches auf eine adäquate Weise in einer Mehrheit von Begriffen und von Säzen ausgedrückt werden könnte, sondern Grund und Quelle alles besonderen Wissens."[25] Das entspricht dem Argumentationsstand bei Kant. Schleiermacher nimmt allerdings Präzisierungen vor: „Die Totalität des Seins als Endliches muss ausgedrückt werden durch einen höchsten Gegensaz, weil es sonst keine Totalität wäre, sondern ein Aggregat und das Wissen davon keine Einheit hätte, sondern chaotisch wäre."[26] Dieser Gegensatz ist, wie leicht ersichtlich, der Gegensatz zwischen der Erscheinungswelt und ihrer Möglichkeitsbedingung, dem rein positiven, allumfassenden Sein Gottes.[27] Dieser Gegensatz ist zentrales Organisationsprinzip allen Wissens bei Schleiermacher,[28] zugleich ergibt sich aus diesem Gegensatz die Möglichkeit der Erkenntnis überhaupt. Denn das Sein Gottes ist zugleich die ermöglichende, dabei aber transzendente, Indifferenz zwischen Realität („Natur") und Idealität („Vernunft"), deren Aufeinanderbezogenwerden die Ethik beschreibt,[29] die somit in gewisser Weise Kosmologie (transzendentalphilosophisch umgedeutet, grundsätzlich aber im Sinne der überlieferten Metaphysik) ist: „Die vollständige Einheit des endlichen Seins als Ineinander von Natur und Vernunft in einem alles in sich schließenden Organismus ist die Welt."[30] Die geis-

---

höchsten Seins; sowie das höchste Sein die schlechthin einfache Darstellung des ihm gleichen höchsten Wissens" (194).

25 Schleiermacher: Ethik, 7 f.

26 Schleiermacher: Ethik, 8.

27 In diesem Sinne vgl. Schleiermacher: Ethik, 194 f. u. ö.

28 Weswegen der Pantheismus-Vorwurf gegen Schleiermacher auch unsinnig ist. Freilich hat Schleiermacher diesen Vorwurf u. a. durch den Aufruf, „den Manen des heiligen verstoßenen Spinoza" eine „Locke (zu opfern)" (Reden, 38; Erstausg. 54) selbst provoziert. Da aber auch die frühen *Reden über die Religion* zwischen dem „Universum" und seiner Repräsentation in der endlichen Erfahrung, die lediglich in der Ermöglichung dieser Erfahrung besteht, differenzieren (vgl. Reden: 50 f. u. ö.; Erstausg. 73–76), greift die Interpretationskategorie „Pantheismus" auch hier nicht. Über die Auseinandersetzung des frühen Schleiermacher bis 1794 mit Spinoza vgl. *Günter Meckenstock*: Deterministische Ethik und kritische Theologie, Berlin u. a. 1988.

29 Vgl. Schleiermacher: Ethik 14 u. ö.

30 Schleiermacher: Ethik, 202, vgl. ebd. 15 u. ö.

tige Aneignung der Natur – ohne eine apriori gesetzte Indifferenz beider als Ausgangs- und Zielpunkt nicht denkbar – erhebt die Natur zum endlichen Symbol und Organ bewussten Handelns inmitten ihrer selbst.[31] Nun kommt es aber darauf an, zu sehen, dass Schleiermacher nicht etwa die in dieser Synthese wirksame endliche Vernunft als den welthaftes Sein gewinnenden Gott begreift,[32] sondern an der Differenzierung der transzendentalen (also welthaftes Sein und Erkennen ermöglichenden) Gegebenheitsweise Gottes gegenüber allem endlichen Sein, einschließlich des Aggregats allen endlichen Seins, der Welt, festhält: „Das transzendentale, worauf wir von hier aus kommen, ist also die Idee des Seins an sich unter zwei entgegengesetzten und sich auf einander beziehenden Arten oder Formen und *modis*, dem idealen und realen, als Bedingungen der Realität des Wissens."[33]

So bleibt es also bei der Differenz zwischen Gott und Welt, deren Vermittlung („das Transzendentale") nur im ganz der Objektivierung enthobenen Handeln Gottes zu suchen ist: „(Wir) können nicht sagen, dass wir die Identität jener höchsten Differenz wissen, sondern wir setzen sie nur voraus zum Behuf des Wissens. Will man sagen, dass wir sie nur glauben und um des Wissens willen glauben müssen: so lassen wir uns das in dem Sinne des Wortes gefallen, in welchem es auch auf dem religiösen Gebiete vorkommt, wo es eine Gewissheit bezeichnet, die der letzte Grund aller Tätigkeit ist, denn die Annahme ist hier der Grund alles Wissens."[34] Denn: „Das Wissen als Denken ist unter keiner anderen Form als der des Begriffs und des

31 Vgl. Schleiermacher: Ethik, 235 u. ö.

32 So etwa Schleiermachers Schüler Rothe, der sich an dessen Ethik anlehnt (vgl. Heesch: Transzendentale Theorie, 171–182, 220–235, zahlreiche Belege). Rothe weist freilich (allgemeine) Einflüsse Hegels und (genauer nachweisbare) Beeinflussung durch Schelling auf. Er kann, trotz demonstrierter Nähe zu Schleiermachers philosophischer Ethik, nicht wirklich in dessen wirkungsgeschichtliche Kontinuität gestellt werden. Dennoch ist der Seitenblick auf ihn nützlich, weil er einige Eigenschaften der philosophischen Theologie Schleiermachers kontrastiv deutlich heraustreten lässt, insbes. Schleiermachers auf Kants Bahnen strikt durchgehaltene Differenzierung der Welt und Gottes.

33 Für *Friedrich Daniel Ernst Schleiermacher:* Dialektik, hg. v. Manfred Frank, 2 Bände, Frankfurt/M. 2001, hier: Bd. 1, 211.

34 Schleiermacher: Dialektik Bd. 1, 212.

Urteils."[35] Alles begriffliche, d. h. durch Urteile entstandene, Wissen entsteht durch die Aufeinanderbeziehung differenter Relate.[36] Im Falle Gottes als des transzendenten und transzendental leistenden Ermöglichungsgrundes aller möglichen Relate ist aber ein urteilsmäßig gewonnenes und seiner Struktur nach begriffliches Wissen nicht möglich, somit überhaupt kein Wissen[37]: „Nur die Idee der absoluten Einheit des Seins, in wiefern darin der Gegensatz von Gedanke und Gegenstand aufgehoben ist, ist kein Begriff mehr"[38], und demzufolge, wie gesagt, auch kein Wissen. Aber sie ist – so Schleiermacher weiter – „der transzendentale Grund und die Form alles Wissens."[39] Er präzisiert: „Das Gebiet des Urteils ist also begrenzt auf der einen Seite durch das Setzen eines absoluten Subjekts, von welchem nichts prädiziert werden kann, und auf der anderen Seite durch das Setzen einer Unendlichkeit von Prädikaten, für welche es keine bestimmten Subjekte gibt."[40] Gott und die Welt sind also – *und zwar in ihrer Unterschiedenheit* – Grenzbegriffe unseres Erkennens. Sie sind nicht objektivierbar.[41] Als materialer Inbegriff aller Prädikate ist Gott Subjekt und Inhalt des höchsten Wissens. Gott ist als Form allen Wissens archetypische Synthese, sozusagen die apriori vorauszusetzende Synthetisiertheit aller Prädikate, ohne die es keine abbildliche Synthese geben könnte. Er ist die ontologische Voraussetzung der Erkenntnis in Urteilen. Ohne diese gäbe es – so Schleiermacher auf den argumentativen Wegen Platons – keine Erkenntnis, weil keine Beziehbarkeit von Relaten aufeinander im Urteil. Kant sieht die Synthese nur im endlichen Subjekt gegeben;[42] Schleiermacher,

---

35 Schleiermacher: Dialektik, Bd. 1, 214.

36 Schleiermacher: Dialektik, 215: „Der Begriff setzt überall das Urteil voraus."

37 Schleiermacher: Dialektik, 219: „Die Idee des absoluten Seins als Identität von Begriff und Gegenstand ist also kein Wissen."

38 Schleiermacher: Dialektik, 218.

39 Schleiermacher: Dialektik, 219.

40 Schleiermacher: Dialektik, 223.

41 Über den Charakter des Begriffs „Welt" bei Kant als Grenzbegriff vgl. die so genannte 1. Antinomie (KrV, Werke Bd. 4, 412–419).

42 Vgl. Kants bekannte Ausführungen über die „ursprünglich-synthetische Einheit der Apperzeption": KrV, Werke Bd. 3, 136–141. Deren Quasi-Ontologisierung als Grundprinzip der idealistischen Erkenntnislehre und Ontologie kann sich kaum auf Kant berufen, der nicht mehr sagen will, als

wie gesagt, sieht sie als Voraussetzung jeder endlichen Synthese als apriori gefordert, als mithin vorauszusetzende „Form allen Wissens". Freilich handelt es sich hierbei um eine Implikation und nicht um etwas, was sich im Wege der Reflexion, im Sinne des frühen Fichte etwa, gegenständlich erschließt.

Wir sehen also, dass der von Kant aufgewiesene Problemhorizont bei Schleiermacher exakt aufgearbeitet worden ist. Die entscheidende Differenz ist darin zu sehen, dass Schleiermacher die auch bei Kant aufgeworfene Frage nach der Rolle des Weltbegriffs im Erkenntnisprozess – vereinfacht gesagt, darauf hinauslaufend, dass Welt zwar ein unbegrenzter, gleichwohl aber nie als unendlicher positivierbarer Sachverhalt zu denken ist, der zu einer unabschließbaren Synthesis des Erkennens endlicher Sachverhalte hinleitet[43] – so systematisiert, dass er Erkennen als Prozess im Spannungsfeld der unterschiedenen (und jeweils nicht objektivierbaren) Relate Gott und Welt versteht. Gott bedeutet in diesem Zusammenhang die transzendental leistende Instanz, Welt die transzendental verdankte Instanz. Insofern man Schleiermachers „Kosmologie" in gewisser Weise auch als eine transzendentale Überzeugung versteht, könnte man von einer „abgeleiteten" Transzendentalität des Weltbegriffs bei Schleiermacher sprechen, was freilich terminologisch verwirrende Implikationen haben mag.

3. Die Modifizierung der postulatorischen Ethik Kants zu einer geschichtlich orientierten und deutungsfähigen Ethik

Wir haben gesehen, dass Schleiermacher den Kern von Kants philosophischer Gotteslehre aufnimmt und weiterentwickelt. Auch in einem weiteren Punkt lässt sich zeigen, dass Schleiermachers Denken grundsätzlich in Kants Bahnen verläuft, dies nun so, dass Ansätze Kants – hier zu historischem Denken – aufgenommen und in eine konsequentere Gestalt gebracht werden.

dass die im „ich denke" benannten Strukturmerkmale endlichen Bewusstseins unabdingbare Implikation jedes empirischen Momentes sind, dass es also kein darüber-Hinaus gibt.
43 Vgl. Kants Auflösung der 1. Antinomie (KrV, Werke Bd. 4, 478–482).

Kants Ethik ist eine Ethik der Freiheit und gewinnt daraus, durchaus auch für Kant selber, ihre Problematik: „Der Begriff der Freiheit ist ein reiner Vernunftbegriff, der eben darum für die theoretische Philosophie transzendent, d. i. ein solcher ist, dem kein angemessenes Beispiel in irgend einer möglichen Erfahrung gegeben werden kann, welcher also keinen Gegenstand einer uns möglichen theoretischen Erkenntnis ausmacht, und schlechterdings nicht für ein konstitutives, sondern lediglich als regulatives und zwar nur bloß negatives Prinzip der spekulativen Vernunft gelten kann."[44] Der Grund liegt darin, dass Kant Freiheit als etwas strikt allgemeines auffasst: „Handle nur nach derjenigen Maxime, durch die du zugleich wollen kannst, daß sie ein allgemeines Gesetz werde."[45] Näherhin soll die Freiheit zum „allgemeinen Naturgesetze"[46] in einer von Kant stipulierten praktisch-vernünftigen Übernatur werden, dem „Reich der Zwecke"[47]. Gerade vermöge der strengen Identität der Freiheit in allen frei handelnden Subjekten gerät Kants Freiheitsphilosophie in Gegensatz zu seiner theoretischen Philosophie: Diese hatte ja mit Verweis auf die erforderliche sinnliche Datenbasis jeder Erkenntnis – auch wenn diese ihrer Struktur nach immer zugleich verstandesmäßig ist – die Kontingenz aller sinnlichen Erscheinungen gelehrt: A priori, allgemein gültig ist nur „was wir selbst in (die Dinge) legen"[48], also die kategorial-gesetzliche Grundstruktur der Phänomene. Alles andere, besonders eben das, was uns sinnlich gegeben wird, ist, unter dem Aspekt seiner inhaltlichen Beschaffenheit, kontingent. Daraus folgt zwingend, dass Kants auf den Gesichtspunkt strenger Allgemeinheit festgelegtes Freiheitsverständnis mit seinem Phänomenalitätsverständnis unvereinbar ist. Freiheit kann also nie aufgewiesen, sondern nur postuliert werden.

---

44 *Immanuel Kant:* Metaphysik der Sitten, Werke Bd. 7, 326 f.
45 *Immanuel Kant*: Grundlegung zur Metaphysik der Sitten, Werke Bd. 6, 51.
46 Ebd.
47 Kant: Grundlegung, 66; gemeint ist, dass im „Reich der Zwecke" alle Subjekte als jeweilige „Zwecke an sich selbst" (63) einen harmonischen Zusammenhang bilden, da sich in ihnen der „allgemeine gesetzgebende Wille" (ebd.) im Sinne einer natur-analogen – weil wie die Natur durch eine invariante Gesetzlichkeit gelenkten – Gegebenheit realisiert (51 u. ö.).
48 KrV, Werke Bd. 3, 26.

Es ist allgemein bekannt, wie Kant sich im Rahmen seiner Religionsphilosophie die Vermittlung zwischen der Idealität und der (im Grunde unmöglichen) Phänomenalität der Freiheit denkt: Vermittelnd sollen hier die drei sog. Postulate der praktischen Vernunft wirken, Freiheit, Gott und Unsterblichkeit der Seele.[49] Näherhin sollen die hilfsweise geforderten Instanzen Gott und Unsterblichkeit Freiheitsbetätigung faktisch ermöglichen, weil sie die Beschädigungen ausgleichbar machen, die demjenigen an seiner innerweltlichen Glückseligkeit womöglich erwachsen, der frei, d. h. moralisch im Sinne des Kategorischen Imperativs, handelt. Vorausgesetzt werden dabei einerseits die im Zuge der Widerlegung der Gottesbeweise zugleich erfolgende Widerlegung des dogmatischen Atheismus,[50] letztlich aber natürlich auch die skizzierte Beanspruchung Gottes als transzendente Ermöglichungsinstanz positiv-prädizierbarer (bzw., über eine *differentia specifica*, negativ spezifizierbarer) Sachverhalte, also das transzendentale Ideal. Der Hintergrund der philosophischen Theologie Kants ist also sein Gottesverständnis als transzendentales Ideal (allervollkommenstes Wesen) und die Widerlegung des dogmatischen Atheismus.

Gleichwohl stellt sich die Frage nach dem praktischen Wirksamwerden einer solchen philosophischen Theologie. Dieses Wirksamwerden ist nun daran gebunden, dass die ethisch-ermöglichende Kraft der philosophischen Theologie in dem Medium zur Geltung gebracht werden kann, in dem überhaupt gehandelt wird, d. h. in der Geschichte, im Bereich des Kontingenten. Denn das „böse Prinzip" ist ja ein geschichtliches Phänomen, faktisch[51] ohnehin, der Sache nach aber vor allem deswegen, weil das Böse in Kants Verständnis ja nichts anderes ist als die willentlich affirmierte Bindung an die kontingent-empirischen Lebenszusammenhänge, die jederzeit dazu tendiert, die im Kategorischen Imperativ geforderte Tendenz auf das Allgemein-Vernünftige zu überwuchern und damit zu negieren. Nun

49 Vgl. z. B. *Immanuel Kant: Kritik der praktischen Vernunft* (= KpV), Werke Bd. 6, 253–264 u. ö.

50 Vgl. KrV, Werke Bd. 4, 562 f., bes. 563. Bekannt ist in diesem Zusammenhang Kants programmatische Formulierung aus der Einleitung zur zweiten Auflage der *Kritik der reinen Vernunft*, er habe „das Wissen aufheben (müssen), um zum Glauben Platz zu machen" (Werke Bd. 3, 33).

51 Vgl. Kant: Religion, 665 f. u. ö.

ist die Geschichte geprägt von dieser Tendenz zur Überwuche-
rung der sittlichen durch unsittliche Maximen, so dass Kant in
Aufnahme der alten dogmatischen Terminologie von einem
peccatum derivativum spricht, das dem *peccatum originale* laufend
folge.[52] Die Sünde kann nicht begründet werden,[53] denn (kausale) Herleitungen gibt es nur im Bereich der Natur, also im
Bereich der Kausalität, die Sünde kommt aber uranfänglich und
in jedem weiteren Fall freiwillentlich zustande[54]: „Der Mensch
[. . .] ist sich des moralischen Gesetzes bewußt und hat doch die
(gelegenheitliche) Abweichung von demselben in seine Maxime aufgenommen."[55] Der Mensch befindet sich nun in einem
überindividuellen (eben geschichtlichen) Lebenszusammen-
hang des immer wieder selbstgewählten – und darum von Kant
„radikal" genannten – Bösen,[56] also in einem Zusammenhang
der Schuld. Die Kategorie der Erbsünde wird von Kant „exi-
stentialisiert" als in jedem menschlichen Einzeldasein auftre-
tendes Urdatum der freiwillentlichen Aufnahme des Parti-
kularismus als Maxime,[57] wobei Kant – in Aufnahme der
Sündenfallerzählung von Gen 3 – davon ausgeht, dass hier im
Kern Verführung stattfindet, woraus sich ergibt, dass das „radikale Böse" den Menschen so modifiziert dass er „bei einem
verdorbenen Herzen doch immer noch einen guten Willen hat,
Hoffnung einer Wiederkehr des Guten."[58] Das „verdorbene
Herz" ist also das zentrale Phänomen der vom radikalen Bösen geprägten Geschichte. Anders ausgedrückt: Der am Ort des
Subjekts partikulär (also nicht mit Rekurs auf den Kategorischen Imperativ) gedeutete und gestaltete Lauf der Dinge ist
nur auf der nun einmal gegebenen Ebene durchbrechbar. Die
Besserung kann nur ausgehen von „ein(em) historisch(en), nicht
ein(em) reine(n) Vernunftglauben."[59] Allerdings ist „die reine
moralische Gesetzgebung, dadurch der Wille Gottes ursprünglich in unser Herz geschrieben ist, nicht allein die unumgäng-

---

52 Vgl. Kant: Religion, 679 u. ö.
53 Vgl. Kant: Religion, 679.
54 Vgl. Kant: Religion, 690 f.
55 Kant: Religion, 680.
56 Vgl. den Gesamtzusammenhang in Kants Religionsschrift: 680–694.
57 Vgl. Kant: Religion, 691.
58 Kant: Religion, 694.
59 Kant: Religion, 764. Nächstes Zitat ebd.

liche Bedingung aller wahren Religion überhaupt, sondern sie ist auch das, was diese selbst eigentlich ausmacht, und wozu die statutarische nur das Mittel ihrer Beförderung und Ausbreitung enthalten kann." Ein solcher Glaube, da er ja geschichtsmächtig werden muss, bedarf der Institutionalisierung durch „göttliche statutarische Gesetze"[60], das sind solche Gesetze, für die göttliche Offenbartheit beansprucht wird, und die diesem Anspruch auch in gewisser Weise gerecht werden, weil sie im Kern den reinen ethischen Vernunftglauben enthalten und diesem in den darum herumgelagerten Aspekten jedenfalls nicht widersprechen.

Das Reich Gottes, also die Gewinnung einer Gemeinschaft auf der Grundlage des Kategorischen Imperativs, ist angebrochen, „wenn auch nur das Prinzip des allmählichen Übergangs des Kirchenglaubens zur allgemeinen Vernunftreligion [...] irgendwo auch öffentlich Wurzel gefaßt hat."[61] Dies sieht Kant begründet darin, dass „der Lehrer des Evangeliums [...] den Fronglauben [...] für an sich nichtig, den moralischen dagegen, der allein die Menschen heiligt ‚wie ihr Vater im Himmel heilig ist', und durch den guten Lebenswandel seine Echtheit beweist, für den alleinseligmachenden erklärte."[62] Jesu Lebenswandel, bis hin zu seinem in urbildlicher Treue zu seiner göttlichen Beauftragung erlittenen Tod, und die dadurch erworbenen moralischen Verdienste,[63] begründeten eine Gemeinschaft derer, „denen er seinen letzten Willen [...] zurückließ."[64] So bildet sich also eine Gemeinschaft gelebter Religion. „Religion ist (subjektiv betrachtet) das Erkenntnis aller unserer Pflichten als göttlicher Gebote."[65] Nur dieser tätige Glaube ist der „seligmachen-

60 Kant: Religion, 765.
61 Kant: Religion, 786.
62 Kant: Religion, 793.
63 Vgl. hierüber insbes. Kant: Religion, 730 f.: Die durch Jesus mittels ihrer archetypischen Realisierung für alle erschlossene Möglichkeit, ein guter Mensch zu werden, wird demjenigen, der sie ergreift, infolge des Verdienstes Jesu unverdient zuteil, unbeschadet dessen, dass er sie aktiv ergreifen muss: „Es ist also immer nur ein Urteilsspruch aus Gnade, obgleich [...] der ewigen Gerechtigkeit völlig gemäß, wenn wir um jenes Guten (d. h. Jesu; M.H.) im Glauben willen, aller Verantwortung entschlagen werden" (ebd. 731).
64 Kant: Religion, 794.
65 Kant: Religion, 822.

de"[66], nur er gibt Anteil an der Aufhebung des Sündenübels.[67] Die Vorstellung einer quasi automatischen Beseitigung des Sündenübels mit der Konsequenz eines dann von selbst und mühelos eintretenden guten Lebenswandels ist innerlich unmöglich.[68] Es bedarf der bewussten Zuwendung zum moralischen Glauben. Dessen innergeschichtliche Ermöglichung steht freilich außerhalb der Macht des Menschen.

Wir verzichten auf eine weitere Darstellung der Gedankenführung der Religionsschrift[69] und fragen noch nach der Fortwirkung solcher Überlegungen in Schleiermachers theologischem Denken. Fassen wir hierfür die wesentlichen Gedanken Kants zusammen. Es sind dies zwei, wobei der zweite Gedanke den ersten präzisiert und damit natürlich voraussetzt: a) Um wirksam zu sein im Sinne der Anbahnung des *übergeschichtlichen* reinen Vernunftglaubens *muss die Religion geschichtlich* sein und sich den allgemein für geschichtliche Phänomene geltenden Bedingungen anpassen. Der reine Vernunftglaube ist also unter den gegebenen Bedingungen nur als Kern einer sg. statutarischen Religion möglich. Deren Vollendungsgestalt ist das Christentum und dessen wirkmächtige Repräsentanz die Kirche. b) Die Vernunftreligion (als das „Allgemeine" der Religion) erscheint im Medium des „Besonderen" (der statutarischen Kirche). Man muss Kants Auffassung von der statutarischen Religion durchaus so verstehen, dass deren Kern zwar die Vernunftreligion ist, dass aber die Erscheinungsbedingung der Vernunftreligion inmitten eine von der Widervernunft (dem „radikalen Bösen") geprägten Realität die statutarische Religion ist. In diesem entscheidenden Sinne ist Kants Philosophie christliche Philosophie.

Schleiermacher folgt Kant eine weite Strecke. Insbesondere seine Bestimmung der teleologischen Religion steht Kant nahe. Der Ausdruck *teleologische Religion* meint, dass „alle leidentlichen Verhältnisse des Menschen zur Welt nur als Mittel (erscheinen), um die Gesamtheit seiner tätigen Zustände hervorzurufen, worin der Gegensatz zwischen dem sinnlich Ange-

---

66 Kant: Religion, 778.
67 Vgl. Kant: Religion, 779 f. u. ö.
68 Vgl. Kant: Religion, 779.
69 Siehe deren erwähnte Darstellung bei Hirsch: Geschichte, Bd. 4, 320–329.

nehmen und Unangenehmen darin überwältigt wird und in den Hintergrund tritt, wogegen er freilich vorherrschend bleibt in den Fällen, wo das sinnliche Gefühl sich nicht zur frommen Erregung steigert. Diese Unterordnung bezeichnen wir mit dem [...] Ausdruck teleologischer Frömmigkeit, der aber hier nur bedeuten soll, daß die vorherrschende Beziehung auf die sittliche Aufgabe den Grundtypus der frommen Gemütszustände bildet."[70] Parallelen und Differenzen zu Kant sind leicht ersichtlich: Schleiermacher geht von einem oszillierenden Verhältnis zwischen Weltbewusstsein und dessen Hineinnahme ins Gottesbewusstsein (resp. umgekehrt) aus, während Kant weitgehend mit einer starren Entgegensetzung arbeitet. Schleiermacher differenziert: Es kommt an auf das „leichte Hervortreten" des Gottesbewusstseins, auf „einen leichten Verlauf jenes höheren Lebens"[71]. Dies ist zunächst einmal nicht identisch mit der sittlichen Mission der Religion, die aus der Bestimmtheit des empirischen Augenblicks durch das Gottesbewusstsein zwar ihre Motivation bezieht, mit dieser aber – anders als bei Kant[72] – keineswegs identisch ist. Vielmehr wird die sinnliche Bestimmtheit, also die Bestimmtheit durch irgend welche innerweltlichen Sachverhalte, „Veranlassung [...] zur zeitlichen Erscheinung des schlechthinnigen Abhängigkeitsgefühls."[73] Archetypisch ist nun der Erlöser derjenige, der die Durchdringung aller empirischen Momente seines Lebens mit dem Gottesbewusstsein erlebt und für die Jüngergemeinde und die Kirche bis heute folgewirksam dargestellt hat.[74] Hier finden sich Differenzen gegenüber Kant – die Wichtigste ist, dass Schleiermacher Glaube und Ethos unterscheidet und einander zuordnet – und eine wichtige Parallele: Wie schon Kant verweist Schleiermacher darauf, dass der in seiner Nicht-Objektivierbar-

---

70 *Friedrich Daniel Ernst Schleiermacher:* Der christliche Glaube, hg. v. Martin Redeker, 2 Bände, 1960, hier Bd. 1, 61.

71 Schleiermacher, Glaubenslehre, Bd. 1, 38.

72 Bei Kant besteht „die wahre Religion [...] in dem, was wir tun müssen, um dessen (der Seligkeit; M. H.) würdig zu werden" (Religion, 799). Dass die Gesamtkonstruktion viel komplizierter ist als der zitierte Satz, dass insbesondere der Gedanke der Verdanktheit aller menschlicher Handlungskompetenz auch für Kant grundlegende Bedeutung hat, wurde schon gezeigt.

73 Schleiermacher: Glaubenslehre, Bd. 1, 39.

74 Vgl. Schleiermacher: Glaubenslehre, Bd. 2, 97–105.

keit transzendente Gott, der als transzendental leistende Instanz sich gegenüber aller Endlichkeit ermöglichend verhält, nicht anders als durch ein immanentes geschichtliches Ereignis, die Persönlichkeit des Erlösers, in die Erscheinung tritt.

Aber auch das, was in Erscheinung tritt, wird von Schleiermacher in relativer Nähe zu Kant, nun wieder zu dessen „transzendentalem Ideal", also einem Bestandsstück seiner theoretischen Philosophie, bestimmt: Bereits in den frühen *Reden über die Religion* geht Schleiermacher davon aus, dass der unmittelbare Selbstbezug („Gefühl") und der Weltbezug („Anschauung", unter Einschluss der sich auf sich selbst als quasi äußeren Gegenstand richtenden Reflexion) des Menschen sich aus einer ursprünglichen Indifferenz herleiten,[75] die sich aber in jedem gegenständlich bestimmten Bewusstseinsmoment auflöst.[76] Dasjenige, was sich in dieser ursprünglichen Einheit zur Geltung bringt, ist das „Universum", also die alles bestimmende Wirklichkeit Gottes. In dem Augenblick, in dem eine Objektivierung vorgenommen worden ist, wenn also das „Universum" in der Reflexion gesetzt ist, aufgrund dessen, dass das Gefühl eine unmittelbare Wahrnehmung des Verdanktseins durch das „Universum" hat, wird letzteres zum Gegenstand. Damit ist es *eigentlich* ebenso verfehlt, wie eine Gegenständlichsetzung (d. h. Endlichsetzung) nach Kant das transzendentale Ideal als Indifferenz aller positiven Prädikate verfehlen würde. Gleichwohl gilt zweierlei: Es ist von der ursprünglichen Indifferenz ebenso auszugehen wie von der schlussendlichen Indifferenz beider Umgangsarten mit Realität. Diese schlussendliche Indifferenz enthebt, wie wir schon gesehen haben, das Bewusstsein wiederum jeder Gegenstandsbestimmtheit,[77] setzt es in eine Einheit mit dem transzendenten Grund seiner empirisch-endlichen, als solche durchgängig vom Gegenstandsbewusstsein her geprägten, Existenz. Das „Universum" ist damit indirekt (sozusagen uneigentlich) in jedem empirischen Moment impliziert.

75 Vgl. Schleiermacher: Reden, 49–51 (Erstausg. 71–75).

76 So insbes. Schleiermacher: Reden, 49 (Erstausg. 71 f.) und 50 f. (Erstausg. 74 f.).

77 Vgl. Schleiermacher: Ethik 194–196, und die oben für den Gedanken der „Gegensatzfreiheit" des höchsten Wissens schon angeführten Belege aus der *Ethik* und der *Dialektik*.

Die genaue Inbeziehungsetzung dieses Gedankens zu Kant fällt nicht ganz leicht, weil Kant keine ausgearbeitete philosophische Theologie vorlegt. Die Ineinanderarbeitung von Erkenntnistheorie und Ontologie wird von Kant nicht durchgeführt. Hier haben seine idealistischen Nachfolger weitergearbeitet. Wenn Schleiermacher also sagt: Im Abschluss des Erkenntnisprozesses – und dieser ist ihm, in seiner Gesamtheit, mit dem Weltprozess identisch[78] – konvergiert die endliche Realität mit der unendlichen Realität Gottes, so ist damit ein Gedanke ausgesprochen, der zumindest als mögliche Implikation von Kants Überlegungen zum transzendentalen Ideal gelten kann,[79] wenn sie auch nicht ausdrücklich benannt worden ist. Es ist aber zum Abschluss dieses Gedankengangs noch auf folgendes hinzuweisen: Schleiermacher ist berühmt geworden – und hierfür auch am härtesten kritisiert worden[80] – für seine Theorie des „unmittelbaren Selbstbewusstseins": Deren Pointe besteht darin, dass die Frömmigkeit als „Bestimmtheit des Gefühls"[81] gedeutet wird: Schleiermacher argumentiert, dass die handelnde Funktion des Menschen und die Repräsentation der behandelten Wirklichkeit eine Indifferenz voraussetzen, die sie beide ermöglicht.[82]

78 Vgl. insbes. *Friedrich Daniel Ernst Schleiermacher:* Über den Begriff des höchsten Gutes (1. und 2. Abhandlung), in: *ders.,* Philosophische Schriften, hg. v. Jan Rachold, Berlin 1984, 320–362.

79 Die Schwierigkeiten, beide Autoren übereinstimmend zu sehen, sind damit natürlich nicht ausgeräumt. Insbesondere verbindet Schleiermacher seine Theorie des in der Welt handelnden Subjekts mit dem Gedanken von dessen Bestimmtheit als Individualität – vgl. etwa Schleiermacher: Ethik, 119–130 (über die individuell bestimmten Gemeinschaften). Anders als Kant setzt Schleiermacher Individualität nicht mit solipsistischer Selbstbezogenheit des Subjekts gleich; vgl. hierzu *Matthias Heesch:* Transzendentale Individualität?, NZSTh 35 (1993), 259–265.

80 In ihrer Weise klassisch geworden ist die hier ansetzende (von den Prämissen einer neukantianisch orientierten Erkenntnistheorie her kommende) Schleiermacher-Kritik Karl Barths: Die protestantische Theologie im 19. Jahrhundert, Zürich ⁵1985, 401 f. (Darstellung der Theorie des unmittelbaren Selbstbewusstseins) und 412–424 (Kritik).

81 Schleiermacher: Glaubenslehre, Bd. 1, 14; vgl. auch den Gesamtzusammenhang ebd. 14–23 bzw. 14–41.

82 Vgl. insbes. Schleiermacher: Glaubenslehre, Bd. 1, 18 f. Gegenüber der prinzipiell parallelen Argumentation der *Reden über die Religion* ist nun hervorzuheben, dass nicht mehr die Differenz des Selbst- und Weltverhältnis-

Diese Indifferenz markiert zugleich die Tatsache, dass das Handeln, das in „Wissen" und „Tun" gleichermaßen präsent ist,[83] in der Weise auf das Gefühl als seinen Indifferenzpunkt bezogen ist, dass man sagen kann: Dieser Indifferenzpunkt repräsentiert die Tatsache der Verdanktheit jedes innerweltlichen Handelnkönnens.[84] In die schon dargestellten Denkstrukturen der *Ethik* und *Dialektik* Schleiermachers übersetzt, bedeutet das „unmittelbare Selbstbewusstsein" bzw. „Gefühl" die Repräsentation des in-die-Welt-Gestelltseins des Subjektes sowie die Repräsentation des über-die-Welt-Hinaussollens des Subjektes, also die Repräsentation des Lebensprozesses insgesamt, in diesem Sinne die Antizipation des „höchsten Wissens"[85]. Das seiner selbst sich als verdankt unmittelbar gewiss werdende Subjekt findet sich also immer schon in eine vorgegebene Realität gestellt, die es handelnd mitgestalten und symbolisch präsent haben muss. Dieses immer-schon-sich-gestellt-Finden meint nun der berühmte Terminus Schleiermachers von der „schlechthinnigen Abhängigkeit". Dieser ist weniger im engeren Sinne abstrakt als vielmehr sachlich höchst umfassend, weil er den Verweis auf die sich konkret differenzierende Lebenswelt

---

ses, sondern die Differenz des gestaltend-handelnden Umgangs mit Wirklichkeit gegenüber deren symbolisch-handelnder Repräsentation im Bewusstsein die leitende Hinsicht darstellt. Beide Funktionen betonen in der *Glaubenslehre* den Aspekt des Handelns, der hingegen in der Welt zugewandten Kategorie der *Reden* („Anschauung"), erst recht in dem dort so genannten „Gefühl" zurücktritt. Das „Gefühl" der *Reden*, das ja erst durch eine „Reflexion" (Reden 49, Erstausg. 72) sich aus der Indifferenz mit der „Anschauung" löst, hat Aspekte des „Wissens" (in der Terminologie der *Glaubenslehre*) und darf deswegen der dort bemühten Kategorie „Gefühl", die ja eine vorreflektorische Indifferenz meint, nicht ohne weiteres gleichgesetzt werden. In der *Glaubenslehre* wie auch schon vorher in der Ethik dürften (stark modifiziert) Einsichten Fichtes, eventuell auch Hegels verarbeitet worden sein, denen zufolge symbolische Repräsentation weltlicher Sachverhalte stets als Handeln zu begreifen ist.

83 Dass es sich trotz der Entgegensetzung von „Wissen" und „Tun" so verhält, macht die *Ethik* ohne weiteres klar; vgl. etwa die Ausführungen über das „symbolisierende Handeln" bei Schleiermacher: Ethik, 107–126.

84 Vgl. insbes. Schleiermacher: Glaubenslehre, Bd. 1, 16–23. Ausführlicher als hier möglich ist der ganze Gedankengang dargestellt und interpretiert in Heesch: Transzendentale Theorie, 66–72.

85 Vgl. nochmals Schleiermacher: Ethik 5–18; ders., Dialektik, Bd. 1, 209–214 u. ö.

als Betätigungsfeld endlicher Freiheit einschließt. Nicht anders als der späte Kant der *Religionsschrift* sieht also Schleiermacher Leben in geschichtliche Zusammenhänge eingebunden. Die Reflexion auf sich selbst – sofern sie sich nicht in den Kurzfristigkeiten momentaner Befindlichkeitsfeststellung erschöpft – gelingt, indem an geschichtlichen Phänomenen, vor allem an dem herausgehobenen Phänomen des Lebenszeugnisses Jesu – die Konstitution und normative Struktur des Daseins erfahrbar wird. Diese wird in den Diskursen über „unmittelbares Selbstbewusstsein" und „höchstes Wissen", ihrem geschichtlichen Ursprung nachgängig (*nicht* etwa *an Stelle* der geschichtlich gegebenen christlichen Religion bzw. Kirche), in einer mehr abstrakten Sprache reflektiert. Das entspricht Kants Besinnung auf die menschheitsgeschichtliche Rolle Jesu, nur spannt es den Bogen weiter, bis hin zum „transzendentalen Ideal", also bis zu Gott als alles bestimmender Wirklichkeit (*ens realissimum*), so wie er aus seiner geschichtlichen Selbstbezeugung im Lebenszeugnis Jesu erfahrbar wird.

Aus dem bisher Berichteten geht nun hervor, dass Kants Position in einem wesentlichen Punkt die von Schleiermacher vorgetragene Sicht der Dinge vorwegzunehmen scheint: Sowohl dem transzendentalen Ideal als der Möglichkeitsbedingung unseres Erkennens wie auch der Präsenz des Erlösers in der Geschichte als der faktischen Möglichkeitsbedingung unseres guten Handelns liegt eine Selbstmitteilung Gottes zugrunde. Beide Autoren finden sich auch einig in der Grundüberzeugung, dass Gott sich zwar offenbart, aber in dieser Offenbarung nicht objektiviert werden kann. Man muss Schleiermacher nachrühmen, dass seine Theorie den theoretischen und den praktisch-ethischen Aspekt des Sachverhalts wesentlich konsistenter einander zuordnet, als es Kant gelingt. Bei Kant gehören die Auffassung vom „transzendentalen Ideal" und von der menschheitsgeschichtlichen Sendung Jesu ganz unterschiedlichen Teilen seines Denkgebäudes an, und sie repräsentieren in gewisser Weise auch unterschiedliche Typen des philosophischen Wissens. Vor allem ist die Differenz zwischen dem im Kategorischen Imperativ geforderten streng autonomen Ethos und der tendenziellen Erweichung der (grundsätzlich natürlich durchgehaltenen) Autonomieforderung in der *Religionsschrift* problematisch: Kant sieht sich in seiner späten religionsphilosophischen Schrift zu der Voraussetzung veranlasst, dass das autonome Ethos eine *faktische* Unmöglichkeit darstellt, es sei denn, bestimmte geschichtliche Veranstaltungen, eben die Begründung der statutarischen christlichen Religion und Kirche, kommen entgegen. Die Erweiterung dieser Konzession zu seiner Theorie geschichtlichen Lebens gelingt Kant nicht mehr, wohl aber Schleiermacher. Dieser vertritt auch ein Konzept autonomer Ethik, sieht sie aber als autonome in einen geschichtlichen Werdeprozess eingeordnet. Entsprechendes gilt für die Entwicklung des Wissens. Auch diese ist nach Schleiermacher, gerade insofern letztlich jedes Wissen theonom begründet ist, in einen geschichtlichen Werdegang eingezeichnet, dessen Grenzbegriff das „höchste Wissen" ist. Bei Kant entsteht der Eindruck, das „transzendentale Ideal" sei die übergeschichtlich stets in gleicher Weise präsente Voraussetzung einer stets identisch geübten Erkenntnisoperation, eben der „durchgängigen Bestimmung".

So kann man schließlich die Beziehung zwischen Kant und Schleiermacher auf die summarische Formel bringen, dass Schleiermacher wesentliche Grundüberzeugungen Kants aufnimmt, sie aber in die Matrix eines Denkens einzeichnet, dessen organisierend Merkmal die Grundkategorie der geschichtlichen Entwicklung ist. Von dieser weiß auch (zumal der späte) Kant, wie vor allem die *Religionsschrift* deutlich macht, aber er zieht keine systematischen Konsequenzen daraus.

4. Schlussüberlegungen

Nach alle dem gehen wir nicht fehl, wenn wir Schleiermacher als selbstständig rezipierenden und weiterbildenden Kantianer bezeichnen. Die vorgestellten Modifizierungen von Kants Ideen, auch seine Ablehnung der rein imperativischen Ethik,[86] ändern hieran nichts. In seiner Differenzierung zwischen Gott als dem Absoluten und den auf ihn verweisenden Bewusstseinsstrukturen sowie in seiner streng durchgehaltenen Unterscheidung zwischen Gott und Welt vermeidet Schleiermacher – entgegen dem, was vielfach behauptet wird – auch den Pantheismus. Die Identifizierung des Absoluten mit der transzendentalen Struktur von

---

86 Vgl. Schleiermacher: Ethik, 6, 12 u. ö.

Subjektivität bei Fichte, ja mit der geschichtlichen Gesamtentwicklung bei Hegel oder die Kontinuierlichsetzung des Gottesgedankens mit dem Konzept der Natur bei Schelling fehlen bei Schleiermacher gänzlich. Schleiermacher, der dem deutschen Idealismus natürlich aufgrund seiner Kant-Dependenz, ansonsten aber weitgehend nur qua Zeitgenossenschaft und insofern zuzurechnen ist, als er bestimmte Themen, etwa das Absolute, das Subjekt und die Geschichte, mit den Idealisten gemeinsam hat, steht hier gemeinsam mit Kant auf der einen Seite einer Grenze, auf deren anderer Seite die Auffassung vorherrscht, mittels der Explikation des Subjektsgedankens fast den ganzen Themenbestand der alten Metaphysik rückgewinnen zu können. Schleiermachers Reserve gegen Erkenntnisansprüche, die – es sei denn im transzendentalen Diskurs, dessen Themen aber eben gerade nicht vergegenständlicht werden können – den Bereich gegenständlich-innergeschichtlicher Erfahrung überschreiten, verleiht seinem Denken eine gewisse thematische Einfachheit, die einer großen Differenziertheit der Ergebnisse und Methoden nicht nur nicht widerstreitet, sondern diese vielmehr einschließt.

Das lenkt seinen Blick zurück von der transzendentalen Theorie auf die Geschichte, die den Anhaltspunkt für die transzendentale Reflexion geben muss: Die Gottesbeziehung des Daseins wird zwar im transzendentalen Rekurs reflektiert, aber sie ist ein Lebenssachverhalt, der an der Person des Erlösers gemeinschaftsbildend anschaulich und in der Kirche erfahrbar wird. Dieser Gedanke bildet den Leitfaden für die Rekonstruktion der überlieferten christlichen Lehrbildungen in der *Glaubenslehre*.[87] Wir haben gesehen, dass dieser Gedanke auch für den späten Kant eine große Rolle spielt, der allerdings zu einer systematischen Reflexion von Geschichtlichkeit nicht mehr findet.

Der Respekt vor der damit verbundenen sachlichen Leistung sollte einer bestimmten Sorte theologischer Beurteilung im Wege stehen. Insbesondere könnte natürlich die bei beiden Autoren gegebene Vereinfachung der Lehrüberlieferung von einer Warte aus abgelehnt werden, die den Glauben nur dann gewahrt sieht, wenn die Fülle seiner lehrmäßigen Implikationen treulich bewahrt ist, wenn womöglich das vormoderne Weltbild, etwa im Hintergrund der Bekenntnisüberlieferung des

---

87 Zum Gesamten vgl. hier *Martin Ohst*: Schleiermacher und die Bekenntnisschriften, Tübingen 1989, 190–267 und passim.

16. Jahrhunderts, übernommen wird. In gewisser Weise geschieht das nicht nur in der im engeren Sinne „positiven", d. h. bekenntnisgebundenen Theologie, sondern auch in bestimmten Bildungen auf der Grundlage des deutschen Idealismus. Die spekulative Theologie des Schleiermacher- und Tholuck-Schülers Richard Rothe kann als Beispiel dienen.[88] Kant ohnehin und Schleiermacher auch halten sich aber von einer solchen Hochschätzung theologischer Erkenntnismöglichkeiten fern, wie sie sich aus modern-spekulativen Extrapolationen aus dem alten Weltbild ergeben. Diese Abgrenzung kann ihnen m. E. nicht zum Nachteil ausgelegt werden. Das gilt um so mehr, als beide Autoren die Beziehung des Menschen zu Gott darin sehen, dass dieser dem Menschen endliche Freiheit im Erkennen und im Tun eröffnet. Diese Freiheit ist stets gefährdete Freiheit, die durch menschliches Handeln verwirkt und durch Gottes geschichtsmächtiges Handeln wieder ermöglicht wird. Dass die Entsprechung zu dieser vorangehenden Ermöglichung im Handeln, im Tun des Guten, besteht, kann nicht als Abweichen von der reformatorischen Theologie verstanden werden.[89] Insofern bleibt festzustellen, dass die Inanspruchnahme Kants als eines maßgeblichen Theoretikers des modernen Protestantismus keine synergistischen Implikationen hat. Kant und sein Leser und Fortsetzer Schleiermacher haben vielmehr den Versuch unternommen, den Kern reformatorischen Denkens, die Ermöglichtheit aller menschlicher Freiheit durch das ihr vorangehende Handeln Gottes unter den erkenntnistheoretischen Prämissen der Moderne neu zu interpretieren. Das Ergebnis dieses Versuchs ist noch für heutiges theologisches Denken beachtlich.

---

88 Zu Rothe unter diesem Aspekt vor allem *Hans-Joachim Birkner*: Spekulation und Heilsgeschichte, München 1959.

89 Vgl. etwa *Karl Holl*: Der Neubau der Sittlichkeit, in: *ders.*, Gesammelte Aufsätze zur Kirchengeschichte, Bd. 1: Luther, Tübingen 1921, 131–244 (zahlreiche Belegstellen).

Christine Axt-Piscalar

Das gemeinschaftliche höchste Gut

Der Gedanke des Reiches Gottes
bei Immanuel Kant und Albrecht Ritschl

1. Kant – Philosoph des Protestantismus

Immanuel Kant ist in der neuprotestantischen Theologiegeschichtsschreibung, insbesondere von dem an der Vermittlung
von Religion, Wissenschaft und Kultur ausgerichteten so genannten Kulturprotestantismus,[1] als „Philosoph des Protestantismus"[2] bezeichnet worden. Das hatte zumindest zwei Gründe: Kants Formulierung des Grundprinzips der Neuzeit, dass
nur dasjenige als wahr gelten kann, was sich dem Subjekt auch
als wahr erweist, dass mithin das Subjekt der Ort der Bewahr-
heitung der es überzeugenden Inhalte ist; und damit unmittelbar verbunden, Kants erkenntnistheoretischer Grundsatz, demzufolge alle Erkenntnis durch die Erkenntnistätigkeit des
Subjekts bedingt ist (formuliert in dem „Ich denke, das alle meine Vorstellungen muß begleiten können") – dies beides konnte
in der evangelischen Theologie als eng verwandt mit dem Spe-
zifikum eigenen Selbstverständnisses verstanden werden.
    Denn Protestanten glauben nicht auf Autorität hin. Ihnen er-
weist sich die christliche Wahrheit im persönlichen Glauben als
innere Gewissheit. Dieses auf religiöse Gewissheit zielende Ver-

---

1 Zum Begriff vgl. *Friedrich Wilhelm Graf*: Art. Kulturprotestantismus,
RGG⁴ Bd. 4, 850 f.
    2 *Julius Kaftan*: „Was er uns gegeben hat, ist nichts Geringeres, als was
sich im Laufe der Geschichte immer mehr als die gerade der protestantischen Theologie entsprechende philosophische Grundlage herausstellen
wird, so dass er mit Recht der Philosoph des Protestantismus heißt." (Das
Christentum und die Philosophie. Ein Vortrag, Leipzig 1895, 2). Vgl. ferner
ders.: Kant, der Philosoph des Protestantismus, Berlin 1904; *Friedrich Paul-
sen*: Kant der Philosoph des Protestantismus, Berlin 1899; sowie *Werner
Schultz*: Kant als Philosoph des Protestantismus, Hamburg 1960.

ständnis des Glaubens und damit die Bedeutung der religiösen
Subjektivität sah man im Grundprinzip neuzeitlicher Philosophie, wie es Kant exemplarisch formuliert und durchgeführt
hat, geradezu allererst zur vollen Verwirklichung gebracht. Das
entspricht nicht nur der Überzeugung weiter Kreise des Neu-
protestantismus, sondern auch der Selbstdeutung auf Seiten
der Philosophie. So konnte Hegel die neuere, an der Subjektivität orientierte Philosophie schlechthin als „Protestantismus in
der Sphäre des denkenden Geistes" charakterisieren.[3]

Sodann zeitigte Kants Versuch einer Verortung der Religion
im Zusammenhang der Sittlichkeit eine breite Wirkungsgeschichte. Sein Ansatz beim Faktum des Sittengesetzes und der
Moral als Ausgangspunkt für die Rekonstruktion der Inhalte
der christlichen Religion, wie Kant es klassisch in seiner Religionsschrift durchgeführt hat, wurde in derjenigen Theologie
besonders rezipiert, die bei der Evidenzerfahrung der Wahrheit
im Gewissen ansetzt und darin den Anspruch Gottes an den
Menschen sieht, in welchem sich zugleich die Erfahrung eigener Schuld manifestiert. Dieser Zweig evangelischer Theologie
konnte bei Kant die lutherische Betonung der Authentizität der
Gewissenserfahrung im einzelnen und den Anspruch des göttlichen Gesetzes sowie die damit gegebene Schulderfahrung formuliert und damit einen Anknüpfungspunkt für die lutherische Grundunterscheidung von Gesetz und Evangelium
gegeben sehen.[4]

Der Anschluss der Theologie an Kants Praktische Philosophie und seinen Versuch einer vernunftkompatiblen Reformulierung der Inhalte der christlichen Religion kann von Seiten
der Theologie freilich nicht unmittelbar geschehen. Zielt doch
Kants Programm im Kern darauf, die Religion inhaltlich allein

---

3 Entsprechend wird Hegels Auffassung summiert von *Johann Eduard
Erdmann:* Versuch einer wissenschaftlichen Darstellung der Geschichte der
neuern Philosophie, §10 (1834, ND 1977), 1, 99. Vgl. auch Hegels Darstellung und Kritik des Prinzips der bloßen Subjektivität in: *Georg Wilhelm
Friedrich Hegel:* Glauben und Wissen, PhB 62b, Hamburg 1962.

4 Das ist bereits der Fall in der so genannten Erweckungstheologie des
19. Jhs., vertreten durch *Friedrich August Gottreu Tholuck* und *Julius Müller,*
durch welche *Martin Kähler* besonders beeinflusst wurde. Der Gedanke findet ferner bei *Albrecht Ritschl* und seiner Schule, insbes. auch bei *Wilhelm
Herrmann* Niederschlag und hat eine weitere Wirkungsgeschichte bei *Ernst
Fuchs, Rudolf Bultmann* und *Gerhard Ebeling.*

durch die praktische Vernunft bestimmt sein zu lassen und sie zur Durchsetzung vernunftkompatibler Inhalte zu funktionalisieren! Religion ist insofern nur von sekundärer Nützlichkeit, aber nicht ein an sich Notwendiges und Eigentümliches. Dies mag zwar dem Anspruch der Vernunft entsprechen, nicht aber dem der Religion.[5] Insofern kann es für eine an Kants Praktischer Philosophie orientierte Theologie nur eine durch Kritik vermittelte Rezeption derselben geben.

In Gestalt von Albrecht Ritschl kommt im Folgenden derjenige Theologe zur Sprache, für den beansprucht werden kann, dass er die schlechthin grundlegenden Aspekte einer konstruktiven Kritik an Kant aus der Perspektive der christlichen Theologie in überzeugender Weise zur Entfaltung gebracht und unter *dieser* Bedingung sodann *mit* Kant die enge Verbindung von Religion und Sittlichkeit behauptet hat. Wir orientieren uns damit an demjenigen Theologen des 19. Jahrhunderts, der wirkungsgeschichtlich „Schule" bildete und für viele als der klassische Vertreter und Bezugspunkt des Kulturprotestantismus gilt. Im Zentrum steht dabei Kants und Ritschls Verständnis des „Reiches Gottes", das für beider Konzeption einer Vermittlung von Religion und Sittlichkeit grundlegend ist.

Aus den genannten Überlegungen ergibt sich die eingeschlagene Vorgehensweise in der Behandlung. Zunächst wird dem Reich-Gottes-Gedanken Kants im Zusammenhang der Grundsätze seiner Praktischen Philosophie nachgegangen, insofern dies die Grundlage für seine vernunftkompatible Rekonstruktion des theologischen Reich-Gottes-Gedankens in der „Religionsschrift" bildet (2). Wie Kant den theologischen Gedanken des Reiches Gottes unter diesen seinen Bedingungen meint aufnehmen zu können, wird in einem nächsten Schritt gezeigt (3). Sodann wird Ritschls Position als paradigmatische Kritik der

---

5 Dieses Argument hat in der zeitgenössischen Auseinandersetzung *Friedrich Schleiermacher* gegen Kant zum Zuge gebracht: „Was nur um eines außer ihm liegenden Vorteils willen geliebt und geschätzt wird, das mag wohl not tun, aber es ist nicht in sich notwendig" (Über die Religion. Reden an die Gebildeten unter ihren Verächtern, Berlin 1799, neu hg. v. R. Otto, Göttingen [6]1967, mit Originalpaginierung, Zitat 36). Schleiermachers religionstheoretisches Programm, das auf den Nachweis der Notwendigkeit, Selbstständigkeit und Eigentümlichkeit der Religion neben Metaphysik und Moral zielt, ist insgesamt ein Gegenprogramm zu Kant (dazu vgl. näherhin den Beitrag von *Matthias Heesch* im vorliegenden Band).

Theologie an Kants Konzeption sowie als exemplarischer Entwurf einer durch diese Kritik vermittelten theologischen Rezeption von Kant zur Darstellung gebracht (4). Abschließende Bemerkungen beziehen sich auf das Verhältnis von Religion und Sittlichkeit (5).

2. Das Reich des Guten nach den Grundsätzen der Praktischen Vernunft

a) Die intelligible Freiheit des einzelnen

In der Bestimmung des Kategorischen Imperativs – „handle nur nach derjenigen Maxime, von der du zugleich wollen kannst, daß sie ein allgemeines Gesetz werde"[6] – hat Kant diejenige Form des Sittengesetzes formuliert, durch welche reine Vernunft praktisch werden soll und kann. Sie zielt zunächst und grundlegend auf die Konstitution von Freiheit an der Stelle des einzelnen Subjekts. Es geht Kant darum, dass der einzelne sich der Möglichkeit seiner Freiheit im Anspruch des Sollens auf Grund des Faktums des Sittengesetzes gewiss und der Wille dadurch zur Selbstgesetzgebung unter der Form des Sittengesetzes gebracht wird. Indem dies geschieht, ist der Wille autonom, sprich: von allen ihn lediglich äußerlich bestimmenden Gründen und Zwecken – etwa der Selbstliebe, aber auch der Nächstenliebe[7] – unabhängig. Die reine praktische Vernunft ist durch sich selbst den Willen bestimmend. Nur dadurch ist der Wille wirklich frei.

Darin wiederum erfährt der Mensch sich als ein Wesen, das nicht nur dem Naturzusammenhang und mithin dem Konnex der Kausaldetermination unterworfen ist. Auf Grund des Anspruchs des Sittengesetzes weiß der einzelne sich vielmehr als frei und einem eigentümlichen Reich, dem intelligiblen Reich der Freiheit, zugehörig. Dieses Wissen um die eigene Freiheit

6 *Immanuel Kant*: Grundlegung der Metaphysik der Sitten, (1785) 2. Aufl. Riga 1786; im Folgenden zitiert als GMS nach der Seitenzahl der Akademieausgabe von Kants Werken, Bd. IV (1911), hier 421.

7 Bekanntlich ist für Kant das Handeln aus dem Beweggrund der Nächstenliebe kein rein aus Pflicht vollzogenes Handeln und damit heteronom (vgl. GMS 400).

im Anspruch des Sittengesetzes begründet die den Menschen auszeichnende ihm als vernünftigem Subjekt eignende Würde. Denn der Anspruch des Sittengesetzes und die mit ihm gegebene Möglichkeit zur Selbstgesetzgebung des Willens begründet zugleich die Selbstzwecklichkeit des solcherart zur Freiheit bestimmten Menschen. Der zur Freiheit bestimmte Mensch ist Zweck an sich selbst, darf niemals bloß als Mittel für anderes betrachtet werden, und ist insofern Person (vgl. GMS 428).

Kant geht es folglich grundlegend darum, das, was der Mensch sein soll und kann, über den Anspruch des Sittengesetzes und den dadurch konstituierten Vollzug der Selbstgesetzgebung des Willens im einzelnen zu bestimmen.[8] Dabei zielt sein spezifisches Interesse darauf, Freiheit im Sinne von Autonomie der praktischen Vernunft denken zu können und sie von jedweden heteronomen und vor allem theonomen Bestimmungsgründen frei zu halten. Das bedeutet, dass im Zusammenhang der Frage, wie reine Vernunft praktisch werden und mithin Freiheit sich als autonome vollziehen kann, d. h. in der Entfaltung des *Begründungszusammenhangs* von Freiheit, der Gottesgedanke schlechterdings *keine* Rolle spielen darf.

Dieser für Kants Grundlegung der praktischen Philosophie entscheidende Grundsatz darf auch in der „Religionsschrift"[9] nicht unterschritten werden. Ihn hält Kant deshalb gleich zu Beginn derselben als schlechthin weisend für alles Folgende fest: „Die Moral, so fern sie auf dem Begriffe des Menschen, als eines freien, eben darum aber auch sich selbst durch seine Vernunft an unbedingte Gesetze bindenden Wesens, gegründet ist, bedarf weder der Idee eines andern Wesens über ihm, um seine Pflicht zu erkennen, noch einer andern Triebfeder als des Gesetzes selbst, um sie zu beobachten."[10] Sowohl, *was* wir

---

8 Wie Kant den Gedanken der Autonomie auf Grund des Faktums des Sittengesetzes zu denken vermag, kann und muss hier im einzelnen nicht weiter ausgeführt werden. Dazu grundlegend *Dieter Henrich*: Ethik der Autonomie, in: *ders.*, Selbstverhältnisse. Gedanken und Auslegungen zu den Grundlagen der klassischen deutschen Philosophie, Stuttgart 1982; sowie *ders.*, Der Begriff der sittlichen Einsicht und Kants Lehre vom Faktum der Vernunft, in: D. Henrich u. a. (Hg.): Die Gegenwart der Griechen im Neuen Denken (FS H.-G. Gadamer), Tübingen 1960, 77–115.

9 Vgl. *Immanuel Kant*: Die Religion innerhalb der Grenzen der bloßen Vernunft, (1793) 2. Aufl. 1794, zitiert als Rel B.

10 Vorrede zur 1. Aufl., Rel B III.

als freie Subjekte wollen sollen, als auch, dass wir das, was wir wollen sollen, auch *wollen können*, wird durch das Sollen, wie es im Faktum des Sittengesetzes manifest ist, begründet. Darauf zielt der Gedanke der Autonomie der praktischen Vernunft.

Weil dies so ist und für Kant unter freiheitstheoretischen Bedingungen so sein muss, insistiert er darauf, dass Moralität in *allen* ihren Vollzugsmomenten „keineswegs der Religion" bedarf, sondern „vermöge der reinen praktischen Vernunft ist sie sich selbst genug"[11]. Darf dem Gottesgedanken von daher in den Vollzugsmomenten von Freiheit, und das heißt im Begründungszusammenhang von Freiheit keine Funktion zukommen, so kann ihm Bedeutung – wenn überhaupt – nur im Zusammenhang der mit und in diesem Freiheitsvollzug gesetzten Implikationen, also im Folgezusammenhang des autonomen Freiheitsvollzugs zukommen. Dies ist fürs Erste als grundlegend für die kantische Moralphilosophie festzuhalten.

Vorgreifend auf dasjenige, was zum Reich-Gottes-Gedanken bei Ritschl auszuführen sein wird, seien an dieser Stelle bereits diejenigen Schaltstellen der kantischen Konzeption genannt, an denen die Kritik von Seiten der Theologie angesetzt hat und ansetzt. Sie bezieht sich, wenn sie *systematisch* vorgeführt wird, im Grunde auf *alle* genannten Momente der kantischen Konzeption des autonomen Freiheitsvollzugs. Denn sie behauptet zum einen, dass Kants Rede vom „Faktum" des Sittengesetzes selber darauf hinweise, dass die Vernunft sich das Sittengesetz nicht aus sich selbst heraus geben könne. Das Sittengesetz sei deshalb als Manifestation der Stimme Gottes im Gewissen zu verstehen.[12] Sie hinterfragt von daher die Auffassung, derzufolge der Mensch aus sich selber wissen kann, *was* das Gute ist. Sie hinterfragt sodann die Überzeugung, wonach der Mensch, wenn er weiß, was das Gute ist, das Gute bereits auch *wollen*

---

11 Ebd.

12 Das ist das besonders vom zeitgenössischen Supranaturalismus Kant gegenüber geltend gemachte Argument. Dazu vgl. *Gottlieb Christian Storr*: Annotationes quaedam theologicae ad philosophicam Kantii de religione doctrinam, Tübingen 1793. Kants Rede vom Faktum des Sittengesetzes ist allerdings unter autonomietheoretischen Gesichtspunkten auch in der Philosophie kritisiert worden (vgl. *Gerold Prauss*: Kant über Freiheit als Autonomie, Frankfurt/M. 1983).

kann. Und schließlich hinterfragt sie die Vorstellung, derzufolge das Wissen und Wollen des Guten auch das *Tun* des Guten aus sich heraussetzt.[13]

b) Das Reich der Freiheit

Mit dem Gedanken der Selbstkonstitution von Freiheit im *einzelnen* ist der Grundgedanke von Kants Praktischer Philosophie entfaltet. Dieser ist nun mit Kant gegen ein einseitig an der Selbstbestimmung des einzelnen im Sinne individualistischer Selbstverwirklichung orientiertes Freiheitsverständnis zu schützen, wie es im Selbstverständnis des modernen Menschen zunehmend Platz zu greifen scheint. Eine einseitig auf die individualistische Selbstbestimmung des einzelnen abhebende Vorstellung von Freiheit kann sich entschieden nicht als Erbe kantisch-aufklärerischen Denkens behaupten.

Dem Gedanken individualistischer Selbstbestimmung wehrt Kant durch wenigsten drei Momente seiner Freiheitskonzeption, die nun unmittelbar hinüberführen zur Reich-Gottes-Thematik bei Kant. Bereits die Grundform des Kategorischen Imperativs, der auf die autonome Bestimmung des Willens im einzelnen abhebt, bindet die Freiheit des einzelnen an die Verallgemeinerungsmöglichkeit der ihr zugrunde liegenden Maxime. Nur das kann mit Recht als Gesetz autonomer Selbstbestimmung gelten, was verallgemeinerungsfähig ist, d. h. von allen *vernünftigen* Subjekten gleichermaßen notwendig gewollt werden kann.[14]

Sodann verbindet Kant mit seiner Freiheitskonzeption den Gedanken des Reiches der Freiheit als ein Reich des Vollzugs der Freiheit für alle vernünftigen Subjekte. Dieses Reich der Freiheit ist eben nicht schon dadurch erreicht, dass der *Einzelne* sich seiner Freiheit betätigt. Vielmehr zielt der Freiheitsgedanke bei Kant auf die Wirklichkeit von Freiheit für *alle* vernünftigen

---

13 Zu Ritschls Kritik an Kant in allen diesen Punkten s. die Darstellung unter Abschnitt 4.

14 Vom Sittengesetz gilt nach Kant, dass es „nicht bloß für Menschen, sondern *alle vernünftige Wesen überhaupt,* nicht bloß unter zufälligen Bedingungen und mit Ausnahmen, sondern *schlechterdings notwendig* gelten" muss (GMS 408).

Subjekte. Dieser Aspekt ist eine weitere inhaltliche Bestimmung, die Kant aus der Grundform des Kategorischen Imperativs erhebt. Denn der Kategorische Imperativ impliziert Kant zufolge nicht nur, dass der Mensch und zwar jeder Mensch, insofern er empfänglich ist für den Anspruch des Sittengesetzes, als Zweck an sich selbst und niemals bloß als Mittel für anderes betrachtet werden muss. Der Kategorische Imperativ impliziert nach Kant vielmehr zudem den Gedanken eines Reiches der Zwecke als Verbindung verschiedener vernünftiger Wesen nach gemeinschaftlichen Gesetzen. Die diesen Gedanken ausdrückende Formel des Kategorischen Imperativs lautet: „Handle nach Maximen eines allgemeinen gesetzgebenden Gliedes zu einem bloß möglichen Reiche der Zwecke". Ausdrücklich betont Kant in dieser Formel des Kategorischen Imperativs, dass der „Begriff eines vernünftigen Wesens, das sich durch alle Maximen seines Willens als allgemein gesetzgebend betrachten muß, [...] auf einen ihm anhängenden sehr fruchtbaren Begriff, nämlich den *eines Reichs der Zwecke*" (GMS 433) führt. Dabei versteht Kant „unter einem *Reiche* die systematische Verbindung verschiedener vernünftiger Wesen durch gemeinschaftliche Gesetze" (GMS 433).

Für unsere Aufgabe müssen wir hier die Frage nicht weiterverfolgen, ob Kant diesen Gedanken des Reiches der Zwecke aus dem Gedanken der Autonomie wirklich zu *deduzieren* vermocht hat.[15] Es genügt die Feststellung, dass er den Gedanken des Reiches der Zwecke als einen vernunftnotwendigen be-

---

15 Vgl. *Helmut Hoping*: Freiheit im Widerspruch. Eine Untersuchung zur Erbsündenlehre im Ausgang von Immanuel Kant, Innsbruck/Wien 1990, 140 ff. In der Beantwortung dieser Frage werden in der Forschung konträre Positionen vertreten. Auf sie sei lediglich hingewiesen; sie können im einzelnen hier nicht diskutiert werden. Für die Auffassung, dass Kant die Intersubjektivität nicht aus dem Begriff der Autonomie zu deduzieren vermag, vgl. etwa *Klaus Düsing*: Das Problem des höchsten Gutes in Kants praktischer Philosophie, in: Kant-Studien 62 (1971), 5–42, hier 23, und vor allem *Johann Gottlieb Fichte* (WW II, 479; VI, 303). Demgegenüber vertritt etwa Schmucker die Überzeugung, dass die allgemeine Formel des Kategorischen Imperativs (GMS 421) „wesensnotwendig den Begriff der Person als Zweck an sich und den weiteren eines mundus intelligibilis als eines Reichs der Zwecke einschließt." (*Josef Schmucker*: Der Formalismus und die materialen Zweckprinzipien in der Ethik Kants, in: Lotz, Kant und die Scholastik heute, 155–205, hier 176).

hauptet und insofern den Vollzug von Freiheit im einzelnen über diesen hinaus auf den Gedanken der Verbindung aller vernünftigen Wesen in der gemeinschaftlichen Verwirklichung von Freiheit bezieht, mithin einen *mundus intelligibilis* (GMS 438) denkt, der konstituiert ist „durch die eigene Gesetzgebung aller Personen als Glieder" (GMS 438).

Der Gedanke des Reiches der Zwecke ist für Kant ein „Ideal der Vernunft"[16]. Er ist mithin eine praktische Idee, die etwas beinhaltet, „was nicht da ist, aber durch unser Tun und Lassen wirklich werden kann" (GMS 436, Anm.). Kant formuliert es als Pflicht des einzelnen auf die Verwirklichung des Reiches der Zwecke hinzuwirken. „Ein solches Reich der Zwecke würde nun durch Maximen, deren Regel der kategorische Imperativ allen vernünftigen Wesen vorschreibt, wirklich zustande kommen, *wenn sie allgemein befolgt würden*." (GMS 438). Die faktische Verwirklichung des Ideals des von allen gemeinsam verfolgten Reiches der Zwecke ist jedoch durch zwei Faktoren grundlegend gehemmt. Zum einen dadurch, dass nur jeweils einzelne und eben nicht alle auf seine Beförderung aus sind. Zum andern durch das Reich der Natur, das sich einer durchgängigen zweckmäßigen Überbildung durch Freiheit evidentermaßen entzieht.

Auf diese beiden Grundhemmungen in der Beförderung des Reiches der Zwecke reflektiert Kant ausdrücklich (vgl. GMS 439). Was die Vernunft gebietet, steht indes zu befolgen. Die Hemmung des Reiches der Zwecke kann nicht als Grund dafür geltend gemacht werden, sich seiner pflichtmäßigen Beförderung zu entziehen. Allerdings wird sich zeigen, dass Kant in seiner Religionsschrift die Funktion der Religion im Blick auf genau diese beiden Grundhemmungen in der Beförderung des Reiches der Zwecke beziehen wird. Denn die Grundhemmung durch das Böse als eines „Reichs des Bösen" erfordert den Gedanken des „Reichs des Guten", welches in der Kirche eine vorläufige Vorausdarstellung erfährt. Die Grundhemmung des „Reichs des Guten" durch das Reich der Natur wird durch den

---

16 In ihm wird „von dem persönlichen Unterschiede vernünftiger Wesen, imgleichen allem Inhalte ihrer Privatzwecke abstrahirt, ein Ganzes aller Zwecke (sowohl der vernünftigen Wesen an sich, als auch der eigenen Zwecke, die ein jeder sich setzen mag) in systematischer Verknüpfung" (GMS 433) gedacht.

Gedanken einer letztinstanzlich zu erhoffenden Übereinstimmung zwischen Sittengesetz und Naturgesetz eingeholt und
auf den Gedanken des höchsten Garanten dieser Übereinstimmung bezogen.[17]

c) Das höchste Gut

Während wir es in den bislang vorgeführten Aspekten der kantischen Freiheitslehre um den intelligiblen Gebrauch der Freiheit in der Selbstbestimmung des Willens zu tun hatten, hält
Kant darüber hinaus einen weiteren Aspekt als grundlegend
für sein Freiheitsverständnis fest, das in dem letzten Gedanken,
der sich auf die Hemmung des Reiches der Freiheit durch das
Reich der Natur bezog, bereits angedeutet ist. Kants Freiheitsbegriff impliziert nämlich nicht nur ein Verständnis von Freiheit
im intelligiblen Vollzug der Freiheit als Freiheit, sprich in der
Annahme des Sittengesetzes zur willensbestimmenden Grundmaxime unseres Freiheitsvollzugs in dem alle gleichermaßen
zusammenfassenden *mundus intelligibilis*. Vielmehr intendiert
Kants Freiheitsbegriff darüber hinaus auch den Gedanken der
Verwirklichung des Sittengesetz in der Übereinstimmung zwischen Sittengesetz und Natur als intendierten Gehalt des freiheitlichen Vollzugs: Natur soll durch Freiheit gebildet werden.
Das aber heißt, dass das Bewusstsein der Freiheit im intelligiblen Vollzug der Freiheit nicht sozusagen selbstgenügsam bei
sich bleibt. Das Freiheitsbewusstsein ist nicht allein an der
Übereinstimmung des Willens mit dem Sittengesetz im Vollzug
seiner selbst und bei allen vernünftigen Subjekten interessiert.
Es ist vielmehr auch auf die Übereinstimmung zwischen Sittengesetz und Naturgesetz hin ausgerichtet.

Die kantische Freiheitskonzeption hat an dem Gedanken der
Verwirklichung des Sittengesetzes im Weltzusammenhang einen weiteren grundlegenden Aspekt. Diesen Weltbezug, der im
Vollzug von Freiheit intendiert ist, entfaltet Kant unter der Idee
des höchsten Guts als einem notwendigen Postulat der praktischen Vernunft in ihrem Vollzug. Denn so sehr er an der Freiheit
im intelligiblen Vollzug der Selbstgesetzgebung der prakti-

---

17 Zu dieser Argumentation s. *Immanuel Kant*: Kritik der praktischen Vernunft (= KpV), B, 223 ff.

schen Vernunft interessiert ist und von diesem Gedanken her alles weitere strukturiert und abzuleiten sucht, erweitert er den Autonomiegedanken um den des höchsten Guts, der auf die Übereinstimmung zwischen Sittengesetz und Naturzusammenhang in einem Ganzen zielt. Nach Kant gilt ja für alle vernünftigen Wesen, dass sie sich zu ihrem Handeln einen Zweck denken müssen. Eine Willensbestimmung ohne alle Zweckbestimmung ist für den Menschen unmöglich.

Der vom einzelnen Subjekt intendierte Zweck ist seine Glückseligkeit. Kant gesteht dem Menschen diese Ausrichtung auf Glückseligkeit zu. Ausdrücklich bestimmt er, dass die Tugend der Anerkennung des Sittengesetzes zur handlungsbestimmenden Grundmaxime „noch nicht das ganze und vollendete Gut, als Gegenstand des Begehrungsvermögens endlicher Wesen (ist); denn um das zu sein wird auch *Glückseligkeit* dazu erfordert", und zwar fügt Kant sogleich an, „nicht bloß in den parteiischen Augen der Person, die sich selbst zum Zwecke macht, sondern selbst im Urteile einer unparteiischen Vernunft, die jene überhaupt in der Welt als Zweck an sich selbst betrachtet" (KpV, B 199).

Insofern ist der intendierte Zweck für Kant eben nicht schon durch den Vollzug intelligibler Freiheitsbestimmung erlangt. Die Autonomie des Willens kann vielmehr nicht ohne alle Zweckbestimmung gedacht werden. Damit wird eine Auffassung von Freiheitsvollzug zurückgewiesen, welche den Zweck des Willens in den Vollzug der Selbstbestimmung einholt und die Selbstgesetzgebung an ihr selbst sozusagen als in sich selbstgenügsam betrachtet. Kant lehnt deshalb entschieden die stoische Tugendlehre ab, insofern sie behauptet, „Tugend sei das *ganze höchste* Gut und Glückseligkeit nur das Bewußtsein des Besitzes derselben als zum Zustand des Subjects gehörig" (KpV, B 202).

Für Kants Ausführungen ist, wie oben bereits ausgeführt, grundlegend, dass der Zweckgedanke nicht unmittelbar im Begründungszusammenhang der praktischen Vernunft zu stehen kommen darf, weil Freiheit ansonsten nicht autonom, sondern heteronom bestimmt wäre. Mithin kann der Zweck nur als ein Postulatbegriff rangieren, näherhin als Gegenstand der praktischen Vernunft, und zwar „als unbedingte Totalität des *Gegenstandes* der reinen praktischen Vernunft". Dies ist mit dem Begriff des höchsten Guts gemeint (KpV 194). Er verbindet das Prinzip der Sittlichkeit mit dem der Glückseligkeit und bildet für Kant den Ausgangspunkt für das Postulat eines die Übereinstimmung von Sittlichkeit und Glückseligkeit für den einzelnen im Zusammenhang des Ganzen bewirkenden Garanten, der mithin für die letztinstanzliche Übereinstimmung zwischen Kausalität aus Freiheit und Naturkausalität einsteht.

Wir halten hier inne und summieren: Für die Kantische Freiheitskonzeption sind über die autonome Selbstbestimmung des Willens im einzelnen zwei weitere Gesichtspunkte grundlegend: Es ist vernunftnotwendig zu denken und mithin Pflicht es zu befördern, dass Freiheit für alle vernünftigen Subjekte verwirklicht werde, was im Gedanken eines Reiches der Zwecke festgehalten wird. Es ist ein vernunftnotwendiges, mithin seine Beförderung anzustrebendes Implikat des Freiheitsvollzugs in Verbindung mit dem Streben nach Glückseligkeit, dass er auf die Übereinstimmung des Sittengesetzes mit der Natur in einem Ganzen hin ausgerichtet ist. Beide Gesichtspunkte bilden den Horizont für die vernunftkompatible Reformulierung des theologischen Reich-Gottes-Gedankens, wie sie Kant im dritten Lehrstück seiner „Religionsschrift" entfaltet. Kant rekonstruiert ihn in der Überzeugung, „daß die Lehre des Christentums [...] einen Begriff des höchsten Guts (des Reiches Gottes) gibt, der allein der strengsten Forderung der praktischen Vernunft genügt" (KpV, B 230 f.).

3. Die Gründung eines Reiches Gottes auf Erden

Das dritte, der vernunftkompatiblen Reformulierung des Reich-Gottes-Gedankens gewidmete Lehrstück, trägt die Überschrift „Der Sieg des guten Prinzips über das böse, und die Gründung eines Reichs Gottes auf Erden". Wie die „Religionsschrift" insgesamt unter der Perspektive der Faktizität des radikalen Bösen konzipiert ist,[18] wird auch das dritte Lehrstück auf die Faktizität des Bösen bezogen. Das Böse im Menschen ist radikal, weil es

---

18 Kant setzt für seine Lehre vom radikalen Bösen bekanntlich mit der Evidenz des Bösen als einer Erfahrungstatsache ein und versucht a priori zu bestimmen, unter welchen Voraussetzungen das Böse als moralisch zurechenbar gedacht werden kann. Vgl. dazu insgesamt das erste Lehrstück: „Von der Einwohnung des bösen Prinzips neben dem guten: oder über das radikale Böse in der menschlichen Natur" (Rel B 3–64).

von jedem einzelnen selbst durch freiheitlichen Vollzug herauf-
beschworen wird und zugleich einen Wirkzusammenhang frei-
setzt und potenziert, dem der Einzelne im Konnex der Gemeinschaft unausweichlich ausgesetzt ist. Das Böse bildet nicht nur
eine Macht im einzelnen, nämlich in der radikalen Verderbtheit
seiner moralischen Gesinnung. Es bildet vielmehr in der Zusam-
menwirkung der vielen zugleich eine sich verselbständigende
Wirkmacht, ein Reich des Bösen, das den einzelnen unausweichlich bestimmt. Kant geht davon aus, dass das Böse sich im Menschen entfacht, *„wenn er unter Menschen ist"*[19]. Denn nach Kant
ist es „genug, daß sie da sind, daß sie ihn umgeben, und daß sie
Menschen sind, um einander wechselseitig in ihrer moralischen
Anlage zu verderben, und sich einander böse zu machen".

Innerhalb des gesellschaftlichen Konnexes, in welchem sich
das „Reich des Bösen" manifestiert und in den der jeweils einzelne gestellt ist, vermag darum die Besserung des bloß einzelnen dem Bösen als Wirkzusammenhang gegenüber nichts aus-
zurichten. Zur Überwindung des Reichs des Bösen, das eine Tatsache alltäglicher Erfahrung bildet, bedarf es darum eines Reichs
des Guten, das eine Gegenmacht zu bilden vermag zu jenem.
Aus der Überzeugung, dass die Wirkmacht des Bösen als eines
Reichs des Bösen nicht schon durch die Besserung jeweils einzel-
ner bekämpft werden kann, ergibt sich für Kant die Forderung
„eine ganz eigentlich auf die Verhütung dieses Bösen und zur
Beförderung des Guten im Menschen abzweckende Vereinigung, als eine bestehende, und sich immer ausbreitende, bloß auf
die Erhaltung der Moralität angelegte Gesellschaft zu errich-
ten"[20]. Kant nennt sie eine „Gesellschaft nach Tugendgesetzen".

Diese Republik nach Tugendgesetzen ist nach den Ausführungen der praktischen Philosophie ein Ideal der praktischen
Vernunft und auf die Menschheit als Menschheit bezogen.[21] Auf
dieses Ideal rekurriert Kant in der „Religionsschrift", um sodann

19 Rel B 128. Nächstes Zitat ebd.

20 Rel B 129. Nächstes Teilzitat ebd.

21 In der Religionsschrift formuliert Kant es als das „Ideal eines Ganzen
aller Menschen" (Rel B 132). Es ist „eine Pflicht von ihrer eignen Art, nicht
der Menschen gegen Menschen, sondern des menschlichen Geschlechts gegen sich selbst. Jede Gattung vernünftiger Wesen ist nämlich objektiv, in der
Idee der Vernunft, zu einem gemeinschaftlichen Zwecke, nämlich der Beförderung des höchsten, als eines gemeinschaftlichen Guts bestimmt." (Rel
B 135).

die Bedeutung der Kirche für die Verwirklichung dieses Ideals, das im religiösen Sprachzusammenhang als Reich Gottes vorstellig gemacht wird, vernunftkompatibel zu begründen. Die Republik nach Tugendgesetzen ist eine „Gesellschaft, die dem ganzen Menschengeschlecht in ihrem Umfange sie zu beschließen, durch die Vernunft zur Aufgabe und zur Pflicht gemacht wird."[22] Nur mittels eines solchen Reichs des Guten „kann für das gute Prinzip über das Böse ein Sieg erhofft werden".

Dieses höchste sittliche Gut, das zu denken Pflicht ist, und welches einzig als Gegenmacht gegen das Reich des Bösen zu wirken vermag, ist – so hält Kant ausdrücklich fest – eine Pflicht besonderer Art: Sie ist nämlich eine Pflicht des einzelnen nicht nur gegen sich selbst und gegenüber anderen, sondern gegenüber der menschlichen Gattung; und sie intendiert einen Inhalt, der nicht schon durch die Besserung der jeweils einzelnen erreicht wird. „Weil aber das höchste sittliche Gut durch die Bestrebung der einzelnen Person zu ihrer eigenen moralischen Vollkommenheit allein nicht bewirkt wird, sondern eine Vereinigung derselben in ein Ganzes zu eben demselben Zwecke, zu einem System wohlgesinnter Menschen erfordert, in welchem und durch dessen Einheit es allein zu Stande kommen kann"[23], ist sie eine Pflicht besonderer Art. Die Besonderheit dieser Pflicht betont Kant nachdrücklich. Das fällt auf und will beachtet sein. Denn angesichts der Besonderheit dieser Pflicht zieht Kant die Konsequenz, dass sie zu ihrer Beförderung einer besonderen „Voraussetzung einer andern Idee, nämlich der eines höhern moralischen Wesens bedürfe [...], durch dessen allgemeine Veranstaltung die für sich unzulänglichen Kräfte der einzelnen zu einer gemeinsamen Wirkung vereinigt werden"[24].

Damit hat Kant die Basis für den Gedanken geschaffen, dass die Stiftung eines moralischen Volkes Gottes nicht durch die Menschen selbst, sondern nur „von Gott selbst erwartet werden kann"[25]. Für Kant darf das freilich nicht ausschließen, dass wir dazu aufgefordert sind, das uns Menschenmögliche zur Beförderung desselben zu tun (RibV, B 141). Unter diesen beiden Aussagen befasst Kant die Frage danach, dass wir das höchste

22 Rel B 129. Nächstes Zitat ebd.
23 Rel B 139.
24 Rel B 136.
25 Rel B 141.

Gut auf der einen Seite als ethisches Ideal wollen und vollbringen sollen, dieses aber gleichwohl von der Art ist, dass wir nicht einzusehen vermögen, dass es durch uns selbst verwirklicht werden kann. Angesichts dieser Antinomie spricht Kant dem Gottesgedanken eine vernunftkompatible Funktion zu: „Weil der Mensch die mit der reinen moralischen Gesinnung unzertrennlich verbundene Idee des höchsten Guts [...] nicht realisieren kann, gleichwohl aber darauf hinzuwirken in sich Pflicht antrifft, so findet er sich zum Glauben an die Mitwirkung oder Veranstaltung eines moralischen Weltherrschers hingezogen, wodurch dieser Zweck allein möglich ist" (RibV, B 210 f.). Freilich darf auch dies unter Kantischen Bedingungen nicht bedeuten, dass der Mensch den Gedanken vernachlässigt, „dass der Mensch an jeder Pflicht nichts anderes erkennt, als was er selbst zu tun habe, um jener ihm unbekannten wenigstens unbegreiflichen Ergänzung würdig zu sein." (RibV, B 211).

Verfolgt man die Argumentation der „Religionsschrift" im ganzen, dann wird man auch Kant so verstehen können, dass er die Religionsthematik angesichts der Faktizität des Bösen im einzelnen und in der Gesellschaft als Ganzer im Zusammenhang der Frage verortet, wie praktische Vernunft in ihren Grundsätzen unter diesen Bedingungen, d. h. des Bösen, im empirischen Subjekt verwirklicht werden kann. Indes die Frage nach der Verwirklichung des Guten unter den Bedingungen des Bösen rückt erst in der theologischen Rezeption des Kantischen Entwurfs wirklich ins Zentrum, um die konstitutive Bedeutung der christlichen Religion für die Frage nach der Verwirklichung von Sittlichkeit zu betonen und Kant gegenüber zu behaupten. Das ist bei Albrecht Ritschl der Fall.

4. Das Reich Gottes im Zusammenhang der christlichen Religion (Ritschl)

Albrecht Ritschls Theologie ist insgesamt geprägt von dem Bestreben, das Christentum als die „vollendete geistige und sittliche Religion" zu begreifen.[26] Dabei legt er besonderes Gewicht

---

26 Vgl. *Albrecht Ritschl*: Die christliche Lehre von der Rechtfertigung und Versöhnung, 3 Bände, Bd. 3, (1884) 2. Aufl. Bonn 1883 (= RuV), 10.

auf den *zweiten* dieser Aspekte, die Behauptung der christlichen als der vollendeten *sittlichen* Religion. Diesen sieht Ritschl in der theologiegeschichtlichen Selbstverständigung des Christentums sträflich vernachlässigt bzw. nur einseitig wahrgenommen. Denn in ihr wurde das Zentrum der christlichen Religion primär in der Erlösung des einzelnen von der Macht der Sünde und Schuld gesehen, wodurch ihr sittlicher Charakter weitgehend unterbestimmt blieb. Oder sie erblickte die sittliche Dimension der christlichen Religion einseitig verkürzt in Formen einer strikten Abgrenzung und Abkehr der Religion von der Welt, wie es Ritschl an Mönchtum und Pietismus vehement kritisiert.[27] Diese Unter- bzw. Fehlbestimmung entspricht Ritschls Überzeugung zufolge nicht dem Gründungsgeschehen der christlichen Religion, wie es an Person und Wirken Jesu Christi als dem Stifter derselben anschaulich wird. Ritschl macht vielmehr geltend, dass „Jesus selbst in dem Reiche Gottes den sittlichen Zweck der von ihm zu gründenden Religionsgemeinschaft [...] erkannt hat, da er darunter nicht die gemeinsame Ausübung der Gottesverehrung begreift, sondern die Organisation der Menschheit durch das Handeln aus dem Motiv der Liebe" (RuV, 12). Deshalb sei jeder Begriff vom Christentum unvollständig und unrichtig, der „nicht diese spezifische Zweckbestimmung in sich schlösse" (ebd.).

Die Christologie wird von Ritschl daher unter dem Geschichtspunkt entfaltet, dass Jesus Christus sich den Endzweck Gottes mit der Welt – die Stiftung eines Reiches Gottes in der Gemeinschaft der Menschheit mit Gott und untereinander – aneignet und zur durchgehenden Bestimmung seiner Berufserfüllung macht, indem er die christliche Religion stiftet und damit den Inhalt des Reiches Gottes ebenso wie die Motivation es zu verwirklichen, insonderheit aber die Befähigung dazu, es verwirklichen zu können für die Gemeinde begründet.

Entgegen einem verbreiteten Vorbehalt Ritschl gegenüber ist zu betonen, dass Ritschl durchaus an der spezifisch „geistigen" Dimension der christlichen Religion festhält, indem er die Erlösung als Konstitutionsgrund der Sittlichkeit eines Christenmenschen behauptet.[28] Er klagt aber darüber hinaus mit Ent-

---

27 Wir haben an dieser Stelle nicht weiter zu diskutieren, ob Ritschls Urteil zutreffend ist. Vgl. diesbezüglich seine Darstellung in RuV sowie ferner seine „Geschichte des Pietismus", 3 Bände, Bonn 1880–1886.

schiedenheit die sittliche Dimension des Christentums ein, das den „Antrieb zu dem Handeln aus Liebe in sich schließt, welches auf die sittliche Organisation der Menschheit gerichtet ist" (RuV, 13 f.). Dabei vollzieht die christliche Religion eine grundsätzliche Universalisierung ihres Handlungsprinzips. Zum einen gilt die Liebe dem Menschen als Menschen und wird somit abgelöst von Bedingungen familiärer, nationaler oder religiöser Zugehörigkeit. Zum anderen wird sie unter der Idee des Reiches Gottes auf die Menschheit als ganze bezogen.[29]

Diesen Gedanken nun sieht Ritschl durch Kant in grundlegender Weise sowohl in der Ethik verankert als auch in seiner Bedeutung für die Religion innerhalb der Grenzen der bloßen Vernunft zur Geltung gebracht. Bei aller notwendigen Kritik, die Ritschl auch Kant gegenüber nicht fehlen lässt, hält er es doch für dessen entscheidendes Verdienst, die Ethik im Rahmen der Religion betont und diese auf die Verwirklichung des Ideals einer Republik nach Tugendgesetzen bezogen zu haben. „Erst Kant [. . .] hat für die Ethik die leitende Bedeutung des ‚Reiches Gottes' als einer Verbindung der Menschen durch Tugendgesetze erkannt" (RuV, 11) und diesen Gedanken in seiner vernunftkompatiblen Reformulierung des Reich-Gottes-Gedankens zum Zuge gebracht. Dabei kommt es Ritschl besonders auf den Gedanken der *Vergemeinschaftung* der Menschen nach Tugendgesetzen an, den er an Kants Konzeption unterstreicht. Denn Ritschls Interesse zielt ganz entsprechend auf die Überwindung einer individualistischen Verengung der Grundauffassungen des Christentums, was er in seiner Theologie durch die durchgängige Vorordnung der Gemeinde vor den einzelnen zum Ausdruck bringt.

Kant betont Ritschl zufolge zu Recht den sittlichen Charakter der Religion und hat dessen Grundbestimmungen folgerichtig formuliert: die Universalisierung des Handlungsprinzips auf alle Menschen als Menschen und die Verbindung der Einzelnen zu einer Gesellschaft nach Tugendgesetzen sowie die Universalisierung des Handlungszwecks auf die Mensch-

28 Vgl. dazu *Christine Axt-Piscalar:* Theologische Einleitung zu *Albrecht Ritschl:* Unterricht in der christlichen Religion (1875), hg. v. Chr. Axt-Piscalar, Tübingen 2002 (Ritschl im Folgenden zitiert als „Unterricht"), sowie Ritschls grundsätzliche Überlegung in RuV, 13.

29 Vgl. bes. Ritschl: Unterricht, § 6.

heit als solcher in der Ausrichtung auf die Verwirklichung des höchsten Guts. Daher gesteht Ritschl durchaus ein, dass der sittliche Inhalt der christlichen Religion nicht erst und nicht nur in dieser gedacht wurde und wird. „Die Aufgabe der sittlichen Verbindung aller Menschen als Menschen ist .. als allgemeine Regel schon außerhalb des Christentums erkannt worden", wofür neben Kant insbesondere die Stoa zu nennen ist.[30] Will Ritschl nun das Christentum nicht bloß als eine Variante dieser allgemein vernünftigen Weltanschauung verstehen, dann muss er das Spezifische desselben, und zwar für den Zusammenhang der ethischen Selbstverständigung der Gattung und der Verwirklichung ihrer sittlichen Bestimmung eigens begründen.

Dafür setzt Ritschl bei der Frage an, wie das als gut Erkannte vom Sollen zum Können und weiter zum Vollbringen überführt werden kann, wenn doch der Mensch als böse zu gelten hat, und zwar nicht nur der Einzelne, sondern die Gemeinschaft in ihrer unausweichlichen Wirkung auf den einzelnen. Für die Bestimmung der Religion knüpft er damit genau an demselben Punkt an, den auch Kant im Blick hat; bei der Frage nämlich, wie das, was sein soll, unter der Bedingung des Bösen als eines individuellen und zugleich allgemeinen seiner Verwirklichung zugeführt werden kann.

In seiner Antwort hebt Ritschl auf die evidente „Tatsache" ab, „dass die Umwandlung der menschlichen Gesellschaft nach jenen Gesichtspunkten nicht vom Stoizismus, sondern vom Christentum ausgegangen ist"[31]. Dieses zunächst wirkungsgeschichtliche Argument hat es in sich. Es birgt die These, dass die faktische Umsetzung des sittlichen Ideals in seine Verwirklichung eben nicht durch Philosophie, sondern durch die christliche Religion geleistet wurde und wird. Der Verweis auf die Wirkungsgeschichte des Christentums als Religion im Unterschied zur Philosophie führt mithin ins Zentrum von Ritschls Auffassung. Er behauptet, dass Philosophie die Beförderung des Guten im und durch den Menschen nicht zu leisten vermag und reklamiert diese Funktion ausschließlich für die Religion, und zwar in ihrer christlichen Prägung.

Mit diesem Argument zielt Ritschl ins Mark der Kantischen

---

30 Vgl. Unterricht, §10.
31 Unterricht, §10.

Konzeption der Autonomie, die ja gerade darauf angelegt ist, die Selbstgesetzgebung als ineinsfallenden Vollzug von Sollen, Können, Wollen und Vollbringen denken zu können. Indem Ritschl bestreitet, dass der Vollzug von Selbstgesetzgebung der Vernunft ohne weiteres im einzelnen und in einer Gemeinschaft praktisch werden kann, bringt er die Religion, und zwar in ihrer *konstitutiven* Funktion für die Verwirklichung des Guten zur Geltung. Denn die sittliche Idee konnte „als praktischer Grundsatz nur wirksam werden, wenn sie mit einem besonderen Beweggrunde verknüpft wurde"[32].

Diesen besonderen Beweggrund für die Verwirklichung des Guten im und durch den Menschen sieht Ritschl in dreierlei Hinsicht im Zusammenhang der christlichen Religion fundiert. *Zum einen* wird in ihr der Gottesgedanke konstitutiv mit dem Gedanken des Reiches Gottes als der Verbindung der Menschheit nach dem Prinzip der Nächstenliebe zusammengebracht, so dass die Liebe zu Gott als dem Grundvollzug von Religion zugleich die Ausrichtung auf den Gedanken seines Reiches in der Verbindung der Menschheit nach dem Prinzip der Liebe intendiert.

Sodann wird dieses Ideal als ein in einem konkreten Menschen, Jesus von Nazareth, auch faktisch verwirklichtes angeschaut, will heißen in der Anschauung von Jesus als dem sittlich vollkommenen Menschen, mithin erst im religiösen Bewusstsein wird dem Menschen die Realisierbarkeit der Forderung des sittlichen Ideals anschaulich, damit auch gewiss und allererst zu einem solchen, dass nicht nur erstrebt werden soll, sondern auch erstrebt werden will. Das wiederum kann nur so geschehen, dass Jesus Christus als das Urbild der sittlichen Vollkommenheit zugleich den konstituierenden Grund ihrer Verwirklichung in den Gläubigen bildet.[33] Dies letztere nun ist insofern von entscheidender Bedeutung, als die Verwirklichung des Guten im und durch den Menschen am Bösen scheitert, so dass seine Beförderung im Menschen eine Veränderung voraussetzt, wodurch er allererst instand gesetzt wird, das Gute erkennen, wollen und vollbringen zu können.

Diese drei Konstitutionsmomente für die Verwirklichung des

---

32 Unterricht, §10.
33 Vgl. insgesamt Unterricht, § 19, wo Ritschl diesen Zusammenhang ausdrücklich nochmals rekonstruiert. Zu Jesus Christus als wirkkräftigem Urbild vgl. Unterricht, § 22.

Guten im und durch den Menschen sind an den Kontext der christlichen Gemeinde gebunden. Denn in ihr erfährt sich der Einzelne in der Bezogenheit auf Jesus Christus im Glauben als *erlöst*, so dass er den Gedanken des Reiches Gottes als der Verbindung der Menschheit unter dem Prinzip der Nächstenliebe als Willen Gottes nicht nur erkennt, seiner Realisierbarkeit bewusst und dadurch zum Wollen desselben motiviert wird, sondern insbesondere vom Schuldbewusstsein freigesprochen und dadurch auch zur Beförderung des Guten instand gesetzt wird.[34] Allein der Glaube ist mithin der Konstitutionsvollzug des Guten im Menschen angesichts des Bösen, so dass das Gute nur durch und in ihm überhaupt praktisch wird. Es ist dieser Zusammenhang, auf den Ritschl in der für ihn charakteristischen Zuordnung von Rechtfertigung und Versöhnung abhebt.[35]

In der Aneignung des Reich-Gottes-Gedankens unter dem Prinzip der Nächstenliebe gelangt der Einzelne zur sittlichen Selbstständigkeit – er soll selbsttätig mitwirken an der Verwirklichung desselben – und er weiß sich zugleich bezogen auf die Verbundenheit in und mit der Gemeinschaft – er will das Reich Gottes als einen gemeinschaftlichen Zweck. Beide Gesichtspunkte sind für Ritschl im Zusammenhang der christlichen Ethik grundlegend. Denn wie Kant ist Ritschl nicht an einer rein individualistischen Ethik interessiert und wie jener zielt er auf die Pflicht zur Selbsttätigkeit des Christenmenschen am Reich Gottes, die er freilich durchgängig als im Glauben erst konstituierte Selbsttätigkeit versteht.[36]

Die Aneignung des Reich-Gottes-Gedankens als Handlungsgrundsatz christenmenschlicher Ethik führt zur praktischen Reich-Gottes-Arbeit. Dabei ist Ritschl an der konkreten Vermittlung zwischen allgemeinem Handlungsgrundsatz – Handeln aus dem Prinzip der Nächstenliebe – und lebensweltlicher Pra-

---

34 Diesen ganzen Zusammenhang verhandelt Ritschl unter dem Thema der Sündenvergebung, die als Rechtfertigung des Sünders durch Gott das Schuldbewusstsein des einzelnen löst und dadurch das Vertrauen auf Gott wiederherstellt, welches der Grund dafür ist, den Zweck des Reiches Gottes in die Bestimmung der eigenen Selbsttätigkeit aufzunehmen. Dazu Axt-Piscalar: Einleitung, XXXIV ff, sowie Unterricht, 44 ff.

35 Vgl. bes. Unterricht, 44–46.

36 Auch an dieser Stelle ist Ritschl gegen den Vorwurf in Schutz zu nehmen, er ziele vorschnell auf die Selbsttätigkeit des Menschen.

xis des einzelnen orientiert. „Denn das Allgemeine wird immer nur in den besonderen Arten verwirklicht"[37]. Die Reich-Gottes-Arbeit der christlichen Gemeinde wird dadurch auf die praktische Weltgestaltung bezogen und eine christliche Ethik zurückgewiesen, welche „die christliche Aufgabe außerhalb der natürlichen Ordnungen des Lebens erfüllen wollte", wie es Ritschl in der katholischen und pietistischen Ansicht vertreten sieht.[38] Gestaltungsfeld praktischer Reich-Gottes-Arbeit ist mithin die konkrete Lebenswelt des einzelnen, wie sie durch Ehe, Familie, bürgerliche Gesellschaft und nationalen Staat gekennzeichnet ist.

Diese in den konkreten Lebensverhältnissen bewährte Reich-Gottes-Arbeit des einzelnen ist für Ritschl jedoch zugleich bezogen auf die universale Dimension des Reiches Gottes in der Verbindung der Menschheit nach den Prinzipien der Nächstenliebe. Gerade an dieser universalen Perspektive des Reiches Gottes will Ritschl mit Entschiedenheit festhalten. Es geht ihm nicht nur um die sittliche Bildung des einzelnen und deren Verwirklichung. Denn Ritschl – und darin knüpft er an Kant an – galt eine „Religion, die nicht auf die Allgemeinheit der Sittlichkeit aus ist, sondern in der Sphäre der Privatheit sich erschöpft, nichts."[39] Darin gerade unterscheidet sich Ritschls an Kants Konzeption orientierter Entwurf von demjenigen Typus der kulturprotestantischen Frömmigkeit, die den Sinnbezug des Reich-Gottes-Gedankens letztlich nicht mehr in seinem universalen Charakter sieht, sondern in der Persönlichkeit des je einzelnen Menschen,[40] und die damit die Privatheit der Religion und die zunehmende Individualisierung protestantischer Frömmigkeit in ihrer zeitgenössischen Gestalt befördert hat.

37 Unterricht, § 27.
38 Ebd.
39 *Gunther Wenz:* Geschichte der Versöhnungslehre, Bd. 2, München 1986, 111.
40 Das ist insbesondere bei Wilhelm Herrmann der Fall (vgl. *Hermann Timm:* Theorie und Praxis in der Theologie Albrechts Ritschls und Wilhelm Herrmanns. Ein Beitrag zur Entwicklung des Kulturprotestantismus, Gütersloh 1967; *Joachim Weinhardt:* Wilhelm Herrmanns Stellung in der Ritschlschen Schule, Tübingen 1996).

5. Schluss: Religion und Sittlichkeit

Kants Verortung der Religionsthematik im Zusammenhang des Vollzugs von Sittlichkeit hat in der Theologie besonders durch Albrecht Ritschl und seine Schule eine beachtenswerte Wirkungsgeschichte nach sich gezogen. Das steht außer Frage. Die Beurteilung dieser Rezeptionsgeschichte von Seiten der Theologie hängt wesentlich davon ab, dass man nicht vorschnell mit einer Qualifizierung dieser Kantrezeption als einer bloß ethischen und zuvörderst auf Selbsttätigkeit ausgerichteten theologischen Konzeption einrückt, sondern die Leistung anerkennt, die in Ritschls Kritik an Kant im Interesse der Religion beschlossen liegt. In Ritschls konstruktiver Kritik spiegeln sich in paradigmatischer Weise diejenigen Probleme, welche die Theologie mit dem Philosophen des Protestantismus austrägt. Denn im Unterschied zu Kant, der die Religion im Zusammenhang der praktischen Vernunft so verortet, dass sie die vernunftkompatiblen Inhalte in ihrer Durchsetzung befördert, hält Ritschl konsequent an der konstituierenden Funktion der Religion für die Begründung und den Vollzug von Sittlichkeit fest. Wenn dieses Grundlegende, ihre konstituierende Funktion, für die Religion gesichert ist, dann kann Ritschl die inhaltliche Bestimmung des Reiches Gottes bei Kant im großen und ganzen teilen: Kants Universalisierung des Reiches des Guten auf die Menschheit als Ganzer und die Überbildung des Reiches der Natur durch das der Gnade.

Dadurch hat Ritschl im Interesse an der grundlegenden Bedeutung der Religion für die Sittlichkeit die Religion erneut im Begründungszusammenhang der Ethik verortet und bringt damit zum Ausdruck, dass praktische Vernunft unter den Bedingungen des empirischen Subjekts, sofern es radikal böse und die ihn umgebende Welt ein Reich des Bösen ist, nicht praktisch zu werden vermag. Es ist diese Überzeugung, die Ritschl gegen Kant zum Zuge bringt. Darin liegt ein klassischer und unveräußerlicher Einwand der Theologie gegenüber der autonomen Konzeption von Sittlichkeit. Sie hängt mit der zugrunde liegenden Anthropologie zusammen, die unter christlichen Bedingungen durch die Aussage vom Sündersein des Subjekts erfasst wird. Ritschl greift damit zwar durchaus eigene Überlegungen Kants zur aporetischen Situation, in der sich die praktische Vernunft angesichts des Bösen befindet, auf. Indes: Ritschl entscheidet im Blick auf diese Überlegungen eindeutig zugunsten der Begründungsfunktion der Religion für die Sittlichkeit.

Mit der von Kant inaugurierten Verbindung von Religion und Sittlichkeit wird die Theologie nach Ritschls Auffassung nicht auf ein ihr gänzlich fremdes Gebiet geführt. Im Gegenteil: Ritschl ist der Überzeugung, dass Kant durch das Geltendmachen dieses Zusammenhangs dazu geholfen hat, das Spezifische der christlichen Religion, das in der Verbindung von Glaube und Sittlichkeit liegt, wieder ins Bewusstsein gerufen zu haben. Mit Recht will Ritschl an der engen Zusammengehörigkeit zwischen Glaube und Heiligung des christenmenschlichen Lebens als Ausdruck für das Wesen der christlichen Religion festhalten. Wird dabei der Glaube als der durch Gott begründete Grund eigener Selbsttätigkeit im Menschen und solcherart als der Heiligung vorgängig gedacht – wie das bei Ritschl der Fall ist –, dann wird man die reine Betonung der Zusammengehörigkeit von Glaube und Sittlichkeit bei Kant nicht vorschnell verwerfen, ihre Durchführung bei Ritschl sogar durchaus würdigen können.

Dabei sollte auch Berücksichtigung finden, dass Ritschls Reich-Gottes-Gedanke zwar auf die sittlich-religiöse Selbsttätigkeit des Christenmenschen zur Weltgestaltung bezogen ist. Er wird jedoch von Ritschl auch als ein von dem innerweltlichen Verwirklichungszusammenhang zugleich Unterschiedenes behauptet. Von daher wird man im Blick auf den Vorwurf einer unmittelbaren Ineinssetzung von Reich-Gottes und sittlich-religiöser Weltgestaltung in Ritschls Theologie differenzierter zu urteilen haben.[41] Denn „das Reich Gottes, welches [...] die geistige und sittliche Aufgabe der in der christlichen Gemeinde versammelten Menschheit darstellt, ist übernatürlich, sofern in ihm die sittlichen Gemeinschaftsformen (Ehe. Familie, Beruf, Privat- und öffentliches Recht oder Staat) überboten werden [...]. Das Reich Gottes auch als gegenwärtiges Erzeugnis des Handelns aus dem Beweggrund der allgemeinen Liebe, also wie es in der Welt zustandekommt, ist überweltlich, sofern man unter Welt den Zusammenhang alles natürlichen, natürlich bedingten und geteilten Daseins ver-

---

41 Als Versuch einer differenzierten Betrachtung vgl. *Rudolf Schäfer:* Das Reich Gottes bei Albrecht Ritschl und Johannes Weiß, ZThK 61 (1964), 68–88.

steht"[42]. Auch Kant hat durchaus an der Unterscheidung zwischen sittlicher Verwirklichung des Reiches Gottes durch Menschenhand und dem Ideal des höchsten Guts, wie es als durch den absoluten Weltregenten garantiert gedacht werden muss, festgehalten. Insofern versuchen beide durchaus, die eschatologische Dimension des Reich-Gottes-Gedankens in seiner Unterschiedenheit zu aller innerweltlichen Realisierung auszusagen. Erst wenn diese Gesichtspunkte hinreichend berücksichtigt sind, ist es legitim, die inhaltliche Bestimmung der praktischen Reich-Gottes-Arbeit einer ideologiekritischen Perspektive zu unterziehen und Verbürgerlichungstendenzen in Ritschls christlicher Ethik auszumachen.[43]

Eine differenzierte Beurteilung von Kants und vor allem Ritschls Konzeption des Reiches Gottes wird die oben genannten Aspekte zu berücksichtigen und zu würdigen haben. Sie wird zumindest in Kants strenger Restriktion der Vernunftreligion auf die Inhalte der praktischen Vernunft jedoch auch eine Verkennung des genuinen Charakters der Religion *als Religion* zu sehen und strikte zu kritisieren haben.[44] Religion ist auf Sittlichkeit bezogen. Sie geht aber in dieser Funktion gerade nicht auf, sondern ist als ein Eigentümliches und Selbstständiges zu verstehen. Der zeitgenössische Kontrahent Kants, Friedrich Daniel Ernst Schleiermacher, hat dies mit Recht als eine unaufgebbare Forderung für die Selbstverständigung über das Wesen der Religion eingeklagt: „Daß sie aus dem Innern jeder [...] Seele notwendig von selbst entspringt, daß ihr eine eigne Provinz im

42 Unterricht, § 8. Vgl. auch Unterricht. § 77, wo Ritschl im Blick auf das ewige Leben ausdrücklich formuliert: „Als das übernatürliche und überweltliche Ziel der im Reiche Gottes zu vereinigenden Menschheit [...] ist es ferner nur dann zu begreifen, wenn die natürlichen Bedingungen, an die unser geistiges Leben in der gegenwärtigen Weltordnung gebunden ist, dereinst wegfallen oder verändert werden".

43 In der evangelischen Theologiegeschichtsschreibung hat das Dictum *Karl Barths* über Ritschl breite Kreise gezogen: „Er steht – der Urtyp des national-liberalen deutschen Bürgertums im Zeitalter Bismarcks – in unerhörter Eindeutigkeit und Sicherheit (wirklich mit beiden Füßen!) – auf dem Boden seines ‚Lebensideals'" (Die protestantische Theologie im 19. Jahrhundert, Zürich [4]1984, 599).

44 Diese Kritik wir man Ritschl gegenüber nicht unmittelbar geltend machen können. Denn dieser ist unstreitig an der religiösen Dimension des Glaubens interessiert.

Gemüte angehört, in welcher sie unumschränkt herrscht, daß sie es würdig ist, durch ihre innerste Kraft die Edelsten und Vortrefflichsten zu bewegen und von ihnen ihrem innersten Wesen nach gekannt zu werden: das ist es, was ich behaupte und was ich ihr gern sichern möchte"[45].

---

45 Schleiermacher: Religion, 37.

Verzeichnis der Autor(inn)en
und des Herausgebers

Herausgeber und Mitautor

Thiede, Werner, geb. 1955; Dr. theol. habil.; Privatdozent für Systematische Theologie an der Friedrich-Alexander-Universität Erlangen-Nürnberg; Forschungsschwerpunkte: Christologie, Eschatologie, Pneumatologie; Konfessions- und Sektenkunde. Wichtigste *Veröffentlichungen*: Das verheißene Lachen. Humor in theologischer Perspektive, Göttingen 1986/Turin 1989; Auferstehung der Toten – Hoffnung ohne Attraktivität? Grundstrukturen christlicher Heilserwartung und ihre verkannte religionspädagogische Relevanz, Göttingen 1991; „Wer aber kennt meinen Gott?" Friedrich Nietzsches „Theologie" als Geheimnis seiner Philosophie, in: ZThK 98 (2001), 464–500; Wer ist der kosmische Christus? Karriere und Bedeutungswandel einer modernen Metapher, Göttingen 2001. Näheres unter www.werner–thiede.de.

Weitere Autor(inn)en

Axt-Piscalar, Christine, geb. 1959; Dr. theol. habil.; Lehrstuhlvertretungen in Basel, Tübingen und Zürich; 1997 Ordinaria für Systematische Theologie in Basel; seit 2000 Professorin für Systematische Theologie in Göttingen. Forschungsschwerpunkte: Glaubenslehre, Religionstheorie, theologische und philosophische Freiheitskonzeptionen. Wichtigste *Veröffentlichungen*: Der Grund des Glaubens. Eine theologiegeschichtliche Untersuchung zum Verhältnis von Glaube und Trinität in der Theologie Isaak August Dorners, Tübingen 1990; Ohnmächtige Freiheit. Studien zum Verhältnis von Subjektivität und Sünde bei A. Tholuck, J. Müller, F. Schleiermacher und S. Kierkegaard, Tübingen 1996.

Heesch, Matthias, geb. 1960; Dr. theol. habil.; 1996 bis 2002 Hochschuldozent für Syst. Theologie an der Bergischen Universität – Gesamthochschule Wuppertal; seit 2002 Lehrstuhlinhaber für Evangelische Theologie mit Schwerpunkt Systematische Theologie und theologische Gegenwartsfragen an der Universität Passau; Arbeitsschwerpunkte: Erkenntnistheoretische Grundfragen der Theologie, Ethik, Religionsphilosophie. *Veröffentlichungen*: Transzendentale Theorie und religiöse Erfahrung. Ihre Vermittlung als erkenntnistheoretische Grundintention in Richard Rothes theologischer Ethik, Frankfurt/M. 1990; Lehrbare Religion? Studien über die szientistische Theorieüberlieferung und ihr Weiterwirken in den theologisch-reli-

gionspädagogischen Entwürfen Richard Kabischs und Friedrich Nieber-
galls, Berlin/New York 1997; Herbart zur Einführung, Hamburg 1999.

Leiner, Martin, geb. 1960; Dr. theol. habil.; 1998 Prof. für Systematische Theologie an der Universität Neuchâtel; 2001 Präsident des Institut romand d'éthi-
que in Genf; seit 2002 Prof. für Systematische Theologie mit Schwerpunkt
Ethik an der Friedrich-Schiller-Universität Jena; Forschungsschwerpunkte:
Psychologie und Theologie, Martin Buber, Hermeneutik, Ethik, Ökumene.
Wichtigste *Veröffentlichungen:* Grundfragen einer textpsychologischen Exe-
gese des Neuen Testaments, Gütersloh 1995; Die Anfänge der protestanti-
schen Hermeneutik bei Philipp Melanchthon. Ein Kapitel zum Verhältnis von
Rhetorik und Hermeneutik, in: ZThK 94 (1997), 468–487; Gottes Gegenwart.
Martin Bubers Philosophie des Dialogs und der Ansatz ihrer theologischen
Rezeption bei Friedrich Gogarten und Emil Brunner, Gütersloh 2000.

Schwarz, Hans, geb. 1939; Dr. theol. Dr. h. c.; Professor für Systematische
Theologie und theologische Gegenwartsfragen an der Universität Regensburg. Forschungsschwerpunkte: Verhältnis von Theologie und Naturwissenschaft; Religionsgeschichte und Religionsphilosophie; Theologiegeschichte des 19. Jahrhunderts; Theologie der Reformatoren. Neuere *Veröffentlichungen:* Martin Luther. Einführung in Leben und Werk, Stuttgart 1995;
Schöpfungsglaube im Horizont moderner Naturwissenschaft, Neukirchen-
Vluyn 1996; Christology, Grand Rapids/MI 1998; Die christliche Hoffnung.
Grundkurs Eschatologie, Göttingen 2002.

Stümke, Volker, geboren 1960; Dr. theol.; Dozent für evangelische Sozialethik
an der Führungsakademie der Bundeswehr, Hamburg; Forschungsschwerpunkte: Eschatologie, Politische Ethik. *Veröffentlichungen:* Eschatologische
Differenz in Gott? Zum Verhältnis von Barmherzigkeit und Gerechtigkeit
Gottes bei Karl Barth und Friedrich-Wilhelm Marquardt, in: Wendung nach
Jerusalem. Friedrich-Wilhelm Marquardts Theologie im Gespräch, hg. v. H.
Lehming u. a., Gütersloh 1999, 369–396); Der Kosovokrieg als Anwendungs-
fall einer Politischen Ethik für das 21. Jahrhundert, Bremen 2000; „Niemand
ist gut als Gott allein". Eine Aktualisierung von Luthers Auslegung des ers-
ten Gebots, in: NZSTh 45 (2003), 20–53.

Wenz, Gunther, geb. 1949; 1987 Ordinarius für Evangelische Theologie mit
Schwerpunkt Systematische Theologie und theol. Gegenwartsfragen an der
Universität Augsburg; seit 1995 Ordinarius für Systematische Theologie I
an der Evang.-Theol. Fakultät der Ludwig-Maximilians-Universität München und Direktor des Instituts für Fundamentaltheologie und Ökumene;
Forschungsschwerpunkte: Lutherische Theologie in ökumenischer Verpflichtung; Gottesdienstgemeinde und überregionale Kirchenstruktur.
Wichtigste *Veröffentlichungen:* Subjekt und Sein. Die Entwicklung der Theologie Paul Tillichs, München 1979; Geschichte der Versöhnungslehre in der
evangelischen Theologie der Neuzeit, 2 Bände, München 1984/86; Theologie der Bekenntnisschriften der Evang.-Luth. Kirche, 2 Bände, Berlin 1997;
Grundfragen ökumenischer Theologie. Gesammelte Aufsätze Bd. 1, Göttingen 1999.

Systematische Theologie

Gunther Wenz

Wolfhart Pannenbergs Systematische Theologie

Ein einführender Bericht mit einer Werkbibliographie 1998-2002 und einer Bibliographie ausgewählter Sekundärliteratur. Zusammengestellt von Miriam Rose.

2003. 324 Seiten, kartoniert
ISBN 3-525-56127-X

Dieser einführende Bericht in die dreibändige *Systematische Theologie* Wolfhart Pannenbergs ist eine Strukturierungshilfe zur eigenständigen wie zur Seminarlektüre. Der Aufbau orientiert sich an der *Systematischen Theologie* und ermöglicht eine zügige Orientierung. Die großen Monographien zur Christologie, zu Wissenschaftstheorie und Theologie, zur Anthropologie einschließlich der Schrift „Was ist der Mensch?" sowie „Metaphysik und Gottesgedanke" werden dabei jeweils mit berücksichtigt.

Das Buch bietet eine wertvolle Einführung und Grundlage für das Studium von Pannenbergs Theologie.

Ulrich Kühn

Christologie

UTB 2393 S
2003. 332 Seiten, kartoniert
ISBN 3-8252-2393-0

Die hier vorgelegte Christologie behandelt ein zentrales Kapitel der christlichen Glaubenslehre (Dogmatik). Ihr Gegenstand ist das christliche Bekenntnis zu Jesus als dem Christus, mit dem die Christenheit die Frage beantwortet „Was haltet ihr von Jesus?".

Die Christologie geht der Frage nach, ob und, wenn ja, in welchem Sinne solches überlieferte Bekenntnis auch heute das Bekenntnis der Kirche als der Gemeinde der Christen sein kann. Damit geht es zugleich um die Identität des Glaubens.

V&R
Vandenhoeck & Ruprecht

Systematische Theologie

Werner Thiede
Wer ist der kosmische Christus?

Karriere und Bedeutungswandel
einer modernen Metapher

Kirche – Konfession – Religion 44
2001. 513 Seiten, gebunden
ISBN 3-525-56548-8

Der *kosmische Christus* hat im
20. Jahrhundert wachsendes
Interesse auf sich gezogen –
sowohl innerhalb als auch
außerhalb von Theologie und
Kirche. Theosophen, Anthro-
posophen und Esoteriker auf
der einen Seite sowie systematische Theologen auf der
anderen Seite beziehen sich
auf die schillernde Metapher.
Was meinen sie jeweils konkret, wenn sie vom „kosmi-
schen Christus" sprechen?
Wovon grenzen sie sich ab
und welche Zielrichtung verfolgen sie? Erstmals wird
hier die spannende Gesamt-
geschichte dieses vor hundert
Jahren geprägten Begriffs
theologisch aufgearbeitet und
bewertet.

Der Autor entwickelt für seine
Analysen einen Schlüssel
zum Verständnis moderner
westlicher Religiosität überhaupt.

„Der Autor, Privatdozent für
Systematische Theologie in
Erlangen-Nürnberg, ist schon
früher als Autor und Herausgeber von Literatur über Eso-
terik, Theosophie und andere
weltanschauliche Themen
hervorgetreten. Diese Kompetenz
kann er jetzt auch für die
Systematische Theologie frucht-
bar machen... Alles in allem
ein anregendes, nicht immer
leicht zu lesendes Werk, das
sich durch die breite Stoff-
und Themenfülle, den detail-
lierten Anmerkungsapparat
sowie ein ausführliches Lite-
raturverzeichnis und Register
empfiehlt."
Theologische Literaturzeitung 9/2003

„Die Lektüre lohnt sich. Thiedes
Buch leistet hinsichtlich des
inflationären Gebrauchs dieser
religiösen Metapher unent-
behrliche Hilfestellungen für
das theologische Unterschei-
dungsvermögen."
Zeitzeichen 7/2002

„... ein anspruchsvolles, wichti-
ges, auch motivierendes Buch!"
Prof. Dr. Karl Dienst,
Der Evangelische Erzieher

V&R
Vandenhoeck
& Ruprecht